S 马克思主义与中国现实问题丛书

SERIES OF MARXISM & CHINESE REALISTIC PROBLEMS

新闻出版总署社会主义核心价值体系建设"双百"出版工程重点出版物

丛书主编：程恩富

低碳经济：

全球经济发展方式转变中的新增长极

杨志　王岩　马艳　等著

Low-carbon economy:

The growth pole in the transition of global economic development pattern

经济科学出版社

Economic Science Press

图书在版编目（CIP）数据

低碳经济：全球经济发展方式转变中的新增长极／
杨志等著．—北京：经济科学出版社，2013.3
（马克思主义与中国现实问题丛书）
ISBN 978 - 7 - 5141 - 3060 - 7

Ⅰ. ①低…　Ⅱ. ①杨…　Ⅲ. ①气候变化—影响—经济
发展—研究　Ⅳ. ①F061.3

中国版本图书馆 CIP 数据核字（2013）第 036931 号

责任编辑：范　莹
责任校对：郑淑艳
责任印制：李　鹏

低碳经济：全球经济发展方式转变中的新增长极
杨　志　王　岩　马　艳　等著
经济科学出版社出版、发行　新华书店经销
社址：北京市海淀区阜成路甲 28 号　邮编：100142
编辑室电话：88191417　发行部电话：88191540
出版社网址：www. esp. com. cn
北京欣舒印务有限公司印刷
三佳装订厂装订
787×1092　16 开　18.5 印张　300000 字
2013 年 3 月第 1 版　2013 年 3 月第 1 次印刷
ISBN 978 - 7 - 5141 - 3060 - 7　定价：46.00 元

总 序

程恩富

　　当今时代，世情、国情、党情正在发生深刻变化。在新的历史条件下，不断把中国特色社会主义事业推向前进，我们编写的《马克思主义与中国现实问题丛书》，正是科学把握时代发展变化，努力在思想上有新的解放，在实践上有新的突破，在理论上有新的发展。

　　历史经验表明，资本主义世界性金融危机和经济危机必然导致世界经济政治格局发生重大变化。由于西方国家金融危机和经济危机的肆虐，当前世界各国经济增速出现了普遍的放缓趋势，但是相对而言，美国等西方发达资本主义国家遭受的经济打击更为沉重，经济衰退也更为深重，新兴经济体崛起的势头却并未减弱，日益成为世界经济增长和国际格局演变的重要推动力量，南方国家作为一个整体以高于北方国家经济增速向前发展的态势也没有改变，其发展前景依然乐观可期。伴随世界经济地图的变化，世界政治力量版图也正在发生深刻变化。以美国为代表的西方发达资本主义国家的全球霸权统治已经处于前所未有的衰落之中，其未来的发展，或许正如"中美国"论创始人弗格森所言：像美国这样的帝国与所有复杂体系一样，在一段长度未知的时段里看似运行平稳，然后却在刹那间走向毁灭。可以预见，随着西方发达资本主义国家全球霸权统治的衰落和新兴经济体的群体性崛起，世界经济政治的分化、重组和重建进程将不断加快，世界格局和世界秩序"一超独霸"的时代已经一去不返，全球多极化的趋势难以逆转，不同利益主体之间的竞争将更加激烈，民族国家以及利益集团之间的博弈将更加复杂，世界历史由此将步入更加动荡多变的复杂时期。

　　不过，我们也应清醒地看到，南北差距虽然趋于缩小，但是差距依然十分巨大；西方国家的经济霸权尽管趋于衰落，但是科技优势依然十分明显。而且，为了占领未来经济发展的制高点，维护国际垄断资本的利益和遏制全球经济地位的下滑，制约新兴经济体的发展，西方主要国家采取了一系列产业促进和产业保护政策，不仅通过"再工业化"牢牢掌控汽车、机械、成套设备等重要行业的优势地位，还试图利用资金和技术优势，以低碳经济为利器，有战略、有步骤地拉抬自己的竞争能力，全面主导新的一轮全球经济转型。2009年2月17日，美国总统奥巴马签署了总额为7870亿美元的经济刺激法案，约有500亿美元投入绿色能源产业；欧盟2009年3月决定，在2013年之前投资1050亿欧元用于"绿色经济"的发展；日本为配合第四次经济刺激计划于2009年4月推出了新增长策略，发展方向为环保型汽车、电力汽车、太阳能发电等领域。目前，依照自己国情探索低碳发展道路已经成为世界各国的普遍选择，低碳发展模式也必将成为一个国家核心竞争力的重要体现。作为一个发展中的大国，由于发展阶段、技术基础和体制机制的限制，中国的低碳发展仍然任重而道远。今后一个时期，大规模、高速度的城镇化极有可能成为拉动中国经济高碳发展的关键因素。如果我们不能全面落实科学发展观，实现经济建设与生态文明建设的协调发展，我们必将失去未来的国际竞争力。

诚然，当今时代的国际竞争不仅是硬实力的竞争，更是包括文化在内的软实力的竞争。20世纪中后期以来，随着网络技术、电子信息技术的快速发展，人类的生活方式已经进入了一个崭新的时代，文化的生产、传播、接受与反馈等各个方面已经发生了翻天覆地的变化，网络化生存已经成为不争的事实。依托国际互联网技术、卫星传播技术和相关高科技传播手段，借助电脑网络、移动电话、电子书籍等技术载体，网络文化已经对世界各国的政治治理、社会管理、公共领域、主流文化、意识形态等各个方面产生了强烈影响。在网络文化的冲击之下，政治传播日益直接，社会管理日益透明，公共领域日益复杂，文化价值日益多元。权威数据显示，截至2012年7月，中国网民已有5.38亿之众，互联网普及率高达40%，通过手机接入互联网的用户数量更是高达3.88亿，成为世界最大的移动互联网用户市场。不可否认，在表达民意诉求、推动国家各项改革发展方面，网络文化发挥了十分重要且不可替代的作用。但是，网络文化对于社会主义意识形态和核心价值观也构成了极大的冲击。实用主义、消费主义、享乐主义等网络文化观念，正在日益侵蚀、消解社会大众的政治追求、理想信念，冲淡了人们对社会主义核心价值体系的认同，减弱了社会主义意识形态的影响。因此，我们必须高度重视网络文化在社会管理、政治民主、热点事件处理等方面的积极作用，同时以社会主义核心价值体系引领网络文化的健康发展，促进中国特色社会主义文化的大发展大繁荣，不断提升中华民族的文化软实力。

　　毫无疑问，全面建成小康社会，实现中华民族伟大复兴，关键在于执政的中国共产党。世界历史经验反复表明，一个政党成功与否，归根到底取决于它能够在多大程度上代表民众的利益，能够在多大程度上满足民众日益增长的各种不同需求。一些老牌政党、长期执政的大党之所以失去执政地位并迅速分化瓦解，主要原因在于它们不能适应急剧变革的社会，不能进行自我革新和发展，不能更好地顺应民众的利益与期望。国际金融经济危机爆发以来，世界政党政治也处在深刻的变化之中。顺应时代潮流，适应新形势，解决新问题，努力代表更广泛民意，以谋求自身生存和发展，已经成为世界各国主要政党的普遍选择。目前，中国共产党的党员数量已经达到 8260 多万，党员的组成结构已经发生重大变化。新的历史条件下，我们必须提高党的建设的科学化水平，科学回应不同阶层和各类群体的多元利益诉求，有效应对西方国家的多党制民主的鼓噪喧嚣，统筹国内国际两个大局，吸取世界各类政党特别是一些大党老党兴衰成败的经验与教训，准确把握执政规律，努力提高党的凝聚力和战斗力，始终保持党和人民群众的密切联系，不断巩固党的执政地位、实现党的执政使命，不断完善中国特色社会主义的政治发展道路。

　　20 世纪 60 年代初，毛泽东同志曾经指出：从现在起，五十年内外到一百年内外，是世界上社会制度彻底变化的伟大时代，是一个翻天覆地的时代，是过去任何一个历史时代都不能比拟的时代。在这样一个伟大的时代，我们只有顺应人类社会的发展规律，科学把握时代发展的总体趋势，才能做出不负人民期望的历史贡献。

2013 年 1 月

前　言

　　中国用行动构建低碳经济发展方式全球性转变中的新增长极。

　　经济活动本质上是人类借助制度、规则、机制获取生存、发展、享乐等利益的活动。由于人类本身具有既源于自然又不同于自然的二重性，所以经济活动也具有二重性，即一方面是人与自然之间的物质、能量、信息的变换活动；另一方面是人与人之间进行的资源（包括能源和环境）、劳动、产品的交换活动。在马克思主义范式中，前者可以被理解为生产力系统，后者可以被理解为生产关系系统。因此，经济活动实际就是生产力与生产关系交互运动，它具有与时俱进的时空历史性和人文社会特性。经济活动的二重性决定了一切与之相关的经济范畴都具有二重性。

　　低碳经济作为一种新的生产方式，内生于应对气候变化危机与化石能源危机的活动之中，兴起于应对金融危机、经济危机、粮食危机、环境危机、生态危机的行动之中。像循环经济与绿色经济一样，低碳经济本质上是一种具有可持续发展新质的经济形态。因此，它不属于传统工业化经济范畴。或者说，它不是为了资本增殖而生产，也不是为了刺激市场需求、拉动市场消费而发展的资本经济范畴，而是一种为了应对或治理全球性的资源短缺、环境污染、生态失衡；为了全人类能够永续生存和发展的新经济。当然，如果说资源节约是循环经济的特征、保护环境是绿色经济的特征，那么拯救全球生态系统就是低碳经济的特征；如果说资源节约和保护环境的行动具有微观性和区域性，那么净化大气圈以生态系统的行动就具有全球性。因此，与循环经济和绿色经济相比，低碳经济作为一种新的经济发展方式，更需要全球性磋商与协调。从现实角度看，低碳经济作为应对气候变化的强有力的战略对策，已经得到世界各国的共识，从而在事实上已经成为经济发展方式全球性转变的新增长极。然而，阻碍低碳经济发展（包括阻碍低碳技术转移和低碳资金支持）的却是某些国家的私利。

中国作为联合国五个常任理事国之一，尽全力支持履行《联合国应对气候变化框架协议》及其《京都议定书》和大力发展低碳经济是中国义不容辞的责任。同时正如《中国应对气候变化的政策与行动 2012 年度报告》指出的那样，中国是受气候变化不利影响最为脆弱的国家之一。2011 年以来，中国相继发生了南方低温雨雪冰冻灾害、长江中下游地区春夏连旱、南方暴雨洪涝灾害、沿海地区台风灾害、华西秋雨灾害和北京严重内涝等诸多极端天气气候事件，给经济社会发展和人民生命财产安全带来较大影响。2011 年全年共有4.3 亿人次不同程度地受灾，直接经济损失高达 3096 亿元。中国政府高度重视气候变化问题。2011 年第十一届全国人大四次会议审议通过的《国民经济和社会发展第十二个五年规划纲要》（以下简称《纲要》），明确了"十二五"时期中国经济社会发展的目标任务和总体部署，应对气候变化作为重要内容正式纳入国民经济和社会发展中长期规划。

为落实"十二五"时期中国应对气候变化目标任务，推动绿色低碳发展，中国国务院印发了《"十二五"控制温室气体排放工作方案》、《"十二五"节能减排综合性工作方案》等一系列重要政策文件，加强对应气候变化工作和发展低碳经济的规划指导。有关部门和地方政府积极采取行动，应对气候变化各项工作取得明显成效。在减缓气候变化方面，积极调整产业结构、节能提高能效、优化能源结构 增加碳汇。在适应气候变化方面，农业领域 、林业及生态系统 、水资源领域、海洋领域、卫生健康领域、气象领域、防灾减灾体系建设领域做出了既切实可行又具有规模影响力的行动。在能力建设方面，非常注意加强低碳发展顶层设计、逐步建立温室气体统计核算体系、增强科技支撑；政府加强引导、媒体广泛宣传、非政府组织积极行动 、公众踊跃参加的形式，积极开展全社会广泛参与活动；同时还积极参加联合国进程下的国际谈判、广泛参与相关国际对话与交流、积极支持联合国在气候变化方面的基本立场主张、推动与国际组织合作、加强与发达国家合作、深化与发展中国家合作、开展清洁发展机制项目合作。此外，中国还开展低碳发展试验试点工作，即继续推进低碳省区和城市试点等。

杨志

2013 年 2 月 23 日

于美国田纳西橡树岭

目录
contents

第二篇　世界经济结构变迁中的新增长极

第三篇　主要经济体的发展战略及其行动

第一篇

复杂背景下的全球性革命与转变

第一章

当代一个充满复杂性的世界

本章既具有解释新概念、新观点、新思路、新理论的导言作用，又具有阐发各章之间内在联系的解说作用。本章把"复杂性"引进国际社会长达半个世纪的遏制全球生态系统失衡的博弈活动之中，既批判了那些把应对气候变化看作阴谋、把发展低碳经济看作陷阱的"左倾"激进观点，也批判了那些在国际合作中只讲共识与普世，不讲原则与特色的"右倾"观点。还把"脆弱性"和"适应性"引进保护地球生态环境系统，旨在从生态文明的视野中，更深刻地认识人类对自然的依赖关系及适应关系。在资源（能源）有限、环境污染、生态恶化的条件下，中国要落实党的十八大关于经济、政治、文化、社会、生态"五位一体"建设的整体设计思路，唯有把方方面面的"创新活动"落实在中国人对自然环境的"适应性"上方可大有前途，否则事与愿违。

第一节　应对气候变化与发展低碳经济充满复杂性

21 世纪是充满"复杂性"的世纪。我们几乎在所有问题上都遇到了复杂性。在应对气候变化和推动低碳经济问题上尤其如此。从科学发展观的视角看，所谓复杂，指的是存在于秩序与混沌边缘的状态，它具有"亦此亦彼"且由"非此非彼"二重属性，是一个"确定性"与"不确定性"交织在一起的过程；所有复杂问题都是整体性和系统性的问题，而不是构成要素或局部性的问题。从观念决定行动的层面上看，应对气候变化和推动低碳经济的最好方法，是深入学习和认真落实科学发展观，尽快扭转形而上学的简单性思维，尽快建立把辩证的复杂性当做复杂问题来处理的新观念和新方法。

一　应对气候变化绝不是阴谋，而是阳光下的人类行动计划

只要遵循事实，我们都会发现，阳谋和阴谋从来都交织在一起。毫无疑问，我们正处在一个复杂的十字口。认识气候变化的复杂性是我们时代的任务。

（一）气候是构成地球自然环境的最重要的因子

气候是"气候系统"简称，指的是大气圈、水圈、生物圈和地圈（亦称岩石圈）的整体及其相互作用。气候变化意味着人类赖以生活、生存、发展、享乐的自然母体发生了变化。从自然科学视角看，人类的生物体或自然环境，就是在地球表层（地壳）上的气圈、水圈、岩石圈及其交汇处演化出来的生物圈；这四个圈在太阳能作用下进行物质和能量的流动，使人类连同其他生物得以繁衍和滋生。从社会科学和人文科学的视角看，自然环境指的是能够给人类带来福利的自然界，是为人类的社会生产和个人生活提供资源的空间，是人类通过社会活动与之进行物质、能量、信息交换的综合体。虽然人类在长期发展过程中形成了许多非自然因素——不同社会制度框架下的技术、经济、政治、文化、社会组织等，并且只有借助这些因素系统才能与自然环境形成交换，但是人类作为从地球自然环境中衍生出来的"活物质"[1] 是绝对的生活在环境中。

（二）联合国强调应对气候变化是全人类共同关心的问题

从联合国政府间气候变化专门委员会（IPCC）提交的实证报告来看[2]，近百年来，地球气候正经历一次以全球变暖为主要特征的显著变化。这个变化主要是人类使用化石燃料排放的大量的二氧化碳（CO_2）为代表的温室气体的增

---

[1] "活物质"指的是地球上的、无数单个生命有机体的协同作用，并以有机体总和的形式表现出来的活动；这种活动或地球上有机体总和必须以有机体的重量、化学成分、能量、空间特征等方式表现出来。人类因其具有预期设计的能动性和社会组织性，而成为活物质中的一个特殊的种类。参见维尔纳茨基著：《活物质》，商务印书馆 1989 年版。

[2] 1988 年 11 月，联合国环境规划署与世界气象组织联合成立了 IPCC。到目前为止，IPCC 对气候变化的科学规律、社会经济影响以及适应与减缓对策提出了四次科学评估报告，第五次科学评估报告正在组织编写过程中。这些报告为国际社会应对气候变化以及为《联合国气候变化框架公约》谈判提供了重要的科学咨询意见，已经对国际政治、外交、环境以及社会经济发展等产生了重大影响。

温效应造成的。在未来 50 ～ 100 年，全球气候将继续向变暖方向发展，近百年的气候变化已经给地球自然环境系统和社会经济系统带来了重要影响。因此《联合国气候变化框架公约》（以下简称《公约》）指出："承认地球气候变化及其不利影响是人类共同关心的问题；感到忧虑的是人类活动已大幅增加大气中温室气体的浓度，这些增加增强了自然温室效应，将引起地球表面和大气进一步增温，并可能对自然生态系统和人类产生不利影响"；《公约》目标确定为："将大气中温室气体的浓度稳定在防止气候系统受到危险的人为干扰的水平上。这一水平应当在足以使生态系统能够自然地适应气候变化、确保粮食生产免受威胁并使经济发展能够可持续地进行的时间范围内实现 。"①

（三）联合国强调人类只能应对由人类活动引起的气候变化

需要强调，这里的气候变化，绝不仅仅是极端气候的出现，如去年冷、今年热的变化。它首先是"气候系统"即大气圈、水圈、生物圈和地圈（岩石圈）的整体及其相互作用的变化。而"气候变化本身"则是指除在类似时期内所观测的气候的自然变异之外，由于直接或间接的人类活动改变了地球大气的组成而造成的气候变化。因此"气候变化的不利影响"，指的是气候变化所造成的自然环境或生物区系的变化，这些变化对自然的和管理下的生态系统的组成、复原力或生产力、或对社会经济系统的运作、或对人类的健康和福利产生重大的有害影响。② 正因为如此，联合国与国际社会，特别是小岛屿国家、低洼沿海地区、干旱和半干旱地区、森林地区和容易发生森林退化地区的国家，以及容易遭自然灾害、发生旱灾和沙漠化等地区的国家，还有在自然环境系统和社会经济系统都具有脆弱性的国家，都把应对气候变化问题作为人类最重要的环境保护与可持续发展问题加以重视。

（四）应对气候变化是联合国可持续发展战略的重要组成部分

其实，回顾近半个世纪的历史，我们就会发现，应对气候变化一直是联合国可持续发展战略中的核心问题。40 多年前，1972 年联合国在斯德哥尔摩召开了第一次人类环境会议，发表了具有划时代意义的《人类环境宣言》和《人类环境行动计划》，提出了第一个响遍世界的口号："只有一个地球"，开

---

① 参见法律图书馆网，http：//www. law – lib. com/law/law_ view. asp？id =95776。
② 参见法律图书馆网，http：//www. law – lib. com/law/law_ view. asp？id =95776。

启了环境保护的新纪元！1982 年，联合国审议《人类行动计划》执行情况，并发表了著名的《内罗毕宣言》，将世界各国环境保护工作推向一个新高度。1987 年，联合国大会批准了第八次世界环境与发展大会报告《我们共同的未来——从一个地球到一个世界》，标志着可持续发展理念成为时代的宣言。1988 年成立了政府间气候变化专门委员会（IPCC）。1992 年，联合国在巴西里约热内卢召开的世界环境与发展大会上，183 个国家和地区的代表、102 个国家元首通过了《里约热内卢环境与发展宣言》即《地球宪章》和《21 世纪议程》，还签订了若干国际公约，其中最著名就是《联合国气候变化框架公约》。

 减少排放绝不是陷阱，而是履行联合国公约必须的行动

一些发达国家无论出于什么理由把公约规定的减少温室气体排放的责任说成是发展中国家挖给发达国家的"陷阱"，都是不对的。制止和杜绝此类事的发生，正确方法就是给出事实真相。

（一）《联合国气候变化框架公约》是缔约方共同应对气候变化的行动纲领

该《公约》是 153 个国家和欧共体共同签署的极其阳光的公约。它明确指出，"注意到历史上和目前全球温室气体排放量的大部分源自发达国家；发展中国家的人均排放仍相对较低；发展中国家在全球排放中所占的份额将会增加，以满足其社会发展需要；意识到陆地和海洋生态系统中温室气体汇[①]和库[②]的作用与重要性；注意到在气候变化的预测中，特别是在其时间、幅度和区域格局方面，有许多不确定性。"[③] 鉴于此，《公约》非常公平公正地规定了应对气候变化的原则："1. 各缔约方应当在公平的基础上，并根据它们共同但有区别的责任和各自的能力，为人类当代和后代的利益保护气候系统。因此，发达国家缔约方应当率先对付气候变化及其不利影响。2. 应当充分考虑到发展中国家缔约方尤其是特别易受气候变化不利影响的那些发展中国家缔约方的

[①] "汇"指从大气中清除温室气体、气溶胶或温室气体前体的任何过程、活动或机制。

[②] "库"指气候系统内存储温室气体或其前体的一个或多个组成部分，见《联合国气候变化框架公约》（http：//www. law - lib. com/law/law_ view. asp？id =95776）。

[③] 参见法律图书馆网，http：//www. law - lib. com/law/law_ view. asp？id =95776。

具体需要和特殊情况，也应当充分考虑到那些按本公约必须承担不成比例或不正常负担的缔约方特别是发展中国家缔约方的具体需要和特殊情况"。①

（二）《联合国气候变化框架公约》对所有缔约方都具有法律意义的约束力

《公约》是国际社会为共同应对气候变化确定的国际合作框架，是联合国召集共同行动的法律依据。为了把《公约》落在实处，《公约》还根据世界各国历史和现实发展状况把缔约方分为两类：附件一缔约方，即发达国家和经济转型国家②；非附件一缔约方，主要是发展中国家。公约强调：发达国家（包括区域经济一体化组织），应制定国家政策和采取相应的措施，通过限制其人为的温室气体排放以及保护和增强其温室气体库和汇。减缓气候变化，发达国家是在带头依循《公约》的目标，改变人为排放的长期趋势，发展中国家缔约方能在多大程度上有效履行其在《公约》下的承诺，将取决于发达国家缔约方对其在《公约》下所承担的有关资金和技术转让的承诺的有效履行，并将充分考虑到经济和社会发展及消除贫困是发展中国家缔约方的首要和压倒一切的优先事项。《公约》从 1994 年 3 月 21 日生效，并约定从 1995 年开始，每年召开缔约方会议以评估气候变化进展。

（三）《联合国气候变化框架公约》缔约方会议最重要成果是《京都议定书》

1995 ~ 2012 年共召开 18 轮缔约方会议，其中最著名的是 1997 年在日本召开的第三次缔约方大会，通过了《联合国气候变化框架公约的京都议定书》，简称《京都议定书》。该议定书规定在 2008 ~ 2012 年，主要发达国家温室气体③的排放量，以 1990 年为基准平均削减 5.2%；其中欧盟削减 8%，美国削减 7%，日本削减 6%。《京都议定书》以量化指标的形式，规定了发达国家必须所承担的强制减排的责任，也规定了发展中国家承担减排的义务和条件；此外还创造了三个工作机制：国际排放贸易机制（IET）、联合履约机制

---

① 参见法律图书馆网，http://www.law - lib.com/law/law_ view.asp? id = 95776。

② 附件一缔约方，包括 1992 年时经济合作与发展组织（OECD）工业化国家成员，还包括俄罗斯、波罗的海诸国，以及中欧和东欧的若干经济转型国家（http://www.law - lib.com/law/law_ view.asp? id = 95776）。

③ 《京都议定书》将温室气体定义为：二氧化碳、甲烷、氧化亚氮、六氟化硫、氢氟碳化物、全氟化碳，其中二氧化碳因其在温室气体中存留时间长，不易转化而被列为首位。

（JI）、清洁发展机制（CDM）。这些机制把应对气候变化措施嵌入贸易、法律（履约）、发展机制之中，把人类共同利益和各国特殊利益结合起来，借助市场机制解决和促进环境保护与经济社会发展问题。从操作手段上看，该议定书的贡献在于，它创立一个把"强制减排"和"自愿减排"对接起来的工作机制，这个贡献是巨大的。

（四）《联合国气候变化框架公约》旨在推动人类走可持续发展道路

如果说从 20 世纪中叶开始，联合国急切关注的是经济增长对地球生态环境的破坏，那么到了世纪之交，世界各国迫切关心的则是在尽快寻找一条既能应对气候危机，又能推进经济社会发展的新发展道路。于是，2000 年，191 个成员方一致通过了《联合国千年宣言》，在其中"保护我们共同环境"的相关决定问世之后，世界各国惊讶地发现，可持续发展理念已经被发展中国家迅速地转化为具有操作性的可持续发展战略了。例如中国，在 2002 年召开共产党的第十六次全国代表大会，提出了"解放思想、实事求是、与时俱进、开拓创新"的思想路线，为后来提出科学发展观奠定了思想基础。与此同时，党的十六届一中全会首次提出"全面建设小康社会"的奋斗目标：争取国内生产总值在 2020 年力争比 2000 年翻两番，人均 GDP 超过 3000 美元，达到中等收入国家水平。是年，也是中国加入世贸组织并以持续高速发展成为全球经济的"绿岛"的一年。综上应该说，21 世纪首先是谋求发展的世纪。

三　推进低碳经济绝不是套话，而是推动经济发展方式转变

常识告诉我们，气候变暖的人为因素与过度使用化石能源密切相关。无论因何动机，把推进低碳经济当做"话语霸权"糊弄自己、对付别人都没有任何意义。实际上，发展低碳经济的目的就在于转变令地球发烧的经济发展方式。

（一）美英学者先后提出用能源革命应对能源未来

2003 年，美国人学者杰瑞米·里夫金出版了题为《氢经济：一场即将到来的经济革命》[1] 的畅销书。该书提出："当地球没有一滴石油，我们何去何从"的问题，详细阐述了石油地质学家关于"全球石油生产的顶点可能最早

---

[1]　杰瑞米·里夫金著：《氢经济：一场即将到来的经济革命》，海南出版社 2003 年版。

在 2010 年或最迟在 2037 年到达"的观点。该书实际是"石油时代"转向"后石油时代"的宣言书。这一年，英国出版了两本称得上时代宣言的著作。一本是《我们能源的未来：创建低碳经济》的白皮书，"低碳经济"首次作为应对气候变化和扭转高碳化石能源经济的生产方式被郑重提出，并由此受到世界各国的追捧。还有一本是英国老伯爵、老作家彼得·迪肯在第一次工业革命所在地曼彻斯特出版的《全球性转变——重塑 21 世纪的全球经济地图》的学术著作①。显然，这是一本宣告新工业革命已经到来了，并指出发展趋势的扛鼎之作。书中全球经济地图被重塑，既会令人鼓舞也会让人沮丧。

（二）中国提出科学发展观引领中国特色的可持续发展道路

2003 年，是中国加入世界贸易组织（WTO）后的第一年。加入世贸组织后，中国嵌入世界市场的程度进一步加深了，中国可持续发展的对外依存度也加深了。就在这一年，中国成为利用外资突破 500 亿美元，首次超过美国，成为全球吸引外资"第一大国"；中国经济也由此开始，进入了一个新的起飞阶段。虽然这一年世界原油供给量为 7800 万桶/日，比 2002 年增加 200 万桶/日，应该说增长是比较强劲的，但动荡的中东局势依然是最大的不确定因素，它们随时可能掀起国际油市的惊涛骇浪。在这种国内外充满速变和不确定性的情况下，就在这一年，中国共产党第十六届三中全会明确提出："坚持以人为本，树立全面、协调、可持续的发展观，促进经济社会和人的全面发展"，按照"统筹城乡发展、统筹区域发展、统筹经济社会发展、统筹人与自然和谐发展、统筹国内发展和对外开放"，走新工业化道路、建设社会主义新农村、建设资源节约型和环境友好型社会，建设社会主义和谐社会。

（三）在联合国成立 60 周年之际，中国宣布了和谐世界观

2005 年是联合国成立 60 周年的重要纪念年。胡锦涛主席在由 100 多个国家的元首出席的联合国首脑会议上，发表了题为《努力建立持久和平、共同繁荣的和谐世界》的讲话，把在国内建设和谐社会的美好目标，发展成为在国际建立和谐世界的美好理想。在联合国首脑会议上，与会代表认为：联合国在创建之初，只有 51 个国家，到如今已经发展为 191 个会员，并成为全世界最具普遍性和权威性的政府间国际组织，联合国成立 60 年来对全世界最大贡

---

① 彼得·迪肯著：《全球性转变：重塑 21 世纪的全球经济地图》，商务印书馆 2007 年版。

献就是促进和平推动发展；尤其在发展方面，联合国不断拓宽发展内涵使其逐渐涵盖了经济、生态和诸多社会等方面。与会的不少国家首脑认为：在如何加强联合国作用，推进联合国改革、促进国际发展等方面，联合国目前需要建立某种形式的快速决策机制，从而能够更迅速、更快捷地采取行动；而在推动联合国改革时，如何平衡美国与联合国的利益始终是一个挑战，同时中国应在联合国的框架内更好地提高其在世界上的影响力。

（四）世纪之初，先在美国和欧洲，之后在全球发生充满复杂性的危机

2008 年，在南美发生的金融危机，竟然在金融体系固若金汤的美国也发生了，并很快引发了欧洲债务危机且瞬间席卷全世界。如何才能尽快遏制这场危机呢？联合国秘书长潘基文发现"低碳经济"所承载的内涵极具包容性，于是，他指示把 2008 年联合国环境日的口号确定为："转变传统观念，推行低碳经济"。从此之后，低碳经济既作为一个与履行《联合国气候变化框架公约》及其《京都议定书》承诺相关的战略安排，又作为一个与世界各国应对金融危机和经济危机相关的绿色发展战略，被世界各国广泛接受。在后来日益并至今仍深陷其中的全球性复杂系统危机即包括金融危机、经济危机、常规能源危机、新能源危机、气候危机、水危机、粮食危机、国土危机、食品安全危机、环境危机、制度危机、信用（违约）危机、道德危机等在内的全球性危机中，低碳经济又成为引领经济社会发展方式向绿色生态转变的战略高地。

四 国际气候谈判绝不是做戏，而是世界各国充分表现承诺的机会

自 1995 年开始的联合国气候谈判会议，特别是 2009 年及以后的谈判中，一些国家背弃甚至终止《联合国气候变化框架公约》的行为是司马昭之心，路人皆知。中国作为发展中国家，主动承担义务，努力推进低碳经济发展。

（一）作为最大的发展中国家，中国主动承担义务，用积极行动遏制危机蔓延

2009 年，在《联合国气候变化框架公约》第 15 轮哥本哈根气候大会召开之前，应对气候变化、发展低碳经济，不仅一度成为全世界关注频率最高的话题，而且成为引领全世界走出系统性危机、像绿色生产方式转变的话语体系。

中国作为一个处在持续发展过程中的发展中国家，依据《联合国气候变化框架公约》所规定的"共同但有区别的责任"的原则，积极主动自觉自愿地承担义务减排任务。在哥本哈根气候大会上温家宝总理庄严宣布，中国将加大本来已经进行的自愿减排行动，减排目标是到 2020 年单位国内生产总值 CO_2 的排放强度，比 2005 年下降40% ～ 45 %。不仅如此，为实现这个长期目标，中国"十二五"规划纲要还明确规定，"十二五"期间国内生产总值 CO_2 排放降低 17%，并把节能减排加快低碳技术研发、建立完善的温室气体排放统计核算制度、建立碳排放交易市场、推进低碳试点示范作为重点工作。中国在推进低碳经济发展进程中彰显着其社会主义的竞争力。

（二）作为最大发达国家，美国背信弃义、以邻为壑、自顾自己

然而，在哥本哈根气候大会上，那些原本把应对气候变化、发展低碳经济，作为实施"绿色新政"、走出危机重大战略的发达国家，如美国突然横出枝节，不仅拒不执行《京都议定书》规定的量化减排指标，而且把矛头直指《联合国气候变化框架公约》中早已明确规定的发展中国家。例如，他们硬是要把"基础四国"，即中国、印度、巴西、南非强行加入强制减排国家，而将具有国际法效力的《联合国气候变化框架公约》之原则、承诺、目标等置在一边而完全不顾。在美国人看来，联合国及其公约，只有在实现美国战略的时候，才是可以使用的一个招牌，一旦违背了它的主旨便什么也不是。也正是从这一年开始，那些把应对气候变化说成"阴谋"，把发展低碳经济当做"陷阱"的议论，再一次风生水起。了解历史的人都知道，这种"阴谋论"和"陷阱论"依然是 1997 年时任美国总统的布什拒绝签署《京都议定书》的言论。所不同的是，这次锋芒所向是发达国家的阴谋和陷阱。

（三）道德危机、信用危机比气候危机、经济危机更可怕

在 2010 年的坎昆会议、2011 年的德班会议、2012 年多哈会议上，坚持《联合国气候变化框架公约》、拯救《京都议定书》竟然成为气候谈判的主要任务。越来越多的事实证明，每年一次的气候会议越来越像"鸡肋"——食之无味、弃之可惜。令人难以置信的是，那些原本视信用为资本、承诺为原则，履约为责任的国家，已经完全把谈判当游戏，把履约当恩赐，把承诺当表演了。例如，在多哈会议的谈判中，美国代表团就把注意力聚焦在各种程序上，对谈判议题没完没了地挑拣，结果把本应讨论技术转让问题的时间拖成垃

坂时间；而加拿大代表在被问及是否如期履约向绿色气候基金注资时，竟极其傲慢地说："不（NO）！这不是承诺大会，是谈判大会！"日本代表也偷换概念，以《京都议定书》规定的强制减排国家的碳排放总量占全球排放总量份额26%，来证明自己拒绝签署第二承诺期是非常有理的。越来越多的事实证明，落实《联合国气候变化框架公约》的前景十分渺茫。

（四）清者自清、浊者自浊，为了地球家园，纵然千难万险也要维护谈判

二十多年来联合国气候谈判之所以出现这样一种进退维谷的尴尬局面，其真正原因不在于气候变化本身，而在于发达国家很少考虑人类利益或别国利益，而只考虑自己利益。正如潘基文秘书长在多哈会议高级别会议上指出的那样：今年北极冰层大面积融化、超级风暴以及海平面上升，都是危机酝酿的迹象；气候变化正在影响人类生活的各个方面，"反常"变成了"正常"，危险信号无处不在；各国不论贫富，都不能免于气候变化的影响，国际社会必须尽快共同行动起来，与时间赛跑，找到解决问题的方法，任何耽搁都将对未来造成更大伤害。鉴于目前全球生态系统的脆弱性，潘基文还不断呼吁美国和欧盟在应对气候变化中起到带头作用。他说，发达国家有资源、有技术，而气候变化大部分是由发达国家工业化进程引起的，他们应该向发展中国家提供资金技术，发展中国家没有这种能力[①]。从某种意义上说，潘基文的使命就是年复一年地推进陷入僵局的全球气候变化谈判。

第二节　对全球经济发展方式演化过程的理论思考

历史不是一根绳子，而是一面镜子，它总照映着现实。以前，历史是一条长河，我们却只是在长河下游回眸见到的一朵浪花。现在，历史长河横在了眼前，我们可以在同一个时空中看到长河中所有的浪花，甚至还有长河的源头、尽头、对岸。以前，我们站在时代的船头，被动地承受着历史长河的冲击或惯性；现在，我们超然地站在了历史长河之上或搏击在其中，主动自觉地评价历史。从这个意义上看，所谓发展，就是在由过去、现在、未来构成的历史长河

---

① 参见国际在线网，http：//gb. cri. cn/27824/2012/12/05/5411s3948956. htm。

中奋勇向前。在这里，我们强调的，没有科学的历史观，就没有科学的发展观。

 演化与发展都是进步，不同的世界观决定不同的发展观

观念决定行动、思想决定决策、思路决定出路。从这个意义上，讨论世界观和发展观的问题，绝不是清谈哲学，更不是空谈政治，而是厘清认识论、明确方法论，以便在充满不确定性的、速变的复杂世界中找到方向。

（一）确定主体才能确定空间与范围（框架）

演化与发展都是世界或事物存在、运动、变化的时间状态或空间形式。在这里，世界是以自然、社会、人类（包括群体和个体）为实体或为载体的客观存在，它们可以是地球自然生态环境、人类社会及其某种形态、某国家的经济结构或生产方式，还可以是某个人的观点。时间既可以是自然时间也可以是社会时间，例如它可以是衡量宇宙天体运行的光年、计算地球演化的地质代际（白垩纪），也可以是尺度人类社会发展的"公元"或"三皇五代"。空间既可以是自然的物理范围，也可以是社会的有形范围和无形范围，例如可以是太阳系或原子核的运动范围，也可以是某个经济贸易区域或互联网的覆盖区域。空间作为世界运动的载体，本质上是时间的另一种形式。演化与发展作为客观世界的存在或存活的表现形式，演化更注重世界运动过程中的相互联系与交互作用；发展更注重世界运动的方向、目标和后果。前者是潜在地发生变化，后者是明显地发生变化。

（二）演化与发展是历史长河中的两种形态

从历史的角度看，演化与发展都会使人类社会进步。如果说它们有所不同的话，那么可以这样说：演化更多呈现的是在历史过程中的"传承"作用；发展更多呈现的是在历史变迁中的"创新"影响。前者是以量变为特征的"渐变"，后者是以质变为特征的"速变"。需要强调的是：决定历史前进到底采取什么形态，即是演化还是发展，绝不仅仅是人的主观设计而为之的。这是因为客观世界本身是由各种要素构成的，这些要素具有不同形态、不同种类、不同本原，还具有不同数量、不同量级、不同运动和变化的速率，并且在一定时空范围内形成相互联系和交互作用，从而呈现出不同的状态。这些状态决定着在变化过程中特别是特定变化阶段中，到底是采取演化形态还是发展形态，或者是兼而有之的形态。从这个意义说，联合国不过是一个由191个主权国家自然体组成的"混合存在体"。

（三）发展主体与发展环境决定发展道路

联合国代表世界各国都要前进的诉求，高举"和平与发展"的旗帜，无疑是正确的。但若是它同时也高举"和谐与演化"的旗帜则更好。因为构成"人类社会"这个特殊的世界中，人的社会活动（社会实践）是最基本、最本原的构成要素，没有它就没有人类社会、人类世界。然而，人的社会活动是受其世界观包括自然观、社会观、人文观，及其运动观、变化观、发展观引导的，从这个意义上说，不同的世界观决定不同的运动观、变化观和发展观。世界各国应该根据各自独具特色的国情来选择各自独特的道路，即同一个国家可以在演化过程中求发展。总之，追求和实现可持续发展是各国的进步之路。从这个意义上说，我们也可以把演化与发展理解为可持续地发展或科学发展；而《联合国气候变化框架公约》的高明之处就在于，它把缔约方区分为发达国家和发展中国家并赋予了完全不同的责任和义务。

（四）科学发展的实质是人与自然和人与人两大系统的和谐发展

事实上，人类世界、人类社会、世界各国包括联合国本身，是一个极其复杂的"社会生态系统"，而将其承载于其中的地球也是一个极其复杂的"自然生态系统"。可持续发展或科学发展的核心问题是，如何将这两个巨大的超复杂的生态系统耦合起来。要解决这个问题，不仅需要科学发展观引领，而且首先需要科学世界观给出"世界真相"。换句话说，我们只有借助科学世界观搞清楚"客观世界"的"本来面目"，才有可能借助科学发展观搞清楚"真实世界"的"发展规律"，才能设计出适合世界内在本性的发展道路。就像只有分别清楚飞机和汽车是什么，才能搞清楚它们不同的运动形式和运行规律。就像只有分别搞清楚美国历史和中国历史分别是什么样，才能搞明白它们在发展道路上为什么迥然不同，为什么前者只有200多年的文明史，而后者却有5000多年的文明史。在这里，简单逻辑表明：世界观是发展观的前提，缺失这个前提的发展观一定是不科学的。

绿色革命、新世界观和新发展观对传统经济发展方式的质疑

如果我们把联合国近半个世纪对环境与发展问题的强烈关注，对可持续发展理念和战略倾全力推动称作为"联合国共识"或"联合国行动"的话，那么应该说这种共识和行动有着深厚的社会基础和人文基础。认识这个基础，有利于我们认清历史的走向。

（一）生物圈学说与活物质理论，为正确认识地球奠定了科学基础

早在 20 世纪 20 年代，生物圈学说的创立者、卓越的自然科学家、苏联科学院院士 B. 维尔纳茨基（1863—1845）就写出了具有深远意义的著作《活物质》。[①] 这本书在两种宇宙观框架下，研究了地球上生命的起源及其支持条件。它告诉我们，从表面上看，地球是"气球""水球""岩石球"，但从本质上看，地球是在茫茫宇宙中是迄今为止发现唯一有各种生命因子和环境因子相互作用的"活球""生态球"。决定地球本质的因素包括人的活动在内的活物质——能够将其以重量、化学成分、能量、空间特征来表示的所有有机体活动的总和。该书强调，具有独特的新陈代谢功能的活物质，生物圈是地球统一体的重要构成要素。因为它是能够把宇宙辐射转化为地球能，即电能、化学能、机械能、热能的转换器；它是地壳（岩石圈）不可分割的一部分；作为统一地壳过程的表现形式，活物质完全可以同河流、风、火山及其他物质的地质作用相比，它是地壳变化的机制。该书还强调：人的活动，不仅是活物质中的重要组成部分，而且具有独特的能动性和社会组织性，使生物圈演化为智慧圈，而智慧圈的出现能够导致人类活动系统与自然环境系统的交互作用并发生质变。即人的活动能够使生物圈发展的自然过程受到破坏，当"人首次成为巨大的地质力量"做功时，这种地质力量，不仅能够改变地球生态系统中的各个子系统之间的关系，还能够改变使整个地球系统发生变化，并且能够"改变地球和太阳之间关系"，[②] 从而改变地球的自然演化过程。由于维尔纳茨基创立了生物圈学说，因而在 20 世纪 30 年代他数次到美国和欧洲科学界做讲演，因此活物质理论对后来欧美科学家以及绿色环境保护主义影响很大。维尔

---

① 维尔纳茨基：《活物质》，商务印书馆 1989 年版。

② "我们向地球环境中排放了过多的碳氧化物，以至于改变了地球和太阳之间的关系"，见阿尔·戈尔：《难以忽视的真相》，湖南科学技术出版社 2007 年版，第 10 页。

纳茨基应该是绿色革命的奠基人。然而，历史是创造的，历史也是人撰写的，遗憾的是，发现生物圈与活物质的维尔纳茨基，却随着苏联的解体也不再被人提及了。在这里，我们要向这位伟大的科学家致敬。

（二）从一个地球到一个世界，绿色革命引发了新的世界观和新的发展观

1962 年，比联合国发表《人类环境宣言》提前整整 10 年，美国海洋生物学家蕾切尔·卡逊《寂静的春天》拉开了"绿色革命"的帷幕。1965 年美国经济学家肯尼斯·鲍尔丁把地球看作一个相对封闭的系统并提出建立"宇宙飞船经济学"的设想，预示环境经济、生态经济、循环经济、绿色经济等将成为新的经济形态。1966 年地球教育与研究会会长小 G·泰勒·米勒开始了他为之奋斗终生的事业，即《生活在环境中的原理、相互关系和解决方案》的研究。与联合国和发起《人类环境行动》同步，1972 年罗马俱乐部发布了关于人类困境的示警报告《增长的极限》宣称，可再生资源的获取、不可再生资源的损耗正在无法遏制地形成合力，使物质经济的扩展的正反馈圈将逆转方向。同年，英国科学家芭芭拉·沃德和美国微生物学家勒内·杜勒斯受联合国人类环境会议秘书长摩尔·斯特朗委托，发表了《只有一个地球——对一个小行星的关怀和维护》报告。1984 年美国学者杰瑞米·里夫金发表了《熵：一种新的世界观》，把对生态环境及经济发展方式的讨论上升到世界观的高度。同年，法国经济学家弗朗索瓦·佩鲁提出了《新发展观》[①] 指出：只重视经济增长的发展理念必须改变，因为这种增长没有把物质和财富的增长与人的发展结合起来，没有搞明白增长的目的是什么、增长的目标是什么，在什么条件下增长是有意义的。1987 年挪威女首相布兰特兰夫人受联合国委托主持并发布环境与发展报告《我们共同的未来》就把副标题定为"从一个地球到一个世界"，把新的世界观和发展观概括为可持续发展观。该报告还提出如下重要观点：环境危机、能源危机与发展危机是不可分割的，地球的资源和能源远不能满足人类发展的需要，必须为当代人和下代人的利益而改变发展模式。正是在这些新的宇宙观、绿色革命、新的世界观和发展观的指引下，在生态学、环境学与经济学的边缘，诞生了一批新的交叉学科，其中与我们讨论密切相关的就是环境经济学与生态经济学。

---

① 法国经济学家弗朗索瓦·佩鲁也是"发展极"和"增长极"理论的创立者，在本书第二篇将有所提及。

（三）对传统经济发展方式的质疑：谁决定生产，为何生产，消费多少算够

世纪之交，兴起于 20 世纪最后 30 年以信息技术革命和生物技术革命为代表的高新技术，一方面极大地显示了人类自身能力水平，另一方面也极大地损害了地球母亲。伴随着新世界观和新发展观，特别是联合国可持续发展观理念的深入人心。当然也伴随着若干交叉学科的出现，特别是复杂科学的出现，发达国家率先开始了对以"金钱"，确切地说，以"资本"为主体、主题、主导的经济发展方式的质疑和批判。1990 年英国学者朱迪·丽思再版了她的《自然资源分配、经济学与政策》[①]。该书从学科角度，运用多学科方法，关注全球可更新资源和不可更新资源问题，并强调两大关键问题：（1）谁对自然资源的配置掌握真正的决策权？（2）自然资源的开发利用和保护等一系列过程对谁有利？显然，朱迪强调的"谁"是采用何种经济发展方式的"决策者"或"主宰者"或实际上的"发展主体"。她所强调的发展过程对谁有利的问题是"发展目的"问题。这两个问题实实在在问到了点子上。1992 年，美国学者艾伦·杜宁干脆把经济发展方式与消费方式直接联系起来。在其《多少算够——消费社会与地球的未来》中尖锐地指出：消费与人口增长和技术变化相比是被忽略的一位，但如果我们不想走上一条趋向毁灭的发展道路的话，世界就必须面对它。要改变人们对消费的忽视需要全球人口中最富有的 1/5 向"多多益善"的普遍观念提出异议。最近的 40 年，购买更多的物品，需求更多的"东西"，已经成为西方工业化国家的人们超乎一切的目的。[②] 但同时，最贫穷的 1/5 的人口却只有一个目的：活过明天，觅到一点食物，拾到一些柴薪，为他们的孩子寻衣蔽体。该书还引证了哈佛大学经济学家助理特·索尔的著作《过度工作的美国人》中的观点：自 20 世纪中叶以来，我们已经连续选择了更多的金钱，而不是用于休闲或家庭更多的时间。然而，这使美国人更高兴了吗？名义测验表明，回答是否定的，我们正陷于困境：更多的工作、更多的消费，以致对地球更多的损害。

---

① 朱迪·丽思：《自然资源分配、经济学与政策》，商务印书馆 2002 年版。
② 杜宁这里谈到的 40 年正是西方世界"刺激需求"、"拉动消费"的 40 年。见杜宁：《多少算够——消费社会与地球的未来》，吉林人民出版社 1997 年版。

（四）在不同文明框架下，资源、环境、生态具有不同价值

在地球教育与研究会会长小C·泰勒·米勒看来，当今世界是由六个因素及其呈指数增长趋势相联系的范畴构成：人口增长、使用资源增加、全球气候变化、动植物多样化过早灭绝、污染和贫穷。他非常重视人口问题，因为没有人类的话，那么地球上就没有任何问题。他认为，人类的生存与生活方式和经济活动方式，完全依赖于太阳和地球；地球实际上是太空中的一个孤岛，它给予人类的一切都是我们维持生存的资本。诸如，太阳能是太阳资本；空气、水、土、森林、牧场、鱼类、矿产和自然净化、循环，以及害虫控制过程是资源资本、环境资本、生态资本。他也强调，在全球化框架中，人口与资源、环境、生态等关系上，存在着极端不平等、不均享、不公正的问题。发达工业化国家包括美国、加拿大、日本、澳大利亚、新西兰，以及欧洲，其人口占全世界总人口的19%，却拥有全世界财富和收入的85%，开发和使用全球自然资源的85%左右。然而，特别值得注意的是，发展中国家人口增长数量占全球的95%以上，每5天就增加100万人，全球人口到2025年将增加到80亿人，到2050年将增加到90亿人。令人深思的是，米勒认为，上述问题不仅与当代工业化发展程度有关，而且与历史上发达国家工业化进程及其采取的经济发展方式有关。以北美工业化过程为例指出：在17世纪初，欧洲殖民者抵达北美，面对这个看起来取之不尽，用之不竭的森林、沃土、野生动物，便产生一种野蛮的"拓荒环境观"，即砍伐森林不仅是使用木材和耕种，而是把它们变成"钱"。这种"拓荒文明"与北美土著文明大相径庭。在后者看来，大自然是人类温顺而富有的家园。他还认为，1850~1900年，美国公有土地的私有化也是加速传播美国"拓荒文明"的重要因素；1900年美国政府拥有的国土面积占总面积的80%，其中半数以上荒弃或低价卖给铁路部门、木材或煤矿公司、土地开发商、州立学校和住户，只有总面积4%的土地还在北美土著居民中。

三 当代经济发展方式的技术经济基础是资本生产方式

在这里首先回答的问题是，为什么祖祖辈辈与大自然融为一体的印第安人被驱赶到辽阔北美一隅？为什么被他们奉为神圣家园的北美大地成为外来掠夺者囊中之物？欧洲殖民者连同在其基础上成长起来的美国，如何成为当代最发达的国家？

（一）经济发展方式实际是国民经济框架中占主导地位的生产方式

生产方式首先是满足人类生存、生活、发展、享乐之需要的社会形式。它具有自然与社会、人文与历史、经验与现实、经济与技术的二重性。作为社会的经济基础，它决定生产什么（自然品、商品、资本品，以及"多少算够"或"增长的极限"）、如何生产（依附生产、雇工生产、自主生产、自由生产，以及何种生产机制）、为谁生产（生活、赚钱、人类福祉，以及怎样的财富分配制度）等问题。作为社会的技术基础，它决定着国民经济生产力系统的整体水平（包括技术装备产业结构的整体技术水平）、生产运行机制客观发育状况（如市场机制发育程度以及宏观管理水平）、国民素质特别是生产主体的综合素质。回眸历史，我们便发现，与印第安人不同，欧洲殖民主义者，原本在欧洲是一个长期生活在贵族城堡边缘的第三等级，即自由平民阶级。他们经过15世纪人文革命、16世纪商业革命，逐渐发育成为崇尚自由、平等、所有权、利己主义、弱肉强食、实力政治的阶级。经过三个多世纪的"圈地运动"和"羊吃人"的原始积累，他们成为财富的所有者和拥有者，并在17世纪中叶借助暴力革命登上历史舞台，开辟了资产阶级时代。与印第安人以满足生存、生活需要的渔猎生产方式不同，欧洲资产阶级的生产是为了更快更多地实现资本增殖。为此，他们在18世纪中叶发动了工业革命，把科学技术引进资本主义生产、流通、分配、消费全过程，构建了适应资本增殖本性的物质技术基础。尽管早期（1621年乘"五月花"船）到曼哈顿岛的欧洲人是很穷苦的，其中有的是白奴、有的是罪犯、有的是逃避欧洲宗教迫害的，但是他们与欧洲各国千丝万缕的人文社会关系，使他们自然而然地把欧洲的思维方式和生产方式应用到北美大陆来。当印第安人渔猎文明的生产方式与欧美资本文明的生产方式碰撞在一起，就像手无寸铁的肉体与持枪的劫掠者碰撞到一起一样的，其结果一定是：前者成为牺牲者或伦为奴隶，后者成为占有者或主宰后者及其家园的主人。

（二）以"资本"为主体、为主导、为主题的资本主义生产方式

从主体上看，资本主义生产方式是以资本为制度主体（主宰）、以雇佣劳动为制度基础的生产方式。从运动上看，它是以市场为运行机制（载体）、以资本增殖为特征的商业运营方式，由于资本作为主体首先表现为具有增殖的价值，因此它不仅具有快速的、超越性的市场运作，而且还要求主导市场运作全过程。从目的上看，资本不仅是货币权力的掌门人，而且是社会权力的主宰

者，它在财富的分配上只要求在资本主义框架之中，按照资本的均等性来实现分配利润和超额利润。从现象上看，它有足以令人眼花的具体形态。在操作上，它奉行"利己主义""投机主义"原则，崇尚追求成本最小或收益最大，践行突破一切民族和国家界限，它只有在强制监管下才不得不按照市场、法律、信用规则来进行"挣钱"活动。君勿忘，在 20 世纪，为争夺资源市场和产品市场，资本主义发动了两次世界大战，不仅极大地破坏了环境，而且还造成几千万人的死亡。笔者认为，说到现在，我们可以回答在前面提出的问题了，即（1）"谁"对自然资源的配置掌握真正的决策权？（2）自然资源的开发利用和保护等一系列过程对谁有利？（3）为什么在全球化背景中，世界在人口与资源、环境、生态等关系上，存在着极端不平等、不均享、不公正的问题？（4）为什么在不同文明视域中，存在不同的"环境观"，有的是掠夺性拓荒式的，有的是尊重自然式的？显然，在以美国为代表的经济增长或经济发展的生产方式中，资本是握有自然资源配置决策权的主体，追求高额利润是资本增长方式或发展方式的主题。只要满足这个前提，资本必然愿意主导与自然资源开发利用及其保护相关的一系列过程，这是资本主义增长方式或发展方式遵循的铁律。尽管和谐世界是爱好和平的人们所追求的，但世界发展的历史和现实都告诉我们，不平等、不均享、不公正，不仅是一种历史里留下来的客观存在，而且还是一种现实世界中的主观霸权。热爱生命，保护环境，本是全人类共同的文明，但很不幸的是，资本践踏了这种文明。

（三）资本不仅过度享受自然资源而且还过度排放污染地球

历史告诉我们，资产阶级在登上历史舞台后近一百年时间里，它们一直是借助以手工为基础的生产方式进行资本增殖。这种较为传统或落后的生产方式不能使他们快速实现挣钱的目的。受其目的与手段之间矛盾，资产阶级在 18 世纪中叶开始了工业革命，并由此开启了以大量消耗化石能源（作为动力）和肆无忌惮向大气圈、水圈、地圈、生物圈排放废气，以及地球被污染的时代。据美国橡树岭国家实验室研究报告：自 1750 年工业革命至今，全球累计排放了 1 万多亿吨 CO_2[①]，现在地球大气中留存温室气体就是从那时开始累积的，不仅如此，作为 200 年前遗留下来的历史遗产，它们都是发达国家排放的，它们占据了全球可排放空间的 80%。现实也告诉我们："整个 20 世纪，

---

① 解振华：《国务院关于应对气候变化工作情况的报告》，发表于《中国气象报》，2009 年 8 月 31 日。

人类消耗了 1420 亿吨石油、2650 亿吨煤、380 亿吨铁、7.6 亿吨铝、4.8 亿吨铜。占世界人口 15% 的工业发达国家，消费了世界 56% 的石油和 60% 以上的天然气、50% 以上的重要矿产资源"[①]，直到第二次世界大战以后（1950 年），发展中国家 CO_2 排放的比例才开始增长，从 1951 年到 2000 年，占全球人口 80% 的发展中国家的 CO_2 累计排放量仅占这一期间全球排放总量的 27%，而人口不到全球人口 20% 的发达国家仍然是全球最主要的 CO_2 排放者；到了 21 世纪，虽然以中国和印度为代表的发展中国家由于工业化进程也加大了排放量，但至今人均排放量也低于世界平均排放水平。毫无疑问，拥有资本的人、享有资本带来利润的资产阶级是工业革命的策划者和发动者，当然它们更是资源的劫掠者、环境的破坏者。这个事实正是绿色革命开始于发达国家的原因所在。说到这里，需要强调的一个观念：虽然气候变化——对化石能源的开发使用——工业化之间有着密切联系，但不是必然联系，过度消费与过度掠夺才是必然联系，而这种过度本身则是由资本主义生产方式的动机和目的决定的。资本不仅占有雇佣劳动的剩余价值，而且掠夺自然资源给予人类的全部恩惠。毫无疑问，现实中不平等、不分享、不公正还在继续。

（四）资本借着全球化浪潮把其价值观输送到地球的每一个角落

20 世纪 90 年代，正当联合国全力以赴推行可持续发展观、号召世界各国积极应对气候变化的时候，美国却作为始作俑者穷尽所有之力推行"华盛顿共识"。对这个共识，用美国学者罗伯特·W·迈克杰尼斯的话说，它具有经济体制、政治体制和文化体制三重特性。而在笔者看来，这三重特性的核心是以新自由主义为招牌，在全球化浪潮中推行美国的核心价值观，即全球均实行私有化的价值观，只有全世界都"化整为零"均"碎片化"，才能凸显美元作为世界货币的职能，才能把全世界所有资源，包括人力、经济、社会、文化、自然资源统统集结于美国金融霸权资本麾下，并任其自由配置，以巩固美国在全世界充当"全能宙斯"的角色。在这样一个共识体系之内，发达国家的一些政客与他们国家的学者在发展观上很不相同。例如，1991 年 12 月 12 日，世界银行副总裁兼首席经济学家萨默斯，给他的同事们发了一份工作备忘录，其主要观点是：从人类总体来看，污染从发达国家转移到了欠发达国家是有益的，世界银行应在全球促进这种转移的政策。在萨默斯这里，"掠夺环境观"

---

① 潘岳：《可持续发展与文明转型》，发表于《人民日报》（海外版），2004 年 1 月 16 日第 2 版。

被发展成为"以邻为壑环境观"。再如，2001 年 3 月，布什政府以对"人类活动是造成气候变暖趋势的主要因素"表示怀疑，同时对中国和印度等发展中国家没有和发达国家一起列入强制减排感到不公平为由，拒绝签署《京都议定书》。如何解释布什总统这等有悖共识与常理的话呢？美国前副总统戈尔在《难以忽视的真相》一书中作了如下解释：一边是气候变化、人类生存；另一边是金条、钞票，布什认为两者都很重要。当然，他还是选择了金钱、金钱、金钱！在布什那里"华盛顿共识"演变成以"美国模式"为标准的全球化运动，即在新自由主义旗帜下追求以资本增殖为目的的工业化、市场化、价值化、私有化，以及债台高筑的超前消费化。然而"华盛顿共识"和"美国标准"带来的却是双重严重后果：一方面促成气候变暖因素变化速率加快了；另一方面以美国为策源地的世界性金融危机、经济危机发生了。

四 发达国家的经济发展方式在系统性危机中不可避免地发生演变

正像地球生物圈是多样化生命有机体的集合一样，世界本质上也是一个多元化社会形态的统一。2008 年发端于美国的金融危机打碎了美国一统天下的梦。是新自由主义遏制住了美国的危机，还是美国不得不在危机中演化自己的生产方式？事实表明是后者。

（一） 金融危机中兴起的"绿色新政"与"低碳经济"

以实用主义为信条的美国，从来就没有什么信仰。曾几何时，美国人还把新自由主义当做指引人类社会走向幸福的旗帜，然而，就在金融危机爆发不久即 2008 年 5 月，美国国策咨询机构——美国进步中心就提出一项"绿色经济复兴计划"。该计划预计在两年多的时间里向清洁能源领域注资 1000 亿美元，并为社会创造 200 万个"绿领"就业机会。这个与美国政府 7000 亿注资救市相比并不算庞大的计划却引起了人们的广泛关注，因为它预示着一场与"资本经济"有所不同的"绿色经济"浪潮即将在美国发生。果然不久，奥巴马总统便推出"绿色新政"，希拉里国务卿也言称"绝不放弃应对气候变化的领导权"。应该说，作为世界上最发达国家的美国，它的行动对世界未来经济发展走向影响巨大。美国政府既然如此"变脸"，许多国家政府也都跟着制订了"绿色经济"刺激方案。2008 年 10 月，联合国环境规划署发起"全球绿色新政及绿色经济计划"，旨在借助世界各国构建"绿色化"制度，来缓解全球系统性危机，创造绿色工作机会，复苏和升级世界经济，并借此来推动世界绿色产业革命。2009 年，在哥本哈根会议召开前后，世界各国纷纷将本国的经济发展目标确定为"低碳"和"绿色"。欧盟宣布 2013 年之前投资 1050 亿欧元支持发展绿色经济，促进就业和经济复苏。日本宣布争取在 2015 年前把绿色经济规模扩大至 100 万亿日元。韩国计划未来 4 年内在绿色经济领域投资 50 万亿韩元。中国，作为一个发展中国家也提出绿色投资计划，用自己坚实的行动发展低碳经济和绿色经济。上述事实表明，无论是联合国还是世界各国政府提出的绿色新政，意味着全世界在观念、文化、政治、政府等层面已经取得了一个共识，即绿色经济既是应对和化解当前全球系统性危机的唯一出路，也是导引和构建未来世界经济走可持续发展道路的难得契机。然而，什么是绿色低碳经济，它与资本经济有什么关系？是资本引领绿色、低碳，还是绿色、低碳引领资本？这些问题不解决，国际合作很难进行。

（二） 在接踵而至的系统性危机中，发达国家的发展方式在悄然变化

进入 2009 年，特别是在哥本哈根会议召开前后，世界各国又纷纷将本国的经济发展目标定性为——适应与减缓气候变化，推行与发展低碳经济。一时间，全世界几乎所有国家都变成了"地球卫士"，全世界几乎所有企业都转变为发展低碳经济的急先锋。然而，与中国在哥本哈根气候会议上提前发出在 2020 年每单位 GDP 碳强度减低40% ~45% 的真诚行动相比，美国总统奥巴马在联合国气候大会上的表现实在让人失望。他说，他作为总统并没有权力影响议会，因而也没有权力代表政府做出任何减排承诺。奥巴马这个拙劣"表演"实在让人搞不懂他为什么要到哥本哈根来开会？同时也让人们清醒地理解到，在美国天大地大都抵不过"资本权力大"，绿色低、低碳低、都抵不上"资本道德水准低"。因此，虽然从长远的、可持续的、全人类的观点看，应对气候变化、发展低碳经济、转变经济增长和经济发展模式是不可逆转的历史潮流，但这种潮流却依然受到来自资本权力职能体系的抵制。而资本的这个权能体系，不仅是资本主义生产方式及其运行机制的表现形式，而且还是它的决策机制和激励机制。然而，是资本赚钱重要，还是绿色低碳重要？历史的辩证法就在这里博弈啦！毫无疑问，在至今仍未结束的金融、能源、粮食、气候、制度、道德、信仰等系统性危机的冲击下，全球经济包括美国经济，迫切需要找到未来经济增长的动力和未来经济发展的方向。而"绿色、低碳发展"，正如联合国秘书长潘基文所说，对发明和创新正产生积极的推动作用，其规模之大，可能是自工业革命

以来所罕见的。英国经济学家尼古拉斯·斯特恩也指出："让我们找到一条绿色发展之路，从这场经济萧条中走出来吧，这条路既能使我们的地球减少生态危险，又能促使新投资产生作用，从而为大家创造一种更加安全清洁、更有吸引力的经济"①。甚至连资本运作高手高盛也做出如下判断：对于可持续发展来说，绿色经济应该是使美国和世界重新变得美好的复兴之路。

（三）发达国家经济发展方式的改变，既是被动的演进又是主动的创新

当前尚未结束的危机，绝不仅仅是金融危机，以美国为例，它已经是一场发生在实体经济中的经济危机。美国在世纪之交做出的产业结构调整，将其制造业已经调整到了"空心化"，因此蓝领工人就业很难、只能靠"次贷"维持生计。如果说美国次贷危机是个导火索，那么冰岛发生的"国家破产"，希腊发生的"举国借债"②，欧洲发生的"连锁债务危机"无不显示这场危机具有超复杂的性质。而美国在对应气候变化和发展低碳经济问题上的"抵制"或"支持"都在表明：在资本主义生产方式与人类福祉之间，具有一种既矛盾又相兼容的二重关系。说它们相互矛盾，是因为低碳经济本质上是在可持续发展框架中生态经济的一种表现形态。生态经济是以人类福祉为目标的经济发展方式，而不是以资本增殖为目的的经济增长方式。或者说它是以人的快乐、健康、幸福为目的，而不是以 GDP 为经济增长目标，是以资源节约和环境友好为特征的经济形态，而不是以获取高额利润为己任的经济形态。说它们相互兼容，是因为资本主义生产方式与其前形态生产方式相比有个重要特征，如同马克思所说："现代工业从来不把某一生产过程的现存形式看作或当作最后的形式。因此，现代工业的技术基础是革命的，而以往的生产方式的技术基础本质上是保守的。现代工业通过机器、化学过程和其他方法，使工人的职能和劳动过程的社会结合不断随着生产的技术基础发生变革。这样，它也同样不断地使社会内部的分工发生革命"。③ 因为"资产阶级除非对生产关系，从而对全部社会关系不断地进行革命，否则就无法生存……生产的不断变革，一切社会状况不停的动荡，永远的不安定和变动，这是资产阶级时代不同于过去一切时代

①　威廉姆·布伦特：《美国经济，沿着绿色之路走向复兴？》，载于《世界环境》，2008 年第 6 期。

②　《民众享乐过'国王生活'政府借贷酿债务危机——'放纵生活'害苦希腊》，发表于《环球日报》，2010 年 5 月 5 日第 7 版。

③　《马克思恩格斯全集》第 44 卷，人民出版社 2001 年版，第 560 页。

的地方。"① 需要指出，在马克思那里，"革命"就是"毁灭性的创新"；而这正是"低碳"作为当代"最大的创新"依然能够在资本主义生产方式框架中作为一种可兼容的因素存在的原因。况且，历史发展到今天，决定全球经济增长和经济发展方式的，绝不仅仅是资本的力量而是全世界各种力量的"全面博弈"，尽管眼下什么力量也抵不上资本力量。

（四）全球经济发展方式演变是一个超复杂过程，把握方向是最重要的

应该说，以美国为代表的一些发达国家在应对气候变化方面表现出来的矛盾做法，是其在经济发展方式的战略选择上充满迷茫的表现。在笔者看来，不同于对经济增长模式的选择，只是一种战术选择，对经济发展方式的选择则是战略选择，它既要涉及对总体经济地理格局的重构，还要涉及生产方式革命，还要涉及一个国家自然禀赋的特点。不同于美国，英国作为最早提出发展低碳经济的倡导者，既不是简单的也不是偶然的。第一，它作为一个海岛国家，最早感受到气候变化对人类生存环境的威胁。第二，作为人类工业革命最早的开拓者，它曾饱尝人类的工业活动对其生存环境造成的破坏，"雾都孤儿"就是明证。第三，作为世界第一个"世界工厂"，作为一个以自己的"母语"为世界语、曾经的"日不落帝国"，它的历史与现状使它成为世界上最早提出转变经济发展方式的国家。早在 1989 年，它的环境经济学家皮尔斯在其《绿色经济蓝图》一书中就提出发展"绿色经济"的概念。2003 年在提出创建低碳经济的同一年，其皇家科学院彼得·迪肯爵士敏锐指出《全球性转变——重塑世界经济地图》的趋势。第四，英国有"文化注入能源"同时"给能源注入文化"的传统。在20 世纪 20 年代，英国化学家费雷德里克·索迪与卢瑟福一起研究放射性衰变结果，并成功阐明同位素理论（获得 1921 年诺贝尔化学奖），发起了一场与能源文化大讨论。许多人类学家、历史学家都参加了这个讨论。这个讨论的结果使他们深深信奉"谁占领未来能源，谁就占领未来发展空间"。换句话说，英国发展低碳经济，既是为应对气候变化威胁，更是为应对未来能源供给短缺。众所周知，英国不仅是全世界从"柴草能源"转变为"煤炭能源"的先行者，而且是从"煤炭能源"转向"石油能源"的竞跑者，还是"化石能源"向"新能源"转变的领头羊。而支持他们不断做出能源战略转换的是英国能源文化。

---

① 《马克思恩格斯全集》第 44 卷，人民出版社 2001 年版，第 560 页，第 306 页小注。

第二章
认识复杂世界需要科学世界观引领

不管世界有多么复杂，只要对人类抱有大爱、对科学充满忠诚，那么多复杂问题也能认识，多复杂的问题也能解决。马克思就是为人类而工作的人。他探索的是人类与自然、人与人及其主观世界与客观世界之间的相互联系和交互作用。在他看来，"历史可以从两方面来考察，可以把它划分为自然史和人类史。但这两方面是不可分割的，只要有人在，自然史和人类史就彼此相互制约。自然史，即所谓自然科学，我们在这里先不谈，我们需要深入研究的是人类史，因为几乎整个意识形态不是曲解人类史，就是完全撇开人类史。"① 他认为"全部人类历史的第一个前提无疑是有生命的个人的存在。因此，第一个需要确认的事实就是这些个人的肉体组织以及由此产生的个人对其他自然的关系"②；"这些个人把自己和动物区别开来的第一个历史行动不在于他们有思想，而在于他们开始生产自己的生活资料"；③ "历史什么事情也没有做"④，"正是人，现实的、活生生的人在创造这一切……并不是'历史'把人当作手段来达到自己……的目的。历史不过是追求着自己目的的人的活动而已。"⑤马克思不仅发现了人类社会发展历史进程中的一般规律，而且发现了人类社会特殊历史阶段中的特殊规律。他研究的是迄今为止最复杂性的问题即与资本相关的生产方式问题。

---

① 《马克思恩格斯文集》第一卷，人民出版社 2009 年版，第 516～519 页，注释 2。
② 《马克思恩格斯文集》第一卷，人民出版社 2009 年版，第 519 页。
③ 《马克思恩格斯文集》第一卷，人民出版社 2009 年版，第 519 页，注释 1。
④ 《马克思恩格斯文集》第一卷，人民出版社 2009 年版，第 295 页。
⑤ 《马克思恩格斯文集》第一卷，人民出版社 2009 年版，第 295 页。

第一节 马克思主义是研究经济发展方式的科学方法

马克思主义首先是"以人为本"的唯物主义历史观。如恩格斯所说："这个划时代的历史观是新的唯物主义世界观的直接的理论前提，单单由于这种历史观，也就为逻辑方法提供了一个出发点。"① "马克思对于政治经济学的批判就是以这个方法作基础的，这个方法的制定，在我们看来是一个其意义不亚于唯物主义基本观点的成果。"② 马克思主义的"全部理论来自对政治经济学的研究，它一出现，科学的、独立的，德国的经济学也就产生了，这种德国的经济学本质上是建立在唯物主义历史观的基础上的……"③ 因此，"马克思的整个世界观不是教义，而是方法。它提供的不是现成的教条，而是进一步研究的出发点和供这种研究使用的方法。"④

 世界及其构成要素连同它们之间相互关系的观点

世界观是观察者眼睛里的世界，属于人的主观认识。世界观是否科学，取决于观察者观察世界时，所处的位置（立场）及由此决定的视角（视域）、所借助的方法及由此锁定的目标（图景），最重要的是观察者对客观世界的总看法是否合乎实际。

（一）人类及其生存环境，统一于世界之中，并与时俱变

唯物史观把人类能够涉及的世界，统一在客观的自然物质之中；把人类生活的现实环境即社会，统一在人与自然之间和人与人之间交错运动的辩证关系体系之中；把人类的经济活动，统一在以人为主体的生产力与生产关系相互耦合的社会生产方式之中；把社会的生产方式，统一在历史进程中各类不同利益群体（阶级或阶层）的现实生活之中；把与人们主观世界相对应的客观物质、社会形态、生产方式，以及作为认识主体和实践主体的人类自身，统一在

① 《马克思恩格斯文集》第二卷，人民出版社 2009 年版，第 602 页。
② 《马克思恩格斯文集》第二卷，人民出版社 2009 年版，第 603 页。
③ 《马克思恩格斯文集》第二卷，人民出版社 2009 年版，第 596～597 页。
④ 《马克思恩格斯全集》第 39 卷，人民出版社 1974 年版，第 406 页。

时间和空间的运动变化之中。① 在这样的自然与人文统一的世界框架中，构成世界的一切要素，都是互动的、变化的、发展的；人们所面对的一切自然关系、社会关系、人文关系，都是相对的、二重的、辩证的；客观存在的一切物质结构、社会结构、文化结构，都是运动的、演变的；历史上存在的一切经济形态、制度形式、人文环境、精神风貌，都是跨越的、与时俱进的；一切人的活动、包括所有的阶级或阶层的社会活动、历史活动，都是以具体的自然条件、社会条件、人文条件的整合支持为基础的。

（二）人，在本质是社会关系的总和、是实践的社会动物，具有自然与社会二重性

在世界模式中，一方面，人，作为生命体来源于自然界，如同马克思所说：自然界是人的无机的身体，人靠自然界生活，人的肉体生活和精神生活同自然界相联系，人是自然界的一部分；另一方面，自然界是人的生活和人的活动的一部分，人把自然界作为自己的直接的生活资料，作为人的生命活动的材料、对象和工具，以及科学和艺术的对象。② 因此，人类"全部社会生活在本质上是实践的"，③ 这种实践的最初形式就是劳动。人类作为具有相互联系的群体动物，"在其现实性上，它是一切社会关系的总和。"④ 个体的人或抽象的个人是属于一定的社会形式的，⑤ "不管个人在主观上怎样超脱各种关系，他在社会意义上总是这些关系的产物"；⑥ 现实生活中群体的人也是一样，都是社会动物。基于这样的总观点，任何具体的人都是"一定阶级关系和利益的承担者"；⑦ 而雇佣工人阶级、资产阶级、地产资本家，以及局部工人和总体工人、私人资本家和联合资本家、农业资本家和大地主阶级等，都是具有复杂性的社会关系体系中扮演具体经济角色的人。

① 马克思："德意志意识形态""关于费尔巴哈的提纲"，见《马克思恩格斯选集》第一卷，人民出版社 1995 年版；马克思："1844 年经济学哲学手稿"，见《马克思恩格斯全集》第 42 卷，人民出版社 1979 年版；恩格斯："劳动在从人到猿转变中的作用"，见《马克思恩格斯全集》第 20 卷，人民出版社 1971 年版。

② 马克思："1844 年经济学哲学手稿"，见《马克思恩格斯全集》第 42 卷，人民出版社 1979 年版，第 95 页。

③④⑤ 马克思："关于费尔巴哈的提纲"，见《马克思恩格斯选集》，第一卷，人民出版社 1995 年版，第 56 页。

⑥⑦ 《资本论》第 1 卷，人民出版社 2004 年版，第 10 页。

（三）社会，是人类生存的环境，具有自然与人文、历史和现实的二重性

从广义看，人类生存、发展、享乐的空间就是环境。环境作为人与自然和人与人之间相互联系及相互作用的交集区，同样具有二重性。如马克思所说："人类活动的一个方面——人改造自然。另一个方面，是人改造人"①，而"环境的改变和人的活动是一致的"②。社会环境是个复杂的生态系统，但其构成要素依然是可观察、可抽象的：（1）人的生命及其需要；（2）满足需要的生活方式；（3）共同劳动及其生产方式；（4）表达人的生活和生产需要的意识和语言是构成社会有机体的最原始因素③（包括生命因素和环境因素）。在这些要素中，由于生产方式既是承载人类最基本活动（生存和生活）的形式，又是支持人类生活进一步丰富（文化生活和精神生活）的方式，所以它是构成社会的最基本的因素。这些原始的和基本的要素在其相互联系和相互作用中，还会衍生演化出大量的复杂要素，并由此形成与之相适应的层次和结构。④社会就是人生活的现实环境。社会既产生于自然环境中又存在于人文环境中，既构建在现实基础之上也建构在历史基础之上。

（四）人在社会环境中，借助实践活动，耦合自然与社会的交互作用

人是社会环境中唯一能动的因素：既是人与自然之间对话的能动因素，也是人与人之间对话的能动因素，还是居于主动地位的因素。社会则是人与自然和人与人之间进行对话的中介，没有社会及其各种各样的组织，既不能实现人与自然之间的对话，也不能实现人与人之间的对话。从这个意义上，人具有社会性和社会具有人性，在本质上是一致的。需要指出，由于人与社会具有同质性，所以社会及其要素、层次、结构也都具有自然和非自然的二重属性：一方面，社会及其组织是自然界本身合乎规律的发展的产物，表现为适合人类生存的自然环境及因素；另一方面，它们又是经过人类意识过滤过，并被人类劳动

① 马克思："德意志意识形态"，见《马克思恩格斯选集》第一卷，人民出版社1995年版，第88页。
② 马克思："关于费尔巴哈的提纲"，见《马克思恩格斯选集》，第一卷，人民出版社1995年版，第59页。
③ 在唯物史观的框架中，构成社会的原始要素、基本要素、大量要素、复杂要素是既有联系又有区别的范畴，就像化学元素中有微量元素、基本元素和大量元素的道理一样。请注意，在这里我们说的是原始要素，在下面我们将要说到的是基本要素。
④ 马克思："政治经济学批判"，见《马克思恩格斯选集》第二卷，人民出版社1995年版，第27~34页。

改造过的自然界或人化的自然界，因而表现为能够满足人类发展和享受的人文环境及因素。从系统功能角度看，社会作为交集区或人文环境，是联系人与自然和人与人之间的桥梁。广义社会组织包括制度、体制、机制、机构等。①但在信息化与网络世界的背景下，一大批以"非"为特征的社会组织如雨后春笋出现，如非政府、非正式、非营利等组织，它更具社会本原含义。

（五）人与自然之间的对话，要以人与人之间的对话为条件

从人类发展史和社会发展史双重视角看，为了自身发展，人类一直在与自然界进行物质、能量、信息的变换；同时，为了有效率地实现这种变换，人类也一直在不断地设计和创造更有效率和更加公平的社会组织形式。尽管在人类发展和社会发展的道路上，充满劫掠、杀戮、暴力、强权、野蛮、不合理，但是如同恩格斯所说，人类一直在这条道路上不畏艰难地为"人类与自然的和解以及人类本身的和解开辟道路。"② 在谋求人与自然和人与人之间和谐关系的问题上，唯物史观的特点是，研究人与自然之间的和谐关系，一定要与研究借助人与人之间的关系相结合。因为人与人之间的关系是人类经济活动赖以进行的充分必要的条件。人与人之间的关系是什么？马克思把它归结为生产关系、交换关系、分配关系、消费关系，但归根结蒂是财产关系和利益关系。这种关系体系要借助一定的社会形式，即制度安排，运行机制、分配制度等来实现。这种关系及其社会形式具有人文性、历史性、创新性、演变性。马克思批判那种认为资本主义制度永恒不变的观点是错误的。

作为马克思的世界观，唯物史观对于我们观察复杂的世界依然具有重要的指导意义。例如，我们绝不能把人类与地球之间的关系看做仅仅由自然科学就能解决的问题，也绝不能把气候变化的问题简单地归结于工业化问题，还不能把节能减排和发展绿色低碳经济问题当做不受任何约束的就可实行的。我们必须从自然与社会交错运动的视角，考察应对气候变化与发展低碳经济问题，而绝不能把这两个问题仅仅定位于解决人与自然之间的矛盾与冲突。事实上，以美国为代表的发达国家一直宣扬的关于"中国能源威胁论""中国崛起威胁论"等论调，从来都不是从人与自然之间对话的角度来处理资源短缺、环境

---

① 马克思："德意志意识形态"，见《马克思恩格斯选集》第一卷，人民出版社1995年版，第42~47页。

② 恩格斯："国民经济学批判大纲"，见《马克思恩格斯文集》第一卷，人民出版社2009年版，第63页。

污染和生态危机的问题。同样，我们在积极应对气候变化与大力发展低碳经济的时候，也应该从人与人之间进行对话的层面，反击"中国能源威胁论"的非难。在这里，需要强调的是，人与人的关系从来都是以社会组织来承载的，而国际之间的人与人的对话，最常见的组织形式就是国家（国体、政体）与国家之间的对话，当然也有许多例如学术组织之间的对话。

二 劳动是自然与社会交错运动中实现物质变换的活物质①

在唯物史观中，劳动既是人的生命本能活动，又是支持人从动物界提升到人的世界即社会的最本原的基础活动。从这个意义上，唯物史观强调的不是人的本能会劳动，而是劳动创造了人本身。唯物史观的这个观点在维尔纳茨基活物质理论中得到科学的证明。

（一）劳动是人身上的活劳动亦即活物质或活能量

在马克思看来，"劳动首先是人和自然之间的过程，是人以自身的活动来引起的中介、调整和控制人和自然之间的物质变换的过程。"② 从生物地球化学的角度看，劳动是人类独有的、不同于其他任何动物能量的"地球化学功"③。劳动来自自然界中与岩石、矿物等"死物质"相对应的"活物质"，是以重量、化学成分、能量、空间特征等方式表示的有机体的总和。所谓地球化学功，指的是以生命的无数单个有机体的协同作用并以有机体总和的形式表现出来的活动。显然，由于人是有机体总和中的一个特殊的"类"，人的活劳动是活物质中的一种特殊的"功"。人的活劳动作为一种活物质，具有能够把"死物质"从死亡状态中唤醒，"使它们复活，赋予它们活力，使它们成为劳动过程中的因素，并且同它们结合成产品"④ 的功能。从这个意义说，劳动不仅是人类生命的本能活动，而且维持生命本能的活动，是人类生命力的存在形式和表现形式。正因为它具有活物质的性质，它才在人与自然之间发挥

---

① "活物质"指的是地球上的、生命无数单个有机体的协同作用，以有机体总和的形式表现出来的活动；这种活动或地球上有机体总和必须以有机体的重量、化学成分、能量、空间特征等方式表现出来。参见维尔纳茨基：《活物质》，商务印书馆1989年版。

② 《资本论》第1卷，人民出版社2004年版，第207页。

③ 维尔纳茨基：《活物质》，商务印书馆1989年版。

④ 《资本论》第1卷，人民出版社2004年版，第233页。

物质、能量的转换器的作用。劳动既是活物质也是活能量即物质的能量表现形式。

（二）劳动作为特殊的地球化学功，来源于人的主观能动性和社会的组织性

马克思说："蜘蛛的活动与织工的活动相似，蜜蜂建筑蜂房的本领使人间的许多建筑师感到惭愧。但是，最蹩脚的建筑师从一开始就比最灵巧的蜜蜂高明的地方，是他在用蜂蜡建筑蜂房以前，已经在自己的头脑中把它建成了。劳动过程结束时得到的结果，在这个过程开始时就已经在劳动者的想象中存在着，即已经观念地存在着。他不仅使自然物发生形式变化，同时他还在自然物中实现自己的目的，这个目的是他所知道的，是作为规律决定着他的活动的方式和方法的，他必须使他的意志服从这个目的。但是这种服从不是孤立的行为。"① 从人与人之间的关系上看，劳动不仅"在物种关系方面把人从其他的动物中提升出来"，"使人从动物界上升到人类并构成人的其他一切活动的物质基础的历史活动"，② 而且"正像社会本身生产作为人的人一样，人也生产社会"③，"人创造环境，同样环境也创造人"。④ 顺便指出：科学作为表明有所"发现"的活动，技术作为有所"发明"的活动，其实是最能表现劳动本质的活动。但现在的问题是，很多人把"劳动"仅仅理解为笨重的体力活儿了。

（三）劳动的二重性，源于人的二重性，即自然与社会的交错运动

劳动二重性，首先是指由劳动过程中所显现出来的抽象本质与具体形态（现象）的二重性。这里的抽象本质，是指劳动本身作为一种与自然物质相对立的自然力，即脑力和体力；这里的具体形态，是指这种抽象的自然力的表现形式，如纺或织。劳动二重性是与人类社会二重性共存的。从这层意义上看，劳动二重性具有永恒性。然而，劳动二重性和社会二重性都是时间的函数。伴

① 《资本论》第1卷，人民出版社2004年版，第207～208页。
② 恩格斯："劳动在从人到猿转变中的作用"，见《马克思恩格斯全集》第20卷，人民出版社1971年版，第518页。
③ 马克思："1844年经济学哲学手稿"，见《马克思恩格斯全集》第42卷，人民出版社1979年版，第92页。
④ 马克思："德意志意识形态"，见《马克思恩格斯选集》第一卷，人民出版社1995年版。

随着时间的变化，劳动二重性发生了变化：从具体形式上看，"各种有用劳动……发展成一个多支的体系，发展成社会分工"①；从抽象本质上看，在联合劳动或结合劳动中，智力的比重越来越大，以至于生物圈向智慧圈演化。同样，伴随时间的变化，社会二重性也采取新的形态：一方面，社会物质因素，以生产方式革命、经济结构变迁，经济形态演化的形式，使人化自然的疆界越来越大，人与自然之间的矛盾和冲突日益尖锐起来；另一方面，社会的人文因素或社会性因素，诸如法律的、政治的、文化等意识形态的快速发展起来，使社会的制度安排、组织设计越来越具有"主观能动性"。

（四）劳动在自然与社会的交错运动过程中的历史形式和特定制度形式

在"人之初"的蒙昧时期，劳动的在以血缘关系为基础的原始社会中，表现的是原始劳动或共同劳动。在往后的奴隶社会里，劳动是以"奴役劳动"或"强制劳动"的社会形式出现。在后来的封建社会，劳动以"依附劳动"和"徭役劳动"的社会形式出现。资本主义社会里，劳动则以"自由劳动"和"雇佣劳动"形式出现，如马克思所说：资本主义时代的特点是，对于工人来说，劳动力是归他所有的一种商品形式，因而他的劳动具有雇佣劳动的形式。而后资本主义劳动，则表现为"自主劳动"和"服务劳动"等社会形式。当然，由于社会是复杂的，因此也可以从多视角对劳动进行考察。比如，在传统自然经济条件下，劳动表现为"自给自足"的社会形式；在现代大工业条件下的以全面交换为特征社会框架中，劳动则采取了"异化劳动"的社会形式；在未来社会以"劳动者全面自由个性解放"为特征的"自主的直接劳动"②；还有诸如智力劳动、体力劳动、复杂劳动②、简单劳动、结合劳动、个体劳动、群体劳动、指挥劳动，等等。

（五）劳动在商品经济条件下，在时间中物化为价值

在唯物史观的视域中，商品经济首先是与自然经济相区别的一个经济形态。在这个经济形态中，在劳动过程转化为生产商品过程，劳动者释放出"活劳动"，即以智力和体力形式出现的"活物质"，借助劳动资料而与劳动对

---

① 《资本论》第 1 卷，人民出版社 2004 年版，第 56 页。
② 《资本论》第 1 卷，人民出版社 2004 年版，第 198 页。

象相结合、相融合从而变换成为劳动产品。一旦劳动产品因用于交换而生产，劳动产品就转化为商品，劳动产品所承载劳动与劳动关系，就转化为商品所表征的使用价值和使用价值之间的交换关系了。在这里，劳动实体和价值实体的形成都是"过程"中，无论是一般生产过程还是特殊生产过程。而过程所承载的是释放劳动的过程，即用时间测量的劳动过程。因此，对时间的理解和测量，就成为经济活动（包括经济发展与经济增长）中具有根本意义的问题。在马克思经济学中，劳动实体和价值实体，不过是劳动时间和生产商品的时间的"空间化"即"物化"。因为在马克思看来，时间的本质与实体的本质是一致的，因而劳动实体、价值实体、时间实体是同一过程的空间存在形式。由于这同一过程是在自然与社会交错运动的框架中进行的，所以，这个框架中的"时间"同劳动和价值一样，也具有二重性：既具有自然属性又具有社会属性，既可确定又不可确定，既包括生产时间也包括流通时间。

（六）探索劳动和时间问题，对于探索应对气候变化和发展低碳经济意义重大

当代最前沿的自然科学和社会科学已经证明，马克思的时间观和社会必要劳动时间的概念是非常超前的。例如，伟大的物理学家爱因斯坦说，"我终于认识到，时间是值得怀疑的！"[1] 诺贝尔物理学奖得主普利高津也说："科学正在重新发现时间"，"对我们以自身为尺度的世界的发现才刚刚开始，而且看来任何宏观或微观尺度上对世界的探索同样充满令人惊奇的事情"[2] "代替'现在即意味着将来'的观念结构，我们正步入一个世界，在这里将来是未决的，时间是一种构造：我们所有的人都可以参与其中"。[3] 事实早已证明：人类劳动，在自然与社会交错的经济活动中，不仅已经成为与自然资源相联系的是"地质时间"，而且已经成为与世界经济发展进程相联系的"社会时间"。与此同时，人类劳动由于处在不同的空间即社会框架之中，还有发生诸如"美国时间与价值"或"中国时间与价值"的差异。当然，如果从可持续发展或与时俱进的角度考虑，还可以把时间区分为"过去时间"、"现在时间"和"未来时间"。而这些时间观念，不仅对于"与时俱变"的自然世界具有重大

---

① 转引自潘永祥：《自然科学发展简史》，北京大学出版社1984年版，第370页。
② 伊·普利高津：《从混沌到有序——人与自然的新对话》，上海译文出版社1987年版，第26页。
③ 伊·普利高津：《探索复杂性》，四川教育出版社1986年版，扉页。

意义，而且对于"与时俱进"人文世界具有更大意义。实际上，应对气候变化、发展低碳经济，在本质上都可以被理解为是创造一种绿色经济以构建一种能够改变气候变化的时间框架。

生产方式革命是改变经济发展方式的根本力量

在唯物史观框架中，生产方式是决定经济结构的现实基础，也是决定经济发展方式发生变革的客观力量。由于"生产"或"生产劳动"，不过是从产品的角度进行考察的劳动；所以马克思主义经济学中一切关于劳动方式的观点，也就成为生产方式的基础。①

（一）生产方式既是劳动最原初的社会形式，也是劳动关系最原始的表现形式

在唯物史观框架中，生产方式是唯一能够同时满足人类生活和生产需要的本原要素，也是唯一能同时满足社会作为人类与自然"交集区"以及人文环境的基本要素。不仅如此，在现实经济活动中，生产方式还是唯一能够把承载人与自然之间物质、能量、信息变换关系的生产力要素系统与承载人与人之间利益关系基础的生产关系要素系统耦合在一起的复杂要素（系统）。生产方式的构成要素也具有二重性，如马克思所说，一方面，生产方式"始终是与一定的共同活动的方式或一定的社会阶段联系着的，而这种共同活动方式本身就是'生产力'"②，这是一种"表现为一种完全不依赖于各个人并与它们分离的东西"即属于社会的生产力，正是因为如此，"生产力好像具有一种物的形式"③；另一方面，生产方式首先表现为由于分工使人们"有了一种必然的联

---

① 国内外经济理论学界对马克思的"生产方式"，特别是"资本主义生产方式"的理解，以及与其密切相关的生产力和生产关系的理解可以说是众说纷纭、大相径庭。以笔者拙见，这些理解中的大多数并没有从马克思唯物史观最基本的视角，亦即本文的视角去研究生产方式。若对此有兴趣的同仁可参见杨志相关作品。见杨志：《论资本的二重性——兼论中国公有资本的本质》，经济科学出版社2002年版，第60~78页；杨志：《谈〈资本论〉的研究对象》，载于《经济学文萃——中国人民大学经济学院》，华夏出版社2001年版，第199~211页。

② 马克思接着说："由此可见，人们所达到的生产力的总和决定着社会状况"，参见马克思："德意志意识形态"，见《马克思恩格斯选集》第一卷，人民出版社1995年版，第80页。

③ 马克思："德意志意识形态"，见《马克思恩格斯选集》第一卷，人民出版社1995年版，第128页。

合，而这种联合又因他们的分散而成了一种对他们来说是异己的联系"①，同时这种联系也表现为"生产力与交往形式的关系"或"交往形式与个人的行动或活动的关系"。②

（二）生产方式既是支撑经济结构的基础，也是推动经济发展方式变革的力量

从静态角度看，生产方式是决定经济结构的现实基础。在《资本论》中，马克思既分析了资本主义生产方式的制度基础、运行机制、再生产和再分配的制度形式，还分析了这种生产方式的技术基础、物质条件、管理制度，从而全面再现了资本主义经济结构中发生在人与自然之间的生产力系统，和发生在人与人之间的生产关系系统之间的互动作用。生产方式"当然是物质活动，一切其他的活动，如精神活动、政治活动、宗教活动等取决于它"，然而，其他非物质活动，对生产方式也有反作用。③从动态角度看，生产方式是经济形态的演化客观依据。马克思说，"不论生产的社会形式如何，劳动者和生产资料始终是生产的因素。但是二者在彼此分离的情况下只在可能性上是生产因素。凡是要进行生产，它们就必须结合起来。实行这种结合的特殊方式和方法，使社会结构区分为不同的经济时期。"④ 值得注意的是，马克思分析了两种既相联系又相区别的经济形态：社会经济形态和国民经济形态。前者是人类历史发展总过程中用相对长的时间尺度（大尺度）衡量的经济形态，它所表明的是以经济制度革命为特征的社会结构的变迁；后者是在既定的历史框架中用相对短的时间尺度（小尺度）衡量的经济形态，它所表明的是在一定的经济制度内部的生产方式的运动状况。马克思对经济形态的这种区分，对研究当代经济发展和经济增长问题依然具有指导意义。

（三）资本主义生产方式革命的内在机制和机理

资本主义生产方式革命，是指以追求超额剩余价值为先导，以科学技术进入生产过程、流通过程、管理过程为特征，以雇佣劳动生产率提高为基础，以市

---

① 马克思："德意志意识形态"，见《马克思恩格斯选集》第一卷，人民出版社 1995 年版，第 121~122 页。

②③ 马克思："德意志意识形态"，见《马克思恩格斯选集》第一卷，人民出版社 1995 年版，第 123 页。

④ 《资本论》第 2 卷，人民出版社 2004 年版，第 44 页。

场竞争为杠杆的资本运动全过程中的结构性变革。《资本论》揭示了这种革命的内在动因在于资本主义生产方式本身，即在于它承载生产力系统和生产关系系统之间的矛盾运动。资本主义生产方式是借助社会化市场机制进行生产的生产方式。资本作为该生产方式的主体，是在价值规律和竞争规律基础上实现其自身增殖。而要想增殖，资本除了使用延长工作日、加强劳动强度及克扣工资等原始方法之外，最有竞争力的方式就是通过提高劳动生产率、提高资本运动速度，以缩短资本经营全过程的社会必要劳动时间，即通过使自己的商品比别人的商品更有竞争力来实现。从这里可以看出，资本主义生产方式变革的唯一动因，是获取超额的或高额的资本收益，对此，马克思说："资产阶级除非对生产工具，从而对生产关系，从而对全部社会关系不断地进行革命，否则就不能生存下去。反之，原封不动地保持旧的生产方式，却是过去的一切工业阶级生存的首要条件。"①而实现资本主义生产方式变革的机制是社会化的市场机制。市场机制把源自资本增殖的内在动机转化为社会化的竞争行为，又把这种的竞争行为转化为生产方式的外部压力。正是在内外力的相互作用下，这种生产方式发生革命了。

（四）生产方式采取渐变与突变两种形态及其历史作用

逻辑和历史均表明，资本主义生产方式既可以渐变也可以突变。但无论如何，现实中的生产方式都是历史上生产方式和交换方式的一系列变革的产物。因为"无论哪一个社会形态，在它们所能容纳的全部生产力发挥出来以前，是决不会灭亡的；而新的更高的生产关系，在它存在的物质条件在旧社会的胎胞里成熟以前，是决不会出现的"②。在《资本论》的理论框架中，从17世纪中到18世纪中叶，既是资本主义生产方式渐进演变的时期，也是资本主义经济稳定增长时期。这个时期生产方式变革对象是劳动组织制度；变革的实质是彻底完成封建所有权和小私有者所有权向资本所有权的转变，③从而在经济

① 马克思、恩格斯："共产党宣言"，见《马克思恩格斯选集》第一卷，人民出版社1995年版，第275页。

② 马克思："政治经济学批判"，见《马克思恩格斯选集》第二卷，人民出版社1995年版，第33页。

③ 马克思："凡是资产阶级已经取得统治的地方，它就把所有的封建的、宗法的和纯朴的关系统统破坏了。它无情地斩断了那些使人依附于'天然的尊长'的形形色色的封建羁绊，它使人和人之间除了赤裸裸的利害关系即冷酷无情的'现金交易'之外，再也找不到任何别的联系了……资产阶级抹去了一切向来受人尊敬和令人敬畏的职业的神圣光环。它把医生、律师、诗人和学者变成了他出钱招雇的雇佣劳动者……它第一次证明了，人类的活动什么样的成就……它完成了完全不同于民族大迁徙的远征。"见马克思恩格斯："共产党宣言"，《马克思恩格斯选集》第一卷，人民出版社1995年版，第275~276页。

结构上实现向资本主义的转变。① 除了在所有权制度之外，还有管理制度、劳动制度、劳动力技能的等级制度、工资的等级制度等变革。而从 18 世纪中叶到 19 世纪中叶的产业革命，却是资本主义生产方式发生根本性革命的时期。因为产业革命彻底改变了生产力从以"人力"为基础向以"蒸汽机"为代表的"机械力"为基础的转变，其实质是把资本主义生产方式所能够涉及的生产力——由自然资源、科学技术、职业教育和终身教育、体力和智力变化，以及由现代工厂制度等因素带来的自然生产力和社会生产力，转变成由物质基础支撑资本生产力，使资本主义经济结构建立起与自己相适应的技术基础并由此才得以自立。

既然渐变和突变都是生产方式变革形态，那么改良和革命、改革和创新就是生产方式变革中可以使用的手段。在生产方式变革过程中，内在的二重的规定都有可能展开，那么在操作过程中就"法无定法"了。于是，人在主观能动性方面的高明与愚蠢；在政策制定方面的正确与错误；在历史活动方面的推进与拖累，就在这"法无定法"的实践中较量了。实践已经证明、正在证明、还将证明，一切从实际出发，一切以一定的时间、地点（空间）为转移，具体情况具体分析、具体情况具体处理，就是最高明的法则。这就是马克思主义的唯物主义，这就是马克思主义的辩证法，这就是马克思主义理论不死的灵魂。应该说，马克思关于生产方式变革的理论，对于正确认识当前全球经济发展方式的转变具有重要意义。

四. 资本是人类社会发展历史长河中一种特殊的生产方式

《资本论》是迄今为止人类思想史上唯一系统论述资本的著作。《资本论》不仅剖析了资本生产方式的制度基础、运行机制、分配制度，而且揭示了资本作为能够增殖的价值，如何成为具有连续性且具有加速趋势的运动，以及均等的社会权力和有效率的霸权。

（一）资本：一种以占有社会剩余劳动为基础的生产方式

资本作为生产方式的主体，是以雇佣劳动为基础、以商品为载体、以货币为财富计量尺度、以市场为经济运行机制的生产方式。这种生产方式把人与自

---

① 《资本论》第 1 卷，人民出版社 2004 年版，第 374、376、379、384 页。

然和人与人的关系转换成一种占有和被占有、雇佣和被雇佣的关系，即在自然与社会交错运动系统中的所有要素都被资本占有，资本是占有资源、配置资源和消费资源的主体。从现象上看，资本也可以表现为各种形态：货币资本、生产资本（以生产资料、劳动力为载体）、商品资本、产业资本、商业资本、生息资本、所有权资本（权益资本）、职能资本、现实资本、虚拟资本，等等。货币资本是衡量一切资本实力的尺度，这是因为"货币是一切权力的权力"①。比如，人格化的资本是配置各种资本的主体，这是因为，它是资本主义"这个社会机制的主动轮"②，它在资本生产方式之初指的是资本家，但伴随着资本生产方式的变革，特别是伴随着资本所有权和职能的相分离，人格化资本的职能被经理职能所替代，而纯粹的产业经理和商业经理，实际是所有权资本雇佣的具有复杂劳动能力的雇佣劳动者。

（二）资本生产方式下的财富：庞大的商品堆积

当资本生产方式占统治地位的社会财富，表现为庞大的商品堆积。但是生产这些商品的目的并不是合理地消费它，而是借助它实现资本增殖。这既是资本生产方式在很短时间内就能创造出极大丰富的物质的原因，也是占人口 20% 的发达国家消耗占全世界 80% 资源的原因。以资本生产方式下的商品，不仅是价值的承担者而且是资本价值增殖的承担者，因此，这些商品的有用性被限制在价值之中或资本价值增殖之中。这是导致资本生产方式下，一方面是产品过剩、人口过剩、资本过剩；另一方面是资源短缺、环境狭窄、地球空间变小的原因。总之，在资本生产方式的框架中，自然资源、人脉资源、科学技术、社会关系，以及一切实物的、虚拟的都可以是资本。资本本质上是一种生产关系，是一种承载人与自然之间关系和人与人之间关系的社会方式。因此，《共产党宣言》明确指出："资本是集体的产物，它只有通过社会许多成员的共同活动，而且归根到底只有通过社会全体成员的共同活动，才能运动起来。因此，资本不是一种个人力量，而是一种社会力量。"③

---

① 《资本论》第 1 卷，人民出版社 2004 年版，第 825 页。

② 《资本论》第 1 卷，人民出版社 2004 年版，第 683 页；《资本论》第 3 卷，人民出版社 2004 年版，第 429～439、496～500 页。

③ 马克思："共产党宣言"，见《马克思恩格斯选集》第一卷，人民出版社 1995 年版，第 287 页。

（三）市场：资本生产方式的运行机制，一切经济关系的载体

市场作为资本生产关系、交换关系、分配关系和消费关系的总和，既是资本生产方式的载体，也是资本循环和周转的运行机制。因此市场机制发育的状况，是决定资本循环连续进行最基本的因素。《共产党宣言》指出，在资本主义成长初期，"美洲的发现、绕过非洲的航行，给新兴的资产阶级开辟了新天地。东印度和中国的市场、美洲的殖民化、对殖民地的贸易、交换手段和一般商品的增加，使商业、航海业和工业空前高涨，因而使正在崩溃的封建社会内部的革命因素迅速发展"①。然而，在资本主义经过不断的科技革命和技术创新的今天，市场不是更大了，而是更小了。因为它不仅承载不了过剩产品、过剩人口、过剩资本，而且也承载不了过多的垃圾、过多的污染、过多的生态危机。以市场为运行机制的资本循环与周转，虽然在资本生产方式革命的推动下，一次又一次地把资本主义经济增长推向前进，但是，自2008年开始的系统性危机表明，这种经济增长不过是以巨大的人力资源、物质资源、自然资源的浪费为前提。以刺激"有效需求"来调节资本主义总需求小于总供给的失衡关系的做法，实际上是把资本主义对雇佣劳动从而人类劳动的压榨推向了对整个自然界的压榨。

（四）资本循环与周转：资本生产方式的活力体系

资本循环是物质资本循环和货币资本循环的二重统一循环，是周而复始地连续不断地从起点到终点的环状运动过程。在资本循环中最困难的循环在于生产要素转化为产品的循环，而这种循环只存在于产业资本之中。产业资本是在其运动的不同阶段，依次采取又依次放弃货币资本、生产资本、商品资本的三种不同形式的资本，因此产业资本作为自行增殖的价值"是一种运动，是一个经过各个不同阶段的循环过程"。② 资本循环在其现实运动中会呈现出连续性与非连续性二重性。资本循环的连续性，是由资本的本性、市场运行机制及资本生产方式的技术基础决定的。实现资本连续性运动是人格化资本的使命，因为只有连续性的运动才能实现资本增殖的目的，因为"连续性本身就是一种劳动生产力"而且是隶属于资本的生产力。③ 资本循环的非连续性，即循环

---

① 马克思："共产党宣言"，见《马克思恩格斯选集》第一卷，人民出版社1995年版，第272页。
② 《资本论》第1卷，人民出版社2004年版，第121~122页。
③ 《资本论》第2卷，人民出版社2004年版，第312页。

的停顿与中断，主要是"价值革命"和"价格革命"造成的。前者与生产方式革命相关；后者则与市场整体运行机制相关，两者交错在一起则与包含着超复杂关系的社会总资本运动内容相关。

（五）时间等于金钱：内相关的产业资本运动速度与资本增殖程度

产业资本循环速度或周转速度，首先决定于生产资本的比重及其内部的技术与经济内涵。正如马克思所说："G—W 表示一个货币额转化为一个商品额；……首先不是行为的形式，而是它的物质内容，是那些和货币换位的商品的特殊使用性质。一方面是生产资料，另一方面是劳动力，即商品生产的物的因素和人的因素。它们的特性，自然要与所生产物品的种类相适应"。马克思强调，在生产资料和劳动力形式上，"除了表示 G 所转化成的商品额有这种质的分割之外，还表示一种最具有特征的量的关系"。[①] 不仅如此，"企业中所使用的一切生产资料，不仅互相间有质的关系，而且有一定的量的关系，一种比例量。"[②]产业资本循环速度或周转速度，还决定于流通资本的比重及一切与"物流"（商品资本）和"货币流"（货币资本流通）相关的因素。考察资本循环运动速度不是目的，目的是考察资本运动速度和增殖程度之间的比率。很明显，在剩余价值率一定的情况下，周转速度越快，资本增殖程度就越高；同时它还表明时间与金钱、效率与效益之间具有内在的关系。

（六）社会（或世界）总资本正常运动与单个资本之间的技术经济比例

社会（或世界）总资本的运动是全社会（全世界）范围内，互为前提、互相联系、互为条件的各种单个资本互相交错的运动。社会（世界）总资本循环连续性进行的条件更为复杂。它不仅包含资本流通和剩余价值的流通，而且还包括生产消费和生活消费、价值补偿和物质补偿，总之，社会总资本连续性循环的条件要涉及自然与社会交错运动的各个方面的复杂因素。这种复杂性集中表现在社会总产品必须在物质上（使用价值）和货币上（价值）的双重实现上。如同马克思指出的那样，这个条件的全部困难在于单个资本之间超复杂的技术与经济之间的比例关系。由于这种比例关系，要通过无数次市场交换活动才能实现的，所以市场结构、市场关系、市场规律成为决定制约社会总资

---

①②　《资本论》第 2 卷，人民出版社 2004 年版，第 32～33 页，第 97 页。

本连续性循环的机制。需要指出，货币资本连续性循环也是保证社会总资本正常运动的必要条件。这是因为货币资本循环是社会总资本正常运动持续不断的推动力。货币资本在再生产中还表现为一种"张力"，即等量货币资本在推动其他资本循环时产生的极不相同的资本利用率。货币资本循环还是联结所有资本连续性循环的媒介和纽带。如同马克思所说：社会总资本的"这种互相交换是通过货币流通来完成的"，虽然"货币流通成为交换的媒介，同时也使这种交换难于理解，然而它却具有决定性的重要意义"。①

（七）如何理解以信用制度为基础的金融资本

信用，是与货币的支付手段一起发展起来的。伴随着货币经济、资本经济的发展，信用逐步成为一种以偿还为条件的资本价值运动形式。借助信用制度，信用把各种处于沉淀状态的货币，诸如劳动力的教育基金和养老基金、尚未发到劳动者手中的工资和奖金、固定资本的折旧费、流动资本的购物款等汇集起来，从而使这些货币转化为资本，因而信用也成为资本集中的最重要的杠杆。信用有许多种形态，如商业信用（发生在企业之间的直接信用）、银行信用（以银行为中介的间接信用），还有国家信用和个人信用等，这些信用体系的总和形成信用制度体系。《资本论》从生产过程、流通过程和总过程的不同层面，分析了信用及其制度体系在资本主义经济活动中的作用。在现实经济活动中，信用制度从现实资本和虚拟资本两个方面来运作。现实资本是在生产过程和流通过程中直接发生职能的产业资本、商业资本、货币资本。金融资本是运动于生产过程和流通过程之外的，专门为职能资本服务的货币资本和信用资本。在马克思看来，金融资本对社会资本而言不是对自己资本的支配权，使他取得了对社会劳动的支配权，金融资本循环和周转实现的不过是一种没有私有财产控制的私人生产。总之，在信用制度下，金融资本循环成为货币资本循环，从而所有资本循环的最高形式。从这个意义上，马克思把现代经济称之为金融寡头统治的经济。

（八）如何理解资本生产方式革命及其趋势

在《资本论》中，资本生产方式革命在直接生产过程中引起的后果是，生产商品的社会必要劳动时间缩短因而引起价值革命，而这种价值革命的直接

---

① 《资本论》第 2 卷，人民出版社 2004 年版，第 397 页。

后果就是生产出相对过剩的人口。经过市场机制的传导，这种价值革命就表现为商品的价格波动或价格革命；由价值革命决定的价格革命再翻转过来以市场竞争的压力对生产方式本身进行调整；调整后的生产方式更有生产力了，同时也生产出相对过剩的产品或相对过剩的产能。资本生产方式革命在包括生产、交换、分配、消费在内的资本主义生产总过程中，还表现为资本的权能体系的革命，这种革命不仅是由所有权资本和职能资本之间分工协作决定的，而且还是由信用制度的发展决定的。由于在信用制度条件下，职能资本"再生产过程的全部联系都是以信用为基础"的①，所以信用资本也就成为推动资本运动的动力和杠杆。虚拟资本是生产过程和流通过程之外的、以有价证券或所有权证书的形式存在的资本，它是所有权资本的代表。在信用制度下，虚拟资本不仅和现实资本一样，都具有支配别人资本的社会权利，而且支配别人的资本就是它的"专业"。信用资本的典型形式是股份资本。股份资本的运作表现了现实资本运作的二重性：职能资本的运作和以产权资本形式出现的信用资本的运作。

早在19世纪60年代，马克思主义就揭示了与资本主义经济增长和经济发展相伴而生的，即以人口、生产、资本都相对过剩为特征的资本主义经济危机。这个危机经过凯恩斯革命的挽救，又经过后凯恩斯主义和新自由主义的"轮番治疗"之后，终于在世纪之交造成了二重后果：一方面，以高新技术革命为特征的生产力系统，越来越顺畅地成为推动发达资本主义国家经济增长的力量；另一方面，这种高新技术革命与制度革命交互作用终于造成了以基于地球生态系统的总供给不足，即资源和能源供给短缺、适合人类生存的环境供给短缺、生态自我修复系统本身的供给短缺。从基于市场系统的总需求不足到基于生态系统的总供给不足表明："资本生产方式内部所造成的、它自己不再能驾驭的大量的生产力，正在等待着为有计划地合作而组织起来的社会去占有，以便保证，并且在越来越大的程度上保证社会全体成员享有生存和自由发展其才能的资料"。② 如果说西方主流经济学是专门研究与资本增殖相关的资本的政治经济学、财产的政治经济学、资产阶级政治经济学，那么中国特色的经济学应该是研究与人类福祉相关的、与绝大多数人长远利益相关的劳动的政治经济学、

---

① 《资本论》第2卷，人民出版社2004年版，第555页。
② 《马克思恩格斯选集》第三卷，人民出版社1995年版，第493页。

工人阶级政治经济学、① 广义的政治经济学。② 前者日益受到挑战，后者必将兴旺发达；前者的经济增长已经到了极限，后者的经济发展正方兴未艾。

第二节　科学发展观是研究经济发展方式的指导思想

从与时俱变的角度看，唯物主义历史观不仅是科学的世界观而且还是科学的发展观。在中国，科学发展观是以胡锦涛为总书记的党中央提出的重大理论创新成果，是中国特色社会主义理论体系的重要组成部分。它以邓小平理论和"三个代表"重要思想为指导，是在准确把握世界发展趋势、认真总结中国发展经验、深入分析中国发展阶段性特征的基础上提出来的重要理论，是对经济社会发展一般规律认识的深化，是发展中国特色社会主义必须坚持和贯彻的重大战略思想。这一重大创新理论统领着中国社会主义建设事业的全局，具有重大而深远的意义。

 科学发展观的提出与经济社会发展的新要求

世纪之交，以信息技术为引擎的高新技术使人类世界一方面进入急速运行的快车道，另一方面进入资源短缺、环境污染、生态失衡的系统性危机之中。面对日新月异的新世界和瞬息万变的严峻局面，中国共产党提出科学发展观以积极应对时代赋予的发展的新要求。

（一）科学发展观旨在应对人类社会永恒的发展主题

进入 21 世纪，传统经济发展方式已难以应对复杂的现实困境，也无法破解诸多发展难题，世界各国都在反思以往的发展思路和行为，中国也不例外。2002 年 11 月中国共产党第十六次全国代表大会提出"解放思想、实事求是、与时俱进、开拓创新"的思想路线，为科学发展观确定了指导思想。与此同时，党的十六届一中全会提出了建设"以人为本"的"小康社会"，为科学发展观指向了新目标。2003 年 10 月党的十六届三中全会明确表述了科学发展

---

① 这些政治经济学的概念都是马克思亲自给出的。在笔者看来，这些概念明确表明马克思主义经济学不同于西方经济学的独特性质。见《马克思恩格斯全集》第 16 卷，人民出版社 1964 年版，第 12 页。
② 《马克思恩格斯选集》第三卷，人民出版社 1995 年版，第 489 页。

观，即坚持以人为本，树立全面、协调、可持续的发展观，促进经济社会和人的全面发展；按照"统筹城乡发展、统筹区域发展、统筹经济社会发展、统筹人与自然和谐发展、统筹国内发展和对外开放"的要求推向各项事业的改革和发展。胡锦涛同志则在 2004 年 3 月发表的题为"树立和落实科学发展观"讲话中说："经验表明，一个国家坚持什么样的发展观，对这个国家的发展会产生重大影响，不同的发展观往往会导致不同的发展结果。"①

（二）科学发展观强调"以人为本"的马克思主义发展观

胡锦涛同志说："科学发展观总结了 20 多年来中国改革开放和现代化建设的成功经验，吸取了世界上其他国家在发展进程中的经验教训，概括了战胜非典疫情给我们的重要启示，揭示了经济社会发展的客观规律，反映了我们党对发展的新认识。"② 2005 年 2 月他还说："实现社会和谐，建设美好社会，始终是人类孜孜以求的一个社会理想，也是包括中国共产党在内的马克思主义政党不懈追求的一个社会理想"③，"各级党委和政府要加强和改善对构建社会主义和谐社会各项工作的领导，把构建社会主义和谐社会摆在全局工作的重要位置，建立有效的领导机制和工作机制，认真研究解决重大问题和突出问题，不断认识和把握新形势下和谐社会建设的特点和规律"④。2006 年 3 月，在中共中央政治局进行的第三十次集体学习会上，胡锦涛同志强调说，人的生命是最宝贵的。中国是社会主义国家，发展不能以牺牲精神文明为代价，不能以牺牲生态环境为代价，更不能以牺牲人的生命为代价。⑤

（三）科学发展观视域中创新保障中国转型发展

创新是一个民族的灵魂，是文明进步的不竭动力。党的十六大以来，我们党始终高举创新大旗，更新发展观念，转换发展模式，探索形成以科学发展观

---

① 胡锦涛："树立和落实科学发展观"；选自《保持共产党员先进性教育读本》，党建读物出版社 2004 年版。

②③ 胡锦涛："在省级主要领导干部提高构建社会主义和谐社会能力专题研讨班上的讲话"，来源新京网，2005 年 6 月 26 日（http：//news. xinhuanet. com/newscenter/2005 – 06/26/content_ 3138887_ 1. htm）。

④ 胡锦涛："坚持以人为本 切实把安全生产工作抓细抓实抓好"，来源新华网，2006 年 3 月 28 日（http：//news. xinhuanet. com/politics/2006 – 03/28/content_ 4356597. htm）。

⑤ 胡锦涛："在中国共产党第十七次全国代表大会上作报告"，来源新华每日快讯，2007 年 10 月 15 日（http：//news. xinhuanet. com/mrdx/2007 – 10/25/content_ 6942644. htm）。

为统领的理论创新体系，创立有利于实现科学发展的体制机制，大力提高自主创新能力，凝聚了最广泛的社会共识，集中了最广大的社会力量，发挥了最强大的制度优势，为中国转型发展提供了坚实保障和强劲动力。

然而，不管当代经济社会发展创新取得何等大的成就，当代经济社会发展活动主要内容仍然可以概括为两个方面：一是中国仍处并长期处于社会主义初级阶段的基本国情没有变；二是中国社会主要矛盾即人民日益增长的物质文化需要同落后的社会生产力之间的矛盾没有变。把握这些阶段性特征是执政党提出重要理论、纲领和方针的重要依据。科学发展观这种新的发展观，客观地反映了中国经济发展的实际，顺应了当今世界发展的客观趋势，反映了广大人民群众的根本需求。

（四）科学发展观为解决发展中的问题指明方向

科学发展观，是立足社会主义初级阶段基本国情，总结中国发展实践，借鉴国外发展经验，适应新的发展要求提出来的；正如 2007 年 10 月胡锦涛同志在党的十七大报告中指出的那样：经过新中国成立以来特别是改革开放以来的不懈努力，中国取得了举世瞩目的发展成就，从生产力到生产关系、从经济基础到上层建筑都发生了意义深远的重大变化，但中国仍处于并将长期处于社会主义初级阶段的基本国情没有变，人民日益增长的物质文化需要同落后的社会生产之间的矛盾这一社会主要矛盾没有变；强调认清社会主义初级阶段基本国情，不是要妄自菲薄、自甘落后，也不是要脱离实际、急于求成，而是要坚持把它作为推进改革、谋划发展的根本依据。我们必须始终保持清醒头脑，立足社会主义初级阶段这个最大的实际，科学分析中国全面参与经济全球化的新机遇新挑战，全面认识工业化、信息化、城镇化、市场化、国际化深入发展的新形势新任务，深刻把握中国发展面临的新课题新矛盾，更加自觉地走科学发展道路，奋力开拓中国特色社会主义更为广阔的发展前景。

㈡ 科学发展观的实施与加快经济发展方式转变

以加快转变经济发展方式为主线，是推进科学发展的必由之路。加快转变经济发展方式是一场深刻变革，必须贯穿在经济社会发展全过程和各领域，提高发展的全面性、协调性、可持续性，坚持在发展中促转变、在转变中谋发展，实现经济社会又好又快发展。

（一）加快转变经济发展方式理论的提出

2010 年 2 月 13 日，胡锦涛同志在中央党校发表的讲话中指出，加快经济发展方式转变是适应全球需求结构重大变化、增强中国经济抵御国际市场风险能力的必然要求，是提高可持续发展能力的必然要求，是在后国际金融危机时期国际竞争中抢占制高点、争创新优势的必然要求，是实现国民收入分配合理化、促进社会和谐稳定的必然要求，是适应实现全面建设小康社会奋斗目标新要求、满足人民群众过上更好生活新期待的必然要求。党的十七届五中全会进一步指出，以加快转变经济发展方式为主线，是推动科学发展的必由之路，符合中国基本国情和发展阶段性新特征；我们只有加快经济发展方式转变，才能实现我们党对全国各族人民作出的庄严承诺，更好满足广大人民群众日益增长的物质文化需要。因此，转变经济发展方式已经成为一个紧迫的时代任务，我们必须抓住转变经济发展方式的历史机遇，承担起这个时代课题，把转变经济发展方式作为贯彻落实科学发展观的重要举措。

（二）转变经济发展方式的实质是科学发展观的内在要求

所谓经济发展方式，是指一国或地区实现经济总量增长、经济结构优化和经济质量提高的方法和模式。经济发展方式转变是要素投入结构变由粗放型向集约型转变，需求结构由偏重投资、出口向消费、投资、出口协调发展转变，产业结构由偏重第二产业向第一、二、三产业协同发展转变等经济结构从低级转变为高级，从单纯的经济增长到全面协调可持续的经济发展的转变。与经济增长方式的"升级"或"转轨"不同，它是以生产方式革命或创新为前提，以资源节约、环境友好、生态保护为特征；而经济增长方式的"升级"或"转轨"基本不涉及生产方式的变革，它主要是通过提高资源投入来增加经济总量，它所追求主要是数量的扩张，并没有提高生产的质量和效益、也没有调整和优化产业结构、更没有转变资源利用方式。因此，从经济增长方式的升级或转轨，向经济发展方式变革或转变的这一转变本身，就是贯彻落实科学发展观的必然要求。

（三）加快转变经济发展方式是中国经济工作的中心任务

举世皆知，经过 30 余年的改革开放，中国取得了一系列举世瞩目的伟大成就，但与此同时，一些深层次的具有复杂性的矛盾和问题也日益凸显出来，其中较为突出的就是形成了以"高投入、高消耗、高排放、低效益"为突出特征的粗放型的经济发展方式问题。我们应该承认，直到今日，中国依然是一个发展中国家，中国经济发展方式总体上层次依然较低，与中国经济社会发展的新阶段不相适应，与人民群众的新期待不相适应，中国只有转变经济发展方式才能推进科学发展的攻坚时期。因此，必须把转变经济发展方式作为经济工作的中心任务。毫无疑问，21世纪头20年是中国现代化建设的重要战略机遇期，而到2020年只剩下七八年的时间。在未来这段时间里，能否推动科学发展、促进社会和谐，能否让社会主义中国在国际竞争中始终立于不败之地，就取决于我们能否在转变经济发展方式上取得实质性进展。因此在"十二五"时期，加快转变经济发展方式就成为中国经济工作的中心任务。

（四）转变经济发展方式的实质在于提高经济发展的质量

如果说经济发展方式是一种生产手段，那么提高经济发展质量就是其结果。而这个结果的实现，主要通过科技进步和创新，在优化结构、提高效益和降低能耗、保护环境的基础上，实现包括速度质量效益协调、投资消费出口相协调、人口资源环境相协调、经济发展和社会发展相协调在内的全面协调，真正做到又好又快地发展。因此，转变经济发展方式不仅注重经济数量的增长，而且更加注重科技进步、科学管理，提高生产要素的质量和使用效率；从操作的角度看，转变经济发展方式，就是促使传统的、旧的生产方式向新的、现代化的生产方式转化，用现代的、新的生产方式替代传统的、旧的生产方式。传统的、旧的生产方式有：资本、劳动密集型、政府驱动型、外需拉动型的生产方式；现代的生产方式有：技术密集型，市场导向型，内需驱动型、消费驱动型的生产方式。转变经济发展方式，不仅注重经济总量的扩张，而且更加注重经济结构及运行质量。需要强调：经济增长并不等于经济发展。

㈢ 转变经济发展方式需要实现"五个历史转变"

在当代中国，转变经济发展方式就是指要在集约型经济增长的基础上，逐步实现包括产业优化升级、节约能源资源、保护改善环境、分配合理、不断提高人民生活水平和生活质量在内的经济发展总体方式的历史转型。

（一）必须实现从注重 GDP 高速增长到质量与效益相并重的历史转变

党的十八大报告中指出，科学发展观是指导党和国家全部工作的强大思想武器，必须把科学发展观贯彻到中国现代化建设全过程。这一重要论述，既总结了十年来的实践经验，也对中国未来发展提出了明确的价值取向和发展战略取向，综合反映了当代世界发展新趋势，在发展目标、发展方法、发展类型、发展模式等方面实现了对传统发展观的超越，深化了对人类社会发展规律的认识。在科学发展观的指导下，加速经济发展方式转变，中国必须实现从注重增长速度的高速经济增长到注重提高经济增长质量与效益的适度、稳定和持续增长的历史转变，积极采取措施，防止中国陷入中长期低速经济增长，甚至经济停滞的困境，保持足以稳定和促进中国现代化发展所必需的适度的快速增长，不再不惜代价地追求与以往类似的高速经济增长。必须在经济适度增长的基础上，充分利用改革开放 30 多年来的经济、体制成就，尽快转向整个经济社会的科学化发展。

（二）必须实现从外需带动型经济到内需拉动型经济的历史转变

投资、出口、居民消费是推动国民经济增长的"三驾马车"。在发生世界性金融危机和经济危机的情况下，居民消费需求便成为各国经济发展的基本推动力，对于社会主义中国经济发展来说，它尤为重要。然而，在目前中国的需求结构中，却投资率偏高消费率偏低。据国家统计局的数字显示，近年来，中国居民消费尤其是国内居民消费占 GDP 的比重不断下降。在外需出口减弱，国家投资不可能长期托盘的情况下，只有扩大内需，充分发挥中国拥有世界上最多人口的优势，利用众多人口所形成的市场规模和结构转换所带来的极其巨大的增长空间（据测算，中国城乡居民消费率每提高 3 ~ 5 个百分点，即可使万余亿元的商品进入消费），才能使中国经济保持比其他国家更长的快速增长时期。必须积极增加居民收入，特别是要侧重提高中低阶层的收入。必须积极消除制约居民消费的体制性障碍，大力培育新的消费热点，稳定扩大住房等大宗消费，促进消费结构升级。必须完善相关消费政策，优化消费环境，加强城乡消费服务体系的建设。

（三）必须实现从技术引进依赖型经济到自主创新支撑型经济的历史转变

现阶段的中国，已经完成了工业产品的数量积累，但国际竞争力不强。按照国际标准分类，在22个大类中，中国制造业占世界比重在7个大类中名列第一，15个大类名列第三，但中国自主创新能力不强，科技进步贡献率比发达国家低20~30个百分点，科技成果转化率比发达国家低50~60个百分点。加快经济发展方式转变，中国必须以提高自主创新能力为中心，积极推动原始创新、应用创新和高端创新，激励与引导自主创新，举全社会之力为向自主创新经济转变提供有力的支持。必须确保中国能在以新能源、新材料、生物医药、低碳技术、绿色经济等为内容的新一轮经济发展中取得领先地位，抢占全球经济发展新的制高点。从这个意义看，中国可以把全球性危机当作尽快转变经济发展方式的机遇，并充分利用这个后发优势，在新工业化道路上走得更快些，更好些。

（四）必须实现从资源高耗型经济到资源节约型经济的历史转变

据有关数据，中国工业能耗占全国能源消费总量的70%，石油、铁矿石、铝土矿、铜矿的对外依存度已超过50%。从"十五"规划时期以来，中国工业化越来越面临着能源和其他重要资源的约束。加快经济发展方式转变，中国必须以降低发展的资源成本为核心，积极建设资源节约型的国民经济体系。必须将节约优先和效率为本作为建设资源节约型的国民经济体的核心，全面提高资源的利用效率。必须将大力发展循环经济、低碳经济作为建设资源节约型的国民经济体系的重要途径，形成社会、区域和企业三个层次相统一的循环经济体系。必须将节能、节水、节地和资源综合利用作为建设资源节约型的国民经济体系的重点，大力推进资源的综合利用。必须将保护环境、保障安全作为建设资源节约型的国民经济体系的基本要求。

（五）必须实现从生产能力提高型经济到产业结构优化升级型经济的历史转变

现阶段中国经济发展的最大隐忧和担心主要是来自结构失衡。首先是供给结构问题突出，特别是一、二、三产业比例不协调。农业基础较弱、工业大而不强、服务业发展滞后。其次是需求结构问题突出，投资消费关系不协调。经济增长主要靠投资拉动，导致消费低迷，内需严重不足。同时，还造成城乡之间、地区之间的发展失衡。加快经济发展方式转变，必须加快产业升级、积极培育新的经济增长点。必须推进企业兼并重组，尽快提升企业的市场竞争力和国际竞争力。必须积极推进区域产业结构的优化，促进不同区域产业的协调发展。

四　转变经济发展方式关键在于加快转变

科学发展观的要义是发展，核心是以人为本，基本要求是全面协调可持续，根本方法是统筹兼顾，关键是加快转变。如胡锦涛指出的那样，转变经济发展方式，关键在于"加快"上下工夫、见成效。

（一）在加快上下工夫

第一，在加快思想解放上下工夫。转变经济发展方式，实质上是生产方式、生活方式、思维方式、思想方式上的深刻变革。加快经济发展方式转变，必须观念先行、思想先转、思维先变，不断破除制约科学发展、阻碍经济发展方式转变的陈旧观念、思维定式和行为习惯。应该认识到，转变经济发展方式已刻不容缓，迟转、慢转都会在新一轮发展中丧失主动权。早在十年前（2003年），胡锦涛同志最早提出科学发展观概念的时候，他就明确要求全党要尽快转变思想，不断探索促进协调发展、全面发展、可持续发展的新思路新途径，万众一心地为全面建设小康社会的宏伟目标而奋斗；牢固树立科学发展观，积极探索符合中国实际的发展新路子，努力走出一条生产发展、生活富裕、生态良好的文明发展道路。因此，必须深入学习科学发展观，从现在做起，切实把加快经济发展方式转变作为经济工作的核心和主题。

第二，在加快政策配套上下工夫。加快经济发展方式转变，必然要求营造一个有利于经济结构调整、自主创新和产业升级的政策环境。因此，一要健全完善政策支持体系，及早制定并完善结构调整、科技创新、产业升级以及土地、财税、节能减排等方面的政策，增强政策的指导性、有效性和可持续性；二要制订配套实施方案，深刻认识到加快经济发展方式转变是当前和今后一个相当长时期的重大任务，统筹考虑当前及各阶段的总体思路、目标任务、工作重点以及保障措施等，形成完整系统的实施方案，扎实有序地推进经济发展方式转变。在把经济建设放在中心位置的同时，统筹城乡发展、统筹区域发展、统筹经济社会发展、统筹人与自然和谐发展、统筹国内发展和对外开放，推进社会发展、政治发展、文化发展和人的发展相协调，推进经济、政治、文化、生态事业的发展。

第三，在加快措施跟进上下工夫。加快经济发展方式转变，采取强有力措施是保障。一是加强工作作风建设。树立勇于担当的责任感、时不待我的紧迫感和干事创业的使命感，以艰苦奋斗、求真务实、开拓进取、无私奉献的优良作风保证转变经济发展方式的落实。二是完善体制机制。坚持转变经济发展方式与制度创新协调推进，瞄准关键环节不断完善体制机制。完善绩效考评机制，增强干部加快经济发展方式转变的自觉性、能动性。深化市场取向的经济改革，充分发挥市场配置资源的基础性作用，使转变经济发展方式成为企业的自觉行动。三是加强人才队伍建设。加大人才培养和引进力度，建立人才柔性流动机制，优化人才成长创业环境。四是要逐步建立"英雄不问出身"、"不拘一格"选择人才的科学用人机制。在这里，需要强调的是人才本身，只要是人才就要重用，而不要更多地考虑人才是"海龟"还是"土鳖"。

（二）在加快转变上见实效

第一，增总量，打基础。增总量，就是坚持加快发展，在提高经济发展的质量和效益的前提下不断壮大经济总量。没有经济总量的增加，社会发展就没有基础，民生保障、生态建设等方面的投入也就难以增加。不断做大总量，加快经济发展方式转变才有基础。打基础，就是全方位夯实基础，为加快经济发展方式转变创造条件。下大力气突破基础设施建设的"瓶颈"制约，积蓄发展后劲。加大城乡统筹的力度，统筹协调教育、卫生、文化、就业、社保等社会事业的发展，加快形成城乡经济社会发展一体化新格局。

第二，调结构，求突破。调结构，是加快经济发展方式转变的战略重点。必须优化农业农村经济发展格局，加快土地产业化发展步伐；强化工业经济引领作用，加快推动工业集中、集约、集群化发展；改造提升传统服务业，加快发展现代服务业；加快调整城乡稳妥推进城镇化。求突破，就是努力提高经济发展的质量和效益。当前，特别应积极推动节能减排，着力实现低碳发展，努力实现经济效益与社会效益、生态效益的统一。

第三，促转变，上水平。促转变是核心，上水平是目的。在调整经济结构的同时，积极寻求新的增长动力和发展空间，从新上项目入手落实转变的要求，为经济发展上水平奠定基础。发挥比较优势，创新发展模式，以扩大开放促进加快转变。切实保障和改善民生，着力解决好群众的住房、就医、上学、社保、就业等重大民生问题统筹力度，加快推进城乡基本公共服务均等化；加强生态环境保护，搞好生态文明建设。

第三章

生态文明建设推进经济发展方式转变进程

　　早在 1997 年，中国共产党在十五大报告中明确提出实施可持续发展战略。2002 年党的十六大以来，党中央相继提出走新型工业化发展道路，发展低碳经济、循环经济，建立资源节约型、环境友好型社会，建设创新型国家，建设生态文明等新的发展理念和战略举措。2007 年党的十七大报告进一步明确提出了建设生态文明的新要求，并将生态环境良好作为全面建设小康社会的重要目标之一。2012 年党的十八大报告则把"生态文明建设放在突出地位，融入经济建设、政治建设、文化建设、社会建设各方面和全过程，努力建设美丽中国，实现中华民族永续发展"。应该说，党的十八大对生态文明建设的重要论述，既是对科学发展观的进一步丰富，又是对经济发展方式全球性转变方向的科学预判，还是对中国经济发展方式加快转变的强有力推动。它不仅反映了党的执政新境界，也反映了广大人民对生态环境新诉求。它不仅指出了建设美丽中国的新动力源，也指出了发展低碳经济是经济发展方式全球性转变过程中的新增长极。应该说，中国共产党的十八大在全世界开启了建设生态文明的新纪元，正如胡锦涛同志所说："我们一定要更加自觉地珍爱自然，更加积极地保护生态，努力走向社会主义生态文明新时代。"

第一节　全球性生态文明与发展方式的转变

　　如果说马克思主义认为"经济科学的任务在于：证明现在开始显露出来的社会弊病是现存生产方式的必然结果，同时也是这一生产方式快要瓦解的征兆，并且在正在瓦解的经济运动形式内部发现未来的、能够消除这些弊病的、新的生产组织和交换组织的因素"①；那么也完全可以说，当代中国马克思主义已发现，构建生态文明制度是消除资本主义生产方式弊病的、新的生产组织和交换组织的要素。这种发现不仅基于当代人类与自然耦合复杂系统中存在的双重"脆弱性"，而且也是基于生产方式复杂系统内在的"适应性"。事实上，全球经济发展方式已经不以人们的意识或意志为转移，开始在生态文明框架下向绿色低碳经济发展方式转变。

一 什么是生态，什么是文明，如何理解生态文明

21 世纪必定是充满反思的世纪。事实上，20 世纪中后期的高科技技术创新活动，把人类和自然界置于前所未有的脆弱性之中。脆弱性指的是在人类与自然双向耦合系统中，来自任何一方的微小变化都有可能引致具有灾难性的"蝴蝶效应"。

（一）生态由生命因子与环境因子相互作用而造成的生命环境系统

在地球生物化学家维尔纳茨基看来，生命因子和环境因子是理解生态系统或生物圈不可分离的两个要素。生物圈是地球上生命分布的地带，即地球上生命存在的特殊外壳。生物圈有大量液态水，可以从太阳得到充足的能量，大气圈上层有臭氧屏障遮住太阳大部分紫外线，有含有丰富的碳、氢、氧、氮、硫、磷、钙、钾、铁等生命元素的土壤，因而生物圈是生物生存的必然环境，它能确保生命在这里繁荣和发展。活物质是生物圈机制中必不可少的统一整体。用维尔纳茨基的话说：整个活物质不仅彼此之间，而且与生物圈的无机环境之间，有合乎规律的联系。生物圈是把宇宙辐射转变为有效的地球能——电能、化学能、机械能、热能等的转换器。我们周围的自然界则处处表现了生物圈中活物质的太阳能转换器的作用，虽然地球上 $10^{12} \sim 10^{13}$ 吨的生物量只是地球物质很小的一部分，但是活物质每年产生 $3^8 \times 10^{10}$ 吨的能量。在生物圈的整个历史上，它的生产总量几乎超过地壳无机物总量的一倍，这些活物质参加地球化学过程，起到了地球化学联合工厂的作用。这是地壳的新的机制，它从根本上改变着地球的历史和命运；因为它们改变了地壳原有的动态平衡过程、原有的物质循环系统，产生了许多新的物质运动，特别是由于地壳元素在循环系

---

① 《马克思恩格斯选集》第三卷，人民出版社 1995 年版，第 402 页。

统中的地位、复杂性和分布不平衡性，活物质起了改造整个地壳的作用。另外，在生物圈这个地球最大的生态系统中，大气圈循环、水圈循环、活物质与死物质之间的循环，以及与之相适应的物质循环、能量循环、信息循环，连同所有这些循环之间的交叉循环，都是生命存在的必要条件。总之，维尔纳茨基从自然科学的视角，把生态理解为与活物质及其生命活动相关的生物圈。他强调活物质的影响遍及整个地壳化学，几乎影响地壳所有元素的地球化学史，因此，不研究生物，就不能理解地球化学元素及其生物圈的历史；他还强调人的作用成为生物圈的新机制，人的智慧即科学思想及这种智慧指导下的劳动，已经成为地球的新力量。

（二）文明使生命获取能源的：竞争是人类在"能量资助"方面的进步

不同视域中不仅有不同的生态观，也有不同的文明观。在前面提到过的卓有成就的化学家索迪看来，每天阳光普照大地的现实，意味着一种科学事实，即每平方米含有几万千卡的能量，一部分被生物体吸收进而被转换成生命的能源，另一部分最终以热量的形式辐射回太空。如果我们把能源看做是贯穿生物生存始终的能量，那么我们就可以把"能"定义为"有用能量流动的速度"。在生存竞争意义上，不管是不同物种之间的竞争，还是同一物种内部的竞争，都可以看做是为争夺有用能量并保持能量在生物系统中不断流动的文明。在这种文明框架中，能量就像是在市场经济中流动的那种具有与一切财富进行交换的"全能通货"。因此，在对所有文明而言，能源都是其最基本的"隐形通货"。以索迪观点为基础，美国人类学家乔治·麦克可迪认为，任何时代、任何人或任何集团，文明程度的衡量标准都是利用能量以满足人类发展需求的能力。美国自然能量系统的开拓者霍华德·T·奥德姆进一步认为，人类所有的文明进步都来源于重要的"能量资助"，除非我们完全理解能量资助的重要性，否则我们不可能正确理解人类文明历史，包括文明的兴盛与衰落。实际上，每个社会的盈亏结算点都是能量的剩余数量。世界上所有人类的创造活动都不可避免地遇到能量短缺的问题。在考察能量消费和文明发展之间的关系方面，美国人类学家莱斯利·A·怀特提出一个简单但却是综合评价人类文明社会的方法：（1）每人每年使用能量的总量；（2）利用能量时所使用的技术方法的效率；（3）生产出来的用于满足人类需要的物质和服务的数量。怀特认为，当每人每年消耗的能量增加时，文明就往前发展，或者当能量做功过程中的使用效率提高的时候文明就会进步，他也深信，不论是在物质领域内还是在非物质文化系统中，能量都是决定性的因素。这些观点说明，能源决定文明的观点是欧美文明观的重要特点，而这种文明观也是决定欧美经济增长方式的重要观点。

（三）对生态文明的深入探讨：文明是非生态的，生态是非文明的

美国著名后现代思想家和生态经济学家，克莱蒙研究生大学终身教授小约翰·柯布认为："整个世界处于危机之中。虽然给我们带来这场危机的环境破坏，是千万年间的整个文明进程所造成的，然而，正是建立在矿石燃料基础上的工业文明，自过去两个世纪以来，极大地加快了人类生活的自然环境的这种退化。"[①]他提出了三种文明框架下的生态状况。（1）文明：更进步还是更糟糕？（2）文明：与自然相疏远。（3）文明：回归生态视角与资源。在他看来，讨论生态文明问题，必须引入人类历史发展的视角，而不能仅仅局限于科学和技术的维度。与柯布持有类似观点的美国生态记协主席赫尔曼·格林，甚至将宇宙论引入对生态文明的讨论。格林认为，无论是东方还是西方，人们都应该在一个更大范围内，即宇宙文明的背景下理解文明；而且宇宙文明的涌现也不会取代人类文明的多样性和民族文明的多样性。他强调，普遍文明（或普世文明）在现代意义上具有宇宙论性质，而在现代性的宇宙里，意义和价值都已经沦丧。其原因在于经济学和经验科学不仅为生活提供了手段，而且也给生活提供了规范。人类在按照经济学提供的规范去追求超越现存条件的财富与权利时，就忽视了对人类共同体的关心。显然，所谓生态文明宇宙论，就是那种能够支持不同文明视域中生态文明的共识。赫尔曼认为寻找这种共识很重要，因为尽管现代性超越了自然维度，但自然并没有丧失其生机的能力。况且我们已经有一种共识：我们作为地球演化过程的一部分，我们都对地球的脆弱性感到惊异。他一再强调，普遍文明不只是一种方式，例如中国已经为西方文明提供了相互关联和类比的思考方式，而西方也给东方文明和普遍文明提供了一种逻辑思维。与宗教传统不同，宇宙论可以产生一种共同的、具有探询性的、先验语言和方式，如果我们相信世界的存在是神秘而圣洁的，那么我们将会有一个与之前有所不同的经济及其发展方式。[②]应该说，无论是柯布还是赫尔曼都在强调与人类本源和世界本源相关的文明观念。

---

① 李惠斌、薛晓源、王治河主编：《生态文明与马克思主义》，中央编译出版社 2008 年版，第 1 页。

② 李惠斌、薛晓源、王治河主编：《生态文明与马克思主义》，中央编译出版社 2008 年版，第 25～26 页。

（四）文明观和生态文明观的本质就是世界观和宇宙观

从自然世界演化的角度看，所谓生态是一个生命或生物群体生活（发展）环境，它的确是由许多环境因子和生物因子构成的。所谓环境因子指的是某个生命体外部的所有构成要素，例如气候、营养、水、土壤、海洋、大气、自然灾变，此外还有生物群体之间的相互作用等。所谓生态因子，指的是个体生命与生物群体、局部生物种类与全部生物种类、微观生命现象与宏观生命现象等之间的相互依存的关系。环境因子与生态因子的互动及其关系就是承载着不同层次的生物形式共同生存与发展的环境。因此，理解生态环境的重要之点在于环境与生命生物之间的互动作用：一方面，生命生物的分布、生长、繁殖、代谢等一切活动都要受环境的影响和制约；另一方面，生命生物的活动又反过来会引起环境的变化。从人的世界即社会发展的角度看，所谓文明，是地球生物圈框架中（此处不探讨"地外文明"形态），以人类为本体、以人类活动为本源、以实现人类设计为主题的物质形态和非物质形态的成果。因此，从本质上看，文明是人类劳动（活动）的"创造物"，是对人类历史产生重大影响的文化形态。像自然生态具有多样性和遗传变异的性质一样，人类社会文明也具有多样性和传承创新的性质。迄今为止，具有较长延续性、较大包容性或可持续发展时间较长的文明形态有中国文明、印度文明、拉美文明、撒哈拉以及南部非洲国家的文明。比较有民族性或地域性的文明有伊斯兰文明、日本文明、东正教文明。而在近现代具有强势性和入侵性的文明是：欧美文明。但严格意义说，美国文明属于欧洲文明的一部分。因为 1776 年才独立的美国至今只有 237 年历史。然而，它却以"劫掠文明"和"资本文明"的形态，强占了几乎所有人类文明和自然禀赋的恩惠。然而，现在的问题是：无论是自然世界和还是人类世界都充满了危机、充满了脆弱性，如果我们不能反省我们的文明，尤其不反省能源耗费文明、环境掠夺文明、工业文明，那么文明也将止于前行，人类将止于进步。

二　美国：经济发展方式正朝着绿色新能源方向演进

至今尚未终结的危机不幸地说明了当今世界的脆弱性。奥巴马连任总统后，虽承认经济复苏前路不易，但依然行进在"绿色新政"旅程中。他在消费、金融、贸易、财政、能源等方面所做的战略性政策调整，目的是促进美国产业结构和经济发展方式向绿色转变。

（一）反思经济危机，抑制过度消费，减少垃圾生产

从历史上看，美国人崇尚高消费的习惯与美国的"劫掠文明"和"资本文明"及其形成过程关系极大。众所周知，北美作为新大陆被欧洲人认识源于 1492 年哥伦布发现新大陆。17 世纪初，首批来自旧大陆的欧洲人，有的是欠债的"白奴"，有的是受迫害的异教徒。他们来到广阔无垠的新大陆后，一方面过着"有今天没明天"的牛仔生活，另一方面过上对印第安人杀戮的生活，从而开辟了"美国西进道路"的勇士生活。这种生活状况使他们养成了"今朝有酒今朝醉"的消费观或生活观。据美国学者里夫金介绍："不到世界人口 5% 的美国人却消耗了世界总能量的 25%；一个普通美国人每年要消耗 8000 磅石油，4700 磅天然气，5150 磅煤炭和 0.1 磅铀。"[①] 这种对化石能源的高消费，使美国成为最大的温室气体垃圾生产国。据环球能源网 2007 年根据碳监测行动（CARMA）网站提供的数据，对各国 CO_2 排放量进行比较得出：美国是排放最多的国家，每年 CO_2 排放量为 28 亿吨，仅美国发电厂 CO_2 排放量就占全球发电厂排放总量的 25%。虽然中国在排放总量上与美国很接近，但据英国丁铎尔气候变化研究中心 2012 年 11 月 3 日凌晨在《自然》杂志《自然·气候变化》专刊在线发表的"全球碳计划"年度研究成果及其科研数据，中国人均 CO_2 排放量是 6.6 吨，欧盟是 7.3 吨，而美国至今还是 17.2 吨。另外，众所周知自 20 世纪 90 年代开始，美国经济发展越来越依靠国内消费的推动。美国国内居民消费占 GDP 的比重已经超过 70%。如此高的消费比重不可能不损害美国经济的健康发展。次债危机和金融危机使美国国内消费迅速萎缩，这又使某些城市，如"汽车城"底特律成了空荡荡的"鬼城"，这就是使美国经济发展情势受到严重负面影响。更为严重的是，美国的过高消费是建立在过度和透支的基础上的，以储蓄率不断下降为代价。在金融危机爆发的 2008 年，美国的国民储蓄率只有 12.6%，大大低于世界 24.2% 的平均水平。

（二）回顾美国历史，遏制虚化经济，重构绿色实体

美国历史虽不长，但总结起来对未来发展颇有意义。17 世纪初叶至 18 世纪中叶，北美 13 州是旧大陆殖民地，经济虽不发达，但与宗主国有千丝万缕联系。18 世纪中叶，经历了波士顿茶事件、列克星敦武装冲突后，美国成为

---

① 杰瑞米·里夫金：《氢经济——一场即将到来的经济革命》，海南出版社 2003 年版，第 57 页。

独立国家。该段历史与 17 世纪 40 年代至 80 年代英国革命史相近，都是新生资产阶级借助枪杆子夺取政权，为资本主义生产方式开辟道路的历史。19 世纪 60 年代，美国资产阶级为了解决自由雇佣工人和开辟市场，又发动了南北国内战争。战争结束后，美国工业化和城市化进程加快了，南北方的经济发展步入了一体化框架。与此同时，美国成为最早使用石油能源的国家。伴随第一口石油商业井的开采，美国进入了石油时代（1862 年）。在石油能源催动下，1890 年美国年产总量跃居世界首位。进入 20 世纪，美国把第一次世界大战当做经济发展新机遇，并通过科技和管理的创新取得"柯立芝繁荣"①。在这一时期，其工业生产增长近一倍，国民总收入由 1919 年的 650.9 亿美元增至 1929 年的 828.1 亿美元；人均收入从 1919 年的 620 美元增至 1929 年的 681 亿美元。繁荣主要表现在工业生产，特别是汽车、电气工业、建筑业和钢铁工业生产的繁荣。另外，1924 年美国掌握的黄金总额已达世界黄金储存量的 1/2，因此控制了国际金融市场。第二次世界大战以后，美元代替英镑，世界金融中心也由英国移到美国。1972 年美国将美元与黄金脱钩，从而在世界金融史完成最富有创意的创新，其结果美元变成了既没有任何经济实体支撑也没有任何约束力的"权力资本"或"权益资本"。1991 年美国人均国内生产总值已高达 22660 美元。从那以后，虚拟经济成为美国经济的主导，实体制造业不断萎缩，其比例由 1980 年的 20% 下降至 2008 年的 11.5%，而同期虚拟经济比重大幅上升，从 56.1% 攀升至 68.2%。在虚拟经济中包含不动产在内的广义金融业独占鳌头，2008 年占 GDP 的比重高达 20%。这种状况既是奥巴马政府重构实体经济的原因，也是他借此发展绿色新能源的原因。

（三）发展新能源产业，提供绿色就业机会，"非资因素"嵌入资本

2009 年 1 月，奥巴马是在美国次债危机、金融危机、经济危机愈演愈烈的时候宣誓成为美国总统的。然而，为了应对危机，奥巴马早在头年竞选获胜后就立即筹划了一项大规模的经济刺激计划，并由此开始实施其绿色新政。这个计划实际上体现了奥巴马政府在一系列国内政策上的战略转型，其宗旨是为美国经济发展方式转型奠定基础。2012 年底，美国总统换届选举，但美国经

---

① 第一次世界大战后，美国的经济得到了飞速的发展。这一时期，恰巧在总统柯立芝任期之内（1923～1929），所以美国这一时期的经济繁荣又被称为"柯立芝繁荣"。

济复苏依然乏力，失业率依然居高不下，因此 60% 的选民认为，经济是当前美国面临的最大问题。而在经济议题中，最受关注的问题是就业与物价。奥巴马在竞选中虽然声称经济复苏"前路不易"，但还是在绿色新政的基础上勾画了第二届任期愿景：通过加大教育和基础设施投入，以增加美国竞争力；通过改革税收制度，以促进经济公平；将原先用于战争的钱，用于国内建设和削减赤字并保障穷人、老人和残疾人享有的福利；大力支持发展绿色能源，以争取在 2016 年底前增加 100 万个就业岗位；2014 年底前出口翻一番，10 年内削减 4 万亿美元财政赤字。2013 年 1 月奥巴马连任美国总统，这说明他的绿色新政还是得到了选民的首肯。他加大政府调控的改革也得到选民包括对手的肯定。这说明，危机给美国这样的以资本为主体的自由市场经济体制框架中的生产方式也注入了新因素。该新因素，一方面表现"非资本"方面的意愿越来越被宏观需求管理所重视；另一方面以后工业、后市场、后资本主义为特征的绿色经济越来越被人所接受。绿色经济是生态文明框架下的经济形态。绿色代表生命和生态而不代表工业文明中的价值或增殖。后工业的品牌是知识、资源、环境，而不是物质、高碳、污染。后市场的特征是市场被网络替代、市场关系外溢为自组织的经济网络并与社会网络相互嵌入，市场机制无处不灵、价值规律放之四海皆不是金科玉律了。后资本主义则意味着"以人为本"已成为经济社会活动的主题，追求资本增殖及其高额利润再也不是天经地义的"真理"。美国经济也在变形。

（四）调整国际生态关系、改变对外贸易结构、转变经济发展方式

在全球化时代，即便是美国仅仅通过调整内部经济发展方式，也难以实现经济的可持续发展。换句话说，美国要想实现经济长期健康发展，就必须重新调整它与世界的经济生态关系，改变以往更多是作为制造品进口国和消费国的方式。奥巴马政府的战略调整是首先把国内新能源政策与全球应对气候变化挂钩，主张在美国提高清洁能源使用、降低温室气体排放，同时也要求其他国家积极进口美国清洁能源技术产品。如果奥巴马政府是在联合国应对气候变化"减缓、适应性、技术转移、资金支持"框架中，加大其清洁能源技术贸易来改变美国原有的对外贸易结构，那么无论对谁，绝对不是一件坏事情。然而，奥巴马政府也像小布什政府一样，蓄意抛开《联合国气候变化框架公约》另起炉灶的做法则是完全错误的。早在 2009 年 3 月，奥巴马就在布什呼吁成立的"主要经济体能源与气候会议"（MEM）基础上召开了"主要经济体能源

与气候论坛"（MEF），据说是为了"有助于创造必要的政治领导"以方便在形成一个减少温室气体排放量的国际协议。[①] 2012 年 2 月，国务卿希拉里借《蒙特利尔议定书》[②] 签署 25 周年之际，积极倡议启动"气候与清洁空气联盟（CCAC）"，其目的不是为了推进《联合国气候变化框架公约》，而是为了推进"主要经济体论坛"（MEF）。果不其然，2012 年 12 月 6 日，在距联合国多哈气候会议结束不到一天，美国以迅雷不及掩耳之势召集 25 个参会国部长，在"气候与清洁空气联盟（CCAC）"框架下，达成了一个致力于减少烟尘、甲烷、臭氧等（在大气中留存时间比较短的）污染物的排放协议；而将在大气中留存时间最长的 CO_2 连同《联合国气候变化框架公约》及其《京都议定书》第二承诺期统统抛弃了。当然，在这里，我们的重点不是批判美国搞霸权主义取代联合国领导权的行径，而是要关注美国也在倾全力搞经济发展方式的转变。

 欧洲：一场将互联网与新能源结合起来的工业革命即将到来

欧盟包括英国，无论是在自然环境还是文明传承方面，无论是在经济运行模式还是政治文化体制方面，都与美国有较大差别。正是这些差别使欧盟在应对气候变化和发展绿色低碳经济的道路上寻找到一种很有欧洲特色的经济发展方式。

（一）英国：借助宏观需求管理模式，引导智能城市建设，确保低碳发展先机

众所周知，英国是一个嵌入海洋之中的国家，它对由气候变化引致的生态环境变化非常敏感；同时英国又是人类第一次工业革命发祥地，它对工业革命走向、能源转换契机、生产方式变革杠杆、资本投资引擎的敏感也超乎寻常。2003 年英国能源报告以"我们能源的未来"为基点，吹响了"创建低碳经

---

① "加速制定地球暖化协议——奥巴马邀 16 主要经济体共商气候变化问题"，铁血社区网，2009 年 3 月 30 日（http：//bbs. tiexue. net/post2_ 3457964_ 1. html）。

② 蒙特利尔议定书又称作蒙特利尔公约，全名为"蒙特利尔破坏臭氧层物质管制议定书（Montreal Protocol on Substances that Depletethe Ozone Layer）"，是联合国为了避免工业产品中的氟氯碳化物对地球臭氧层继续造成恶化及损害，承续 1985 年保护臭氧层维也纳公约的大原则，于 1987 年 9 月 16 日邀请所属 26 个会员国在加拿大蒙特利尔所签署的环境保护公约。该公约自 1989 年 1 月 1 日起生效（http：//baike. baidu. com/view/469414. htm）。

济"进军号。在当时执政的英国工党[①]的极力推动下，2007 年英国公布了全球首部《气候变化法案》，并提供一个《英国气候变化战略框架》，即英国低碳发展行动方案：以 1990 年排放水平为基准，2010 年 CO_2 排放量削减 20%，2020 年温室气体排放削减 26% ~ 32%，到 2050 年减少 60%，并建成低碳经济社会。为了确保企业和个人向低碳科技领域投资，2009 年又公布了一个具有重要战略意义的《英国低碳转换计划》。经过几年努力，应该说英国找到低碳转换关键点了。据 BBC 2012 年 5 月 7 日报道[②]：包括飞利浦、日立和麦克拉伦电子等公司在内的科技业商业集团与英国政府合作，发展能够建设"智能城市"的科学技术。双方已签订合作备忘录，共同开发智能城市所需应用程式，让未来都市生活"充满智能、效率并可持续发展"。智能城市将以伦敦的格林尼治半岛为试点，试验智能城市作业系统的技术。该技术利用"机器对机器"（machine – to – machine，M2M）相互沟通，不需要人介入其中做任何处理。智能城市的关键技术是"都市作业系统"（Urban Operating System，UOS），即利用各种感应器来改善城市的能源管理、交通运输、卫生和教育服务系统。其感应器能检测环境数据，包括温度、湿度和光线，或医院病人心跳频率、呼吸，甚至胰岛素含量。这些数据被送往都市作业系统进行分析之后自动调整以达到最佳效能。英国主管大学和科学事务大臣威利茨在签约仪式上说："开发智能城市对英国是非常重要的商机。未来 10 ~ 15 年，全球城市设施投资预计高达 6.5 万亿英镑，英国要确保能分到这块大饼。智能城市的整合系统所需资金估计在 2030 年以前每年高达 2000 亿英镑"。

（二）法国：按照计划性指导模式、构建智慧城市减碳，提升市民生活质量

近年来，法国在智能城市建设领域投入了大量人力、物力和财力，包括法国通用、法国电信等众多公司都逐鹿这一新兴市场。在法国政府看来，构建智能城市最重要的目的就是提升居民生活品质，他们希望智能城市建设至少实现两个目标：一是借助智能城市系统对潜在气候和地质等风险进行预警，如水灾、火灾、山体滑坡等，并将警报发送到相关人员或紧急服务部门；二是提高

---

①　英国工党属于民主社会主义社会党国际的重要势力，面对生态环境危机，是最早提出"生态现代化"新话语，也是最早提倡走超越资本主义和社会主义发展道路之外第三条道路的党派。

②　"英国政商合作开发'智能城市'试点伦敦格林尼治半岛"，文章来源《欧洲时报》，2012 年 5 月 9 日（http://www.oushinet.com/179 – 2602 – 175963.aspx）。

城市建设的科技水平。从目前智能城市建设看，法国政府目标已得到初步实现。法国通用一直致力于智能交通建设。该公司希望通过智能化交通循环管理，减少50%的燃油消耗。此外，通过移动通信技术和消费者的交流，让消费者实时了解"何时适合出行并可以购买什么"。法国电信则利用智能通信技术，在卡涅和格勒诺贝尔中心城区进行了3项试验：一是在各区域安装感应器监控、测量和控制城市环境，其中包括公共建筑的供水系统、街道照明控制系统和环境控制系统；二是以无线网络对海边路灯及海面温度监测器进行全方位覆盖，并使用污染探测器实时监控 CO_2、二氧化氮、二氧化硫、噪声、紫外线、风速、风向、气压、温度等，然后将数据提供给政府有关部门，供其在市政建设时参考；三是在无线网络、手机网络等方面积极尝试标准化试验，推动与国际接轨。[①]他们还在索菲亚·安提波利斯和格勒诺贝尔新设了两个研发实验室，从事机器间的通信技术（即物联网技术 M2M）研发；此外，其他几个实验室还在积极开发远程监控垃圾回收箱，以提高废物收集的效率。截至2012年，法国电信通过4年来的成功运作，已经使人们逐渐了解到，无论是历史数据还是及时数据都是有价值的，甚至可以说是实用资产。法国专家预计，如果智能城市建设得以完全实现，那么预计能够降低20%～40%的温室气体排放量。专家同时还认为，成功建设智能城市最重要的挑战就是如何精确收集所需数据，然后协同管理分析数据，并且通过分析的结果来进行决策，实现降低城市管理成本或提升城市居民生活质量的目标。

（三）德国：依靠社会市场机制，致力能源互联网革命，建设最现代化能源国家

德国总理默克尔在2013年新年致辞中阐发了她对世界发展趋势的看法：今年，欧洲债务危机不会终结、经济局势更加困难，问题不在于这些困难，而在于各国并没从危机中学到经验。德国不能因此丧失勇气，相反应激励自己，只有做到别人做不到的事，才能证明我们强大。政府下一步目标是将德国变成国际上使用最现代化能源的国家。[②]"最现代化的能源"，首先是指德国新能源：沼气、风能、太阳能、生物质能，以及电动汽车能。德国是一个自然资源

---

①　"法国：以提升市民生活质量为目标"，发表于《经济日报》，2012年6月5日。
②　"德总理新年致词呼吁公民付出耐心战胜欧债危机"，见中国新闻网，2013年1月1日（http://news. xinhuanet. com/world/2013 – 01/01/c_ 124173678. htm）。

贫乏的经济大国，但默克尔是一个有深厚物理学背景的总理，近10年来，德国新能源技术在世界新能源产业中一直处于领先地位。进入21世纪，德国政府将新能源政策提高到"基本国策"的战略高度，新能源产业在德国战略、政策及整个能源体系中都居首要位置。然而，上述这些甚至再加上智能电网，也只是"最现代化的能源"的构成要素。而最现代化的能源却是"新能源+互联网"。因为孤立地谈新能源是没有什么革命性的效率和效益的。美国总统奥巴马就在这点上犯了根本性错误，他把数十亿美元的经济刺激计划资金花在了一个个孤立的实验性项目上，但是由于这些项目之间没有联系，新能源基础设施还是建不起来。另外，即便是智能电网也仅仅是电网管理模式上的革新，依然解决不了化石能源日益稀缺、开发利用过程低效的根本问题。"能源互联网"本质上是分享协作机制，它使每个人都成为生产者，并改变了制造、营销、运输、物流和服务。在这个机制中，有个关键概念是"3D印刷"。该技术日趋成熟，可通过计算机、3D打印机软件对产品进行分析，然后将原材料逐层逐步地"打印"出来，让"增式制造（added manufacturing）"成为可能，新生产方式可使材料减少损失，只用到传统生产方式1/10的原材料和能源。而传统生产方式是"减式制造（subtracted manufacturing）"，是集中式的、追求规模经济，从自然界攫取大量原材料，生产过程中产生了大量浪费的。基于互联网上的营销几乎可以免费，物流也可以接近免费，因为你的车辆使用的是当地的绿色能源。①

（四）欧盟：经济层面的地震是能源危机，能源+互联网，第三次工业革命正在走来

享有国际声誉的社会评论家和畅销书作家杰里米·里夫金②，不仅是美国华盛顿特区经济趋势基金会总裁，还是欧盟第三次工业革命长期经济可持续计划的主要设计者。这一计划旨在解决包括全球经济危机、能源安全和气候变化在内的三重挑战，早在2007年，他所创立的"第三次工业革命"概念就获得了欧洲议会的肯定，目前，相应计划已经在欧盟委员会多个部门及27个成员方中开始实施。在里夫金看来，经济和社会变革总是来自新能源与新通信方式

---

① 记者采访杰瑞米·里夫金，见《文汇报》，2012年6月11日（http：//tech. hexun. com/2012 - 06 - 11/142314787. html）。

② 杰里米·里夫金是笔者在前面提及到的《熵：一种新的世界观》和《氢经济———场即将到来的经济革命》两本书作者，在这里，笔者着重提及他的《第三次工业革命》，中信出版社2012年版。

的交汇处。19 世纪，蒸汽机和煤炭加快了信息流通速度。它们让大量印刷廉价报纸成为可能，同时提高了民众的受教育比例。如果没有这批有教养的劳动力，是无法管理好第一次工业革命的。20 世纪，电力、电话以及稍晚的广播和电视又发生了一次交汇。从那时起，我们步入消费社会。但从 2008 年起，第二次工业革命开始走向终结。为了救助这次经济危机，需要新的模式和能源通信之间的新交汇。这次将是新能源和互联网之间的结合，即第三次工业革命。在这次工业革命中，每座大楼、每座房屋都将变成能源生产的来源，因此需要一个网络来分配这些能源。互联网的本质是合作的。应该通过网络来分享能源。如果你的能源过多，可以在网上出售。每个人都通过智能网络购买自己所需的能源，这样做可以避免浪费。德国目前正在试验这个"能源互联网"。欧盟估计需要 1 万亿欧元来组建以互联网为基础的智能分配网络。互联网可以创造一个完全不同的经济模式。在第一次和第二次工业革命时，能源很昂贵，经济是集中化的。随着第三次工业革命的开展，由于权力成为横向的，规模经济得以出现，组织方式随之发生变化，其成本将会降低，能源也不会逃脱这一规律。在德国，这场革命是不可否认的。德国已经确立目标，到 2020 年绿色能源将占其能源总需求的 35%，德国堪为欧洲表率。德国是全世界最强健的经济体。经济层面上真正的地震，不是金融危机，而是能源革命。在这点上，德国所有人包括绿党和企业家态度是一致的。

（五）欧盟：构建第三次工业革命需要的基础设施与技术生态环境

无论在环境保护和清洁能源利用方面，还是在对智能电网技术的发展方面，欧盟一直为第三次工业革命准备技术生态环境。早在 2001 年，意大利国家电力公司就安装和改造了 3000 万台智能电表，建立起智能化计量网络。2006 年，欧盟理事会在《欧洲可持续的、竞争的和安全的电能策略》中明确指出：欧洲已经进入新能源时代，智能电网技术是保证电能质量的关键技术和发展方向；智能电网主要侧重于清洁能源的利用，特别是将大西洋的海上风电、欧洲南部和北非的太阳能电融入欧洲电网；欧洲电网还将接入大量分布式微型发电装置——住宅太阳能光伏发电装置、家用燃气热电联产装置等，以实现可再生能源大规模集成性跳跃式发展。2008 年，意大利国家电力公司负责启动欧盟 11 个国家 25 个合作伙伴联合承担的 ADRESS 项目，目的是开发互动式配电能源网络，让电力用户主动参与到电力市场及电力服务中；2001～2008 年，该公司累计安装了 3180 万块智能电表，覆盖率已达到 95%，剩余部分也于 2011 年前完成。2009 年，西班牙电力公司 ENDESA 牵头，与当地政府合作在 PuertoReal 开展智能城市项目试点，包括智能发电（分布式发电）、智能化电力交易、智能化电网、智能化计量、智能化家庭，共计投资 3150 万欧元。2009 年，荷兰阿姆斯特丹选择埃森哲（Accenture）公司帮助完成"智能城市（Smart City）"计划，包括可再生能源利用、下一代节能设备、CO_2 减排等内容。法国规划是从 2012 年开始，将所有新装电表更换为智能电表。英国能源和气候变化部 2011 年宣布，在 2019 年前完成为英国 3000 万户住宅及商业建筑物安装 5300 万台智能电表的计划。欧盟委员会认为，建设新一代电网是今后 10 年内欧洲最大的基础设施建设项目。欧洲宽带通讯设备制造商 PPC 公司，对新一代电网建设发展的估计极其乐观，并普遍认为：到 2015 年前后智能电网将覆盖大部分欧洲城市。西门子公司相关负责人指出，到 2014 年，建设新一代电网所需产品的市场规模将达到 300 亿欧元。

（六）欧盟：准备第三次工业革命需要的生产方式与社会生态文明框架

能源互联网的出现使构建复杂的文明社会成为可能。因为它把人群聚集起来，通过劳动分工整合成大的经济体，这同时对新的通讯方式提出了要求，通讯革命又可以用来组织和管理新能源革命。这意味着能源互联网，作为一种新的、不同于传统的生产方式或市场经济机制，需要有与之相适应的生产关系、交换关系、分配关系、消费关系，因而还需要有与之相匹配甚至引导其设计和构建的文明框架和思维方式。这种新的生产方式如里夫金所说需要有五大支柱。支柱一是变燃烧碳基化石燃料为使用可再生新能源。支柱二是重新认识构成世界的一砖一瓦，将每一处建筑转变成能就地收集可再生能源的迷你能量采集器。支柱三最难，涉及储藏，要将氢和其他可储存能源储存在建筑里，利用社会全部的基础设施来储藏间歇性可再生能源，并保证有持久可依赖的环保能源供应。支柱四是利用网络通信科技把电网转变为智能通用网络，从而让上百万人可以把周围建筑产生的电能输送到电网中去，实现资源共享。支柱五涉及运输，要形成以可再生能源为动力的插电式、燃料电池型运输工具构成的交通运输网；重要的是，必须把这些支柱集合到一起，因为它们单个而言是没有意义的。奥巴马的错误就是在一地造太阳能厂，在另一地造电池厂，这些设施没有联结，所以花费了巨资却没有成效。这种新的市场机制是"社会"市场机制（德国）而不是"资本"市场机制（美国）。而这种社会生态文明框架则为当前欧洲所践行。例如 2012 年 7 月 10 日，欧盟委员会启动了"智能城市和社区欧洲创新伙伴行动"（Smart Cities and Communities European Innovation Partnership，SCC - EIP）。它是欧盟委员会根据"欧洲 2020 战略"在新能源、可持续农业和老龄化等重要战略领域部署实施的公私合作（Public - Private Partnership，PPP）计划，旨在推动企业、大学和科研机构等在重要战略领域形成战略联盟，统筹研发与创新资源，为解决欧洲面临的能源安全、资源效率和老龄化等重大挑战提出创新性解决方案。①

（四） 发展中国家作为气候变化受害者不可能不走可持续发展道路

发展中国家也是地球上的活物质，也是地球的子民，但它们今天的境况与美国、欧洲完全不同。它们一方面为发达国家过去的发展提供生态环境，另一方面还要为人类未来的发展承担环境被污染生态被损害的灾难性后果。站在过去与未来的交接口，它们只能走新的发展之路。

（一） 小岛屿国家和穷国：急需应对气候变化，拯救人类家园

全世界 80% 的资源早已被占全世界人口 20% 的发达国家揽在怀中。当发展中国家也要发展的时候，发达国家留给他们的自然遗产包括环境对污染的自愈容量、社会财富和社会生态环境已微乎其微，以美国为代表的一些国家公然撕毁承诺的"暴力"行为又使他们心理创伤太大，他们实在无法快速向前。例如 2012 年底，在联合国多哈气候会议②上，菲律宾气候特使沙诺，眼睁睁看着国内遭受台风灾害而毫无办法，他在现场上声泪俱下地说："我呼吁全世界以及世界各国的领导人，睁开眼睛看看我们面对的现实。我呼吁与会部长积极行动起来。我们的任务不是为了满足政治需求，而是满足全球 70 亿人口的需求。"③ 事实上就是如此啊！虽然无论贫富没人躲得过全球气候变化的影响，但发展中国家承受的苦难更多更大。因此，他们更渴求按照联合国气候变化

---

① "欧盟启动'智能城市欧洲创新伙伴行动'"，见中华人民共和国科技部，2012 年 8 月 10 日（http://tech. cnr. cn/list/201208/t20120810_ 510541339. html）。

② 全称为《联合国气候变化框架公约》第 18 次缔约方会议暨《京都议定书》第 8 次缔约方会议，在卡塔尔首都多哈举行。

③ "《京都议定书》能否给人类一个美好未来"，见国际在线专稿，2012 年 12 月 17 日（http://gb. cri. cn/40151/2012/12/17/6351s3961680_ 1. htm）。

公约"共同但有区别的责任"原则，积极应对气候变化，积极开展国际间的技术经济合作，积极发展绿色低碳经济。在这里，需要强调《联合国气候变化框架公约》第四条"承诺"中的"第8条"内容："在履行本条各项承诺时，各缔约方应充分考虑按照本公约需要采取哪些行动，包括与提供资金、保险和技术转让有关的行动，以满足发展中国家缔约方由于气候变化的不利影响，或执行应对措施所造成的影响，特别是对下列各类国家的影响而产生的具体需要和关注：（a）小岛屿国家；（b）有低洼沿海地区的国家；（c）有干旱和半干旱地区、森林地区和容易发生森林退化的地区的国家；（d）有易遭自然灾害地区的国家；（e）有容易发生旱灾和沙漠化的地区的国家；（f）有城市大气严重污染的地区的国家；（g）有脆弱生态系统包括山区生态系统的国家；（h）其经济高度依赖于矿物燃料和相关的能源密集产品的生产、加工和出口所带来的收入，和/或高度依赖于这种燃料和产品的消费的国家；（i）内陆国和过境国。此外，缔约方会议可酌情就本款采取行动。"①

（二）新兴经济体：急需公平持续发展，积极寻找发展新方向

新经济体一般是指某个经济蓬勃发展的国家或地区。目前世界公认的新兴经济体，首先是金砖国家，即中国、巴西、印度、俄罗斯和南非；然后是"新钻"国家，即墨西哥、韩国、波兰、土耳其、哈萨克斯坦、埃及等国家；还有最近兴起的新兴11国（E11），即阿根廷、巴西、中国、印度、印度尼西亚、韩国、墨西哥、俄罗斯、沙特阿拉伯、南非和土耳其。早在2008年金融危机爆发之前，国际货币基金组织（IMF）相关数据就表明：2007年发达经济体经济仅增长2.7%，新兴和发展中经济体经济增长8%；印度、俄罗斯、巴西GDP总量均超过万亿美元大关，晋升世界经济12强；中国突破2万亿美元，居世界第四；新钻国家也有不俗表现。在延绵持续的金融危机中，新兴11国（E11）之间的经贸合作不断加强，为E11各国以及世界经济的复苏和发展注入了新的活力。博鳌亚洲论坛《新兴经济体发展2010年度报告》的数据显示：2010年，E11各经济体之间的贸易额占E11对外贸易总额的比例为23.46%，相比2009年提高了1.21个百分点；2011年上半年，E11之间的贸

---

① 《联合国气候变化框架公约》，见法律图书馆网（http://www.law – lib.com/law/law_view.asp？id=95776）。

易总额达到 7800 亿美元，同比增长 28.8%，高出 E11 对外贸易总额增幅 1.9 个百分点；其中阿根廷、巴西、韩国和沙特阿拉伯与 E11 其他经济体的贸易额占各自对外贸易额的比例均达到了 35% 以上；在对外直接投资方面，随着 E11 对外直接投资的不断增多，相互间的直接投资也得到了不同程度的扩展，并且部分国家之间的直接投资规模出现迅猛增长势头；但 2012 年 E11 总体经济增长放缓幅度较大。[1] 需要强调的是：一般认为，欧洲债务危机和美国经济危机是新兴经济体总体增长幅度放慢的原因，但这种看法忽视了欧美主要经济体也在把危机当做转变经济发展方式机会的战略图谋这个事实。实际上，迄今为止，欧美始终是把控全球经济增长幅度和经济发展方向的主要力量，如果作为"跟跑者"新兴经济体忽略了领跑者经济发展方式转变的方向，其结果不是经济增长放慢速度的问题而是迷失了方向。

（三）金砖国家：经济发展的新动力源？基础四国：协同合作的核心价值

2012 年，在中国（海南）改革发展研究院主办的"2012 新兴经济体智库经济政策对话"论坛上，来自金砖国家及部分新兴经济体国家的智库代表，以及联合国开发计划署、德国国际合作机构等机构的专家，探讨了新兴经济体当前面临的问题以及公平可持续发展的新动力源问题。德国国际合作机构前首席总裁艾森布莱特认为，新兴经济体有潜力在未来 20 年保持 5% 以上的增长速度，到 2050 年金砖五国经济总规模可望超过七国集团，南非将成为世界第七大经济体。必须看到全球经济目前面临的三重挑战：一是起伏延宕 5 年之久的国际金融危机远未结束；二是收入分配不均的问题日益严重；三是长期可持续发展缺乏可持续的动力源。特别需要注意的是，新兴经济体和发达国家都在寻找新框架来应对这些挑战。更有专家发出警告：当发达国家从谷底泥潭中复苏走向增长的时候，新兴经济体很有可能就陷入走向"公平可持续发展道路"上的"另一个泥潭"。[2] 事实上，这种警告是极其中肯的。正像 2013 年 1 月 23 日国际货币基金组织（IMF）发布的更新版《世界经济展望报告》指出的那样：全球经济从 2012 年第三季度开始有提速迹象，而发达经济体 2013 年和

---

① 《E11：首次定义的新兴市场国家概念》，发表于《经济日报》，2012 年 4 月 3 日。http://paper. ce. cn/jjrb/html/2012 - 04/03/content_ 201240. htm。

② 《新兴经济体探寻公平可持续发展之路——2012'新兴经济体》，发表于《上海证券报》，2012 年 12 月 16 日（http://finance. sina. com. cn/stock/t/20121116/025113692545. shtml）。

2014 年经济增速预期分别为 1.4% 和 2.2% 。① 如果把发达国家从 2012 年第三季度开始的经济增速，与新兴经济体国家的增长幅度放慢，这两个事实联系起来看的话，那么就会发现"公平可持续发展道路上的另一个泥潭"不是别的，就是"公平可持续发展道路"本身。今天的公平可持续的发展，离不开昨天不公平不可持续的发展，因为背弃联合国公约的承诺，发达国家就不可能向发展中国家进行"技术转移"和"资金支持"，那么发展中国家也就不可能较快地建立起像欧洲那样的应对气候变化的能力体系。而所有这些正是以基础四国（中国、印度、巴西、南非）为代表的发展中国家，在联合国气候变化谈判会议上所坚持的公平可持续发展的"核心价值"，也是新兴经济体真正实现公平可持续发展的动力源。

（四）发展中国家：高举联合国旗帜、推动绿色低碳发展

毫无疑问，这里的"联合国旗帜"，是自 1972 年联合国通过《人类环境宣言》及《人类环境行动计划》以来，一直高举的环境与发展的旗帜。就全球性环境保护而言，自 1992 年开始的缔约和实施《联合国气候变化框架公约》及其《京都议定书》，则是联合国组织的最大规模的环境保护行动。这个行动实际上代表的是全球经济发展方式按照公平可持续方向转变的趋势。全球经济发展方式，既包括发达国家生产方式的演变与革命，也包括发展中国家对主流经济发展的适应和选择。从应对全球性气候变化的角度，我们还应该强调：积极发展绿色低碳经济。这是因为占世界人口 20% 的发达国家，因率先发展，不仅占有了昨天财富的 80%，而且还占有今天排放空间的 80%，并率先设计实施了应对明天风险的能力体系——发达国家一直很强大。相反，占世界人口 80% 的发展中国家，因滞后发展，不仅昨天深陷贫穷，而且今天还要遭遇失去家园和发展机会的危险，甚至还要掉进明天的"另一个泥潭"——发展中国家实际很脆弱。另外，如果仅仅从"当前经济危机"和"新经济体快速增长"的角度去考虑如何分配仅剩下的 20% 的排放空间问题，那么就会得出发展中国家应放弃发展的荒谬结论。因为不发达的发展中国家的 CO_2 排放量肯定要大于发达的发达国家。显然，这对于发展中国家来说既不正义也不公平。因此，全世界必须站在全人类共同福祉的立场，特别是站在支持发展中国家发展

---

① "IMF 预测新兴经济体今年经济增速为 5.5%"，见新华网，2013 年 1 月 24 日（http://forex. hexun. com/2013 – 01 –24/150521117. html）。

的立场，去设计与这 20% 排放权相关的国际制度安排问题。实际上，《联合国气候变化框架公约》及《京都议定书》就是一个既能够坚持平等、公平之正义，又能够具有应对之紧迫性、操作之有效性的全球性减排原则和制度框架。然而，非常遗憾的是，以美国为代表的发达国家一直想彻底否定联合国框架公约"共同但有区别责任"及"减排首先从发达国家开始"的原则。然而，发展中国家必须捍卫公约及议定书的原则，必须发展绿色低碳经济。

第二节　美丽中国目标下的经济发展方式的转变

就在发达国家尽全力寻找尽快摆脱金融危机、经济危机、能源危机、气候危机的羁绊，同时新兴经济体国家也极力寻找如何保持高速增长势头的新动力源的时候，2012 年 11 月，中国共产党召开了举世瞩目的第十八次代表大会，提出将生态文明建设与经济、政治、文化、社会四大建设并列在一起，作为"五位一体"全方位建设中国特色社会主义的重要组成部分；并庄严宣布将建设"美丽中国"作为实现小康社会的新目标。应该说，生态文明建设和美丽中国建设，既表明中国把科学发展观、走新工业化道路、新农村建设更深入地落在了实处，同时也表明中国把应对气候变化、转变经济发展方式更坚定地落在了实处。

历史文明和后现代文明牵手的新起点

人类发展史表明，文明不仅具有多样性，而且具有共通性。欧美发展史表明，文明不仅具有侵略性、被中断性，而且还具有抵抗性、创新性。中国发展史表明，文明不仅具有矛盾性、斗争性、顽强性，而且具有交融性、包容性、再生性。

（一）具有可持续发展 5000 年文明史的中国

如果说上古人类源于 200 万年前生活在非洲南部的森林古猿，那么亚洲的人类先祖恐怕就是生活在华夏大地的山地猿人了。他们是距今约 170 万年的元谋猿人（云南，旧石器时代早期）、115 万年前到 70 万年前的蓝田猿人（陕西，旧石器早期）和 77 万年前到 60 万年前的北京猿人（旧石器时期），以及距今 18000 年左右的新人类"山顶洞人"（北京，晚期智人）。如果说人类文明肇因于距今 1 万年前的农业革命，那么距今 7000 多年前在中国的长江中下游出现的河姆渡文化（浙江余姚、新石器时期）和在黄河中下游地区出现的仰韶文化（河南三门峡、新石器时期），以及距今 6800 ～6300 年在陕西西安一带出现的半坡文化（属于仰韶文化一脉），不仅称得上是最早的中华文明的代表，而且也称得上是最早的人类文明的代表了。如果把中国文明理解为华夏文明①，那么华夏文明不仅是世界上最古老的文明之一而且也是世界上持续时间最长的文明之一。

（二）极具融合性的多民族文明交叉共生的中国

中国有五十六个民族。人口最多的汉族本身就是多民族的融合体。七八千年前，中华人文始祖太昊伏羲，从甘肃天水来到河南淮阳，开创了有记载的中国文明。秦汉时期，强大的敌人是匈奴，但经过几百年的战争与和亲，到东汉时，小部分匈奴人西迁至欧洲，大部分进入中原与汉人融合。南北朝时，汉人大部分南迁与南方人融合，鲜卑等少数民族入主中原与汉族融合。唐朝时，太宗李世民的母亲就是少数民族，因此，唐朝开疆扩土，吸收多民族文化，没有民族间的婚配界限。北宋时，与宋朝对峙二百年的契丹大辽国后来消失了，原因是契丹人融入了汉人和女真人之中。南宋时，金国女真人入主中原也融入了汉族。元朝时，蒙古人将其他相互融合的契丹、汉、女真等都称为汉人。明朝初年，由于战争和灾荒，中原人口锐减，大批迁移人口从山西到了中原。清朝两百多年，满民族不仅以汉文化治理中国，而且建立了中国历史上最大版图。中华民族是一个包容和融合的民族，是多民族的融合体。

（三）践行"把自己嵌入自然"且"和为贵"的中国

世人皆知，无论是古代中国还是当代中国都有一个共同点，那就是人口众多、人均的资源、环境、财富都不够丰盛。或者说，中国一直有较大的生态压力。于是，就发生了一个"悖论"：既然如此，中国何以创造出已经持续发展

---

① 已故考古学家苏秉琦先生在 20 世纪 90 年代提出中华文明是"满天星斗"的学说。他认为在距今 6000 年左右，从辽西到良渚，中华大地的文明火花如满天星斗一样璀璨。在甘青地区有齐家文化系统，在辽西地区有红山文化系统，在海岱地区有龙山文化系统，在长江中游地区有石家河文化系统，在长江下游地区有良渚文化系统，在中原地区有仰韶文化系统。这些文化系统各有其根源，都创造出了灿烂的文化。

了 5000 多年的文明史？在这里，我们的任务似乎不是回答这个文明史的成因，而是必须记住这个伟大的事实。因为这个事实可以支持我们如下观点：中国文明，不仅包含了中国人嵌入自然界的"适应性"或与自然和谐相处的"适应能力"，而且包含中国人以礼相待和谐相处的"包容性"或"亲和力"。如果说前者是"天人合一"的世界观，那么后者就是"己所不欲，勿施于人"的处世哲学。因此，美国后现代生态主义代表人物柯布教授说：在中国文明中"我相信它确实包含了一种生态维度；而这种维度在西方只是以只言片语的形式存在……在中国实现一种生态文明的可能性要大于西方——因为，与自然疏离，这几乎充斥西方历史的所有的文化里"。①

（四）历经苦难、矢志不移，抛弃保守、改革开放的中国

无需回避，自 19 世纪 40 年代到 20 世纪 40 年代末，中国陷入前所未有的苦难之中。内有封建王朝的剥削压榨，外有西方列强的凌辱瓜分，曾经威仪四方的中华帝国②瞬间变成西方帝国主义的殖民地半殖民地，曾经安居乐业的中国人③转眼变成了"华人与狗不得入内"④的畜类。是可忍孰不可忍！中华民族是不畏强暴的！中国人民是热爱独立和自由的。经过一个世纪的浴血奋战，特别是 1921 年中国共产党成立，把马克思主义与中国实践相结合后，中国的面貌为之一新了：赶走了日本帝国主义，结束了内战，中国人民从此站起来了！自 1949 年 10 月 1 日，中华人民共和国便开始了新征程！在过去的 64 年

---

① 李惠斌、薛晓源、王治河主编：《生态文明与马克思主义》，中央编译出版社 2008 年版，第 11 页。

② "直到 15 世纪，欧洲在很多领域中的进步都依赖于来自亚洲和阿拉伯世界的技术。1405～1433 年，中国人在造船技术上的优势表现在郑和的'七下西洋'的航行中。中国的舰船同葡萄牙人的相比更大，更经得起风浪，而且更舒适。它们也有良好的水密舱，更多的船舱，以及长途航行远至非洲的能力。然而在此之后，中国与世界经济隔绝了，它的航海技术也随之衰落了。"参见安格斯·麦迪森著：《世界经济千年史》，北京大学出版社 2003 年版，第 10 页。

③ "在相当长的时间内，中国一直是世界数一数二的经济体，但是它发展的节奏同世界通常的模式有着截然的不同。在宋朝的末期，中国无疑是这个世界上的领先经济。同亚洲的其他部分或中世纪的欧洲相比，它有着更为密集的城市化程度和更高的人均国民收入。……1300～1820 年，中国经济受到了从元朝到明朝，再由明朝到清朝之间出现的多次动乱的影响。但是整个地观察，这个时期是一个粗放式的经济增长时期，该时期人口的大量增长与生产的增长几乎是同步的。……1820 年时中国的总产出仍居世界第三位，而它在世界人口中的比重还会更高一些。按照世界的标准，它的人均收入水平依然是令人钦佩的。"参见安格斯·麦迪森著：《世界经济千年史》，北京大学出版社 2003 年版，中文版前言。

④ "华人与狗不得入内"的牌子，在 1949 年新中国成立之前，是堂而皇之挂在许多中国境内的外国租界中的，例如在上海外滩公园门口就挂着这个牌子。

里，特别是在改革开放以来34年里，占世界人口21.62%的中国人，在占世界7%的可耕地上创造着举世瞩目的辉煌。眼下又在科学发展观的引领下，从经济、政治、文化、社会、生态"五位一体"交叉的视角统建我们的"美丽中国"。美丽中国意义在于立足今天向明天穿越！

一、牵引中国经济发展方式转变的新目标

与欧美的"商品化"世界观、"资本化"发展观不同，在科学发展观框架中，"为人民服务"、"以人为本"与"为人类福祉而应对气候变化"是水乳交融的。资源节约与环境友好型社会与生态文明建设是内在统一的，小康社会与美丽中国都是牵引经济发展方式转变的新目标。

（一）邓小平最早提出中国现代化目标是社会主义的小康社会

"小康"最早出现在中国最古老的诗歌经典《诗经》中："民亦劳动止，汔可小康"。《礼记》中也有"今大道既隐，天下为家，各亲其亲，各子其子，货力为己，大人世及以为礼……是谓小康"的说法。把小康用于中国现代化发展战略目标的是邓小平同志。早在1978年，他就提出实事求是问题涉及四个现代化的论断。1979年，他在党的理论工作务虚会上强调：中国实现四个现代化，至少有两个重要的特点是必须看到的，一个是底子薄，第二条是人口多。1979年，在会见日本首相大平正芳时，他说：我们要实现的四个现代化，是中国式的四个现代化，不是像你们那样的现代化的概念，而是"小康之家"。1984年，他又说：所谓小康，就是到本世纪末，国民生产总值人均800美元。1986年6月，他进一步指出：所谓小康社会，就是虽不富裕，但日子好过。我们是社会主义国家，国民收入分配要使所有的人都得益，没有太富的人，也没有太穷的人，所以日子普遍好过。

（二）中国现代化完成了"三步走"中的两个目标

"三步走"战略是1987年10月党的十三大提出的中国经济建设的总体战略部署。第一步目标，1981~1990年实现国民生产总值比1980年翻一番，解决人民的温饱问题，这在20世纪80年代末已基本实现；第二步目标，1991年到20世纪末国民生产总值再增长一倍，人民生活达到小康水平；第三步目标，到21世纪中叶人民生活比较富裕，基本实现现代化，人均国民生产总值达到

中等发达国家水平，人民过上比较富裕的生活。经过改革开放20多年的奋斗，到2000年，中国顺利实现了"三步走"战略的第一、第二步目标。一个近13亿人口的发展中大国，不但解决了温饱问题，而且人民生活总体上达到了小康水平。这是改革开放和现代化建设的丰硕成果，是中华民族发展史上一个新的里程碑。在完成了第二个目标的时候，小康的内涵有了变化。在社会属性方面，它是适应中国生产力发展水平，体现社会主义基本原则的。在实现水平方面，它既包括物质生活的改善，也包括精神生活的充实；既包括居民个人消费水平的提高，也包括社会福利和劳动环境的改善。

（三）21世纪前十年中国现代化进入全面建设小康社会阶段

2002年党的十六大报告提出的全面建设小康社会的宏伟目标。这个目标是按照作为从温饱向基本实现现代化发展的承上启下阶段的小康的要求，建设一个惠及十几亿人口的更高水平的小康社会。党的十六大报告把这样的小康社会概括为六个"更加"，即经济更加发展、民主更加健全、科教更加进步、文化更加繁荣、社会更加和谐、人民生活更加殷实。这六个"更加"，实际是对全面建设小康社会的要求。2007年，党的十七大报告以"高举中国特色社会主义伟大旗帜，为夺取全面建设小康社会新胜利而奋斗"为题，对小康社会提出五点更新要求：增强发展协调性，努力实现经济又好又快发展；扩大社会主义民主，更好保障人民权益和社会公平正义；加强文化建设，明显提高全民族文明素质；加快发展社会事业，全面改善人民生活；建设生态文明，基本形成节约能源资源和保护生态环境的产业结构、增长方式、消费模式。

（四）建设美丽中国是在生态文明框架下全面建设小康社会的新目标

2012年，党的十八大报告中指出，要在党的十六大、十七大确立的全面建设小康社会目标的基础上努力实现新的要求：经济持续健康发展，转变经济发展方式取得重大进展，在发展平衡性、协调性、可持续性明显增强的基础上，实现国内生产总值和城乡居民人均收入比2010年翻一番；人民民主不断扩大；文化软实力显著增强；人民生活水平全面提高；资源节约型、环境友好型社会建设取得重大进展。报告特别强调：面对资源约束趋紧、环境污染严重、生态系统退化的严峻形势，必须树立尊重自然、顺应自然、保护自然的生态文明理念，把生态文明建设放在突出地位，融入经济建设、政治建设、文化建设、社会建设各方面和全过程，努力建设美丽中国，实现中华民族永续发展。显然，生态文明建设是中国特色社会主义全面建设小康社会的重要内容，"美丽中国"是全面建设小康社会的新目标。这就是说，中国经过 30 多年改革开放的风雨兼程，信仰和步伐都更坚定了。

三 推动经济发展方式转变的新动力源

改革开放后的中国，是科学发展观指引下的中国，每天都是在发展！生态文明框架中的中国，前景一定是美好的！有了新的发展观、有了新文明、有了新目标，中国经济发展方式的转变就有了新动力、中国特色社会主义就有了永续发展新动力源。

（一）加快经济发展方式的转变是一场极其深刻的系统性变革

经济发展方式的微观基础是企业的生产方式（其实还包括家庭的生活方式），因此，它必然与生产主体、资源配置主体、财产所有权主体、财富分配权主体，以及企业经营方式、产业链接方式、国民经济运行和管理方式等经济机制联系在一起。前面谈到的现实和理论都告诉我们，不管世界各国的经济发展方式或生产方式有怎样的不同，其核心问题一直是三个：为什么生产（动机和目的）？生产什么（种类和数量）？如何生产（手段和机制）。如果说我们30 多年改革开放的伟大成就主要在于充分发挥市场机制的作用，那么接下来经济发展方式转变的关键，就是在市场机制前提下如何解决社会主义生产目的（建设生态文明和美丽中国）与社会主义生产能力体系的问题了。显然，是一场综合性、系统性、战略性的转变，是要经历一个艰难复杂的社会历史进程才能实现的。因此，它需要强大的、可持续的新动力源。而建设美丽中国正是这个永不枯竭的新动力源。

（二）建设生态文明和建设美丽中国需要以经济发展方式转变为必要条件

正像欧美发达国家均把市场机制作为实现生产目的或目标的手段一样，例如美国采用的是宏观需求管理模式下的自由市场经济；德国采用的是社会组织管理模式下的社会市场经济；法国采用的是指导性计划模式下的计划市场经济；日本采用的是政府主导型的市场经济；中国也一直把市场经济作为社会主义生产目的路径、机制和手段。实际上，中国在党的十五大报告明确提出实施可持续发展战略；党的十六大以来相继提出走新型工业化发展道路，发展低碳经济、循环经济、建立资源节约型、环境友好型社会，建设创新型国家，建设生态文明等新的发展理念和战略举措；党的十七大就提出了加快转变经济发展方式的战略任务。此后，加快转变经济发展方式成为中国各界的共识。随着国际金融危机的持续蔓延，那种依靠投资、出口、消费"三驾马车"拉动经济增长的"方式"已经捉襟见肘了。转变经济发展方式已刻不容缓。党的十八大既给经济发展方式的转变指明方向，也给建设美丽中国指明了路径和条件。

（三）转变经济发展方式必须走循环发展、绿色发展、低碳发展之路

从未来的角度看，建设生态文明和建设美丽中国，本质上要求经济发展一定要走资源循环发展、环境绿色发展、生态低碳发展的道路。从历史的角度看，我们不能不承认作为一个发展中国家，我们30多年的发展基本上走的是一条"追赶型"的"粗放式"的发展之路。因此，从现实来看，我们面对的不可能不是资源约束趋紧、环境污染严重、生态系统退化的严峻形势。毋庸置疑，环境问题已经成为影响中国未来发展的重要制约因素，以 CO_2 为代表的温室气体排放问题已经成为影响 2020 年以后中国国际形象的重要负面因素了。然而，最重要的问题是"追赶"不是目的，科学发展、永续发展才是硬道理；"粗放式"发展是对自然资源的巨大消耗，对矿藏、水利、电力、森林资源的短视开发，虽然可以让中国迅速实现温饱，但是它却与实现富裕和发达，实现"美丽中国"的目标是背道而驰的。因此，建设生态文明和美丽中国，为转变经济发展方式指明了循环发展、绿色发展、低碳发展之路。

（四）转变经济发展方式必须转变每个人的消费方式、交往方式、生活方式

应该说，经济活动实际是穿越于经济、政治、文化、社会、生态各个领域之中。因此从广义视角看，经济发展方式中的"方式"，指的是人们在实践活动中，按照一定的交易规则、制度规范、文化思维范式、社会道德要求等，形成的一种稳定的、具有主流形态的，但却以个人活动为载体的行为模式（或方式）。因此，转变经济发展方式绝不是一件容易的事。因为从一方面看，人们的行为方式具有丰富的个性色彩，它是与每个人谋生手段、服从规范的态度、文化取向、思维习惯、社会交往能力、生活习惯等密切相关，并以"个人习惯"的形态出现；从另一方面看，人们的行为方式又会被制度、体制、

文化、他人等外部因素所异化，并以"社会习惯"的形态出现。这两种习惯都具有强大的抗拒创新和变革的惯性，可以使人们形成具有"路径依赖"性质的"生活方式"。这就是欧美国家在转变经济发展方式过程中特别强调国民素质教育的原因。而中国人民生活方式"美国化"的倾向是最需要改变的。

四 加快推进经济发展方式转变的加速器和新机遇

方向决定道路、目标决定方式，在明确了建设生态文明这个方向、建设美丽中国这个目标之后，接下来就是"做正确的事，决定正确地做事"了。换句话说，以党的十八大为起点，中国就要在生态文明框架中，瞄准美丽中国，全速推进经济发展方式的转变了。

（一）提高海洋资源开发能力，生产海洋可再生资源产品

海洋不仅是地球生物圈的重要组成部分而且是承载自然资源的巨大宝库。一般地说，海洋资源有：（1）生物资源，包括海洋动物和植物资源；（2）非生物资源，主要包括油气资源、矿产资源和海水资源等；（3）海域空间资源，包括海岸与海岛空间、海面空间、海域水体空间的、海底空间等；（4）海洋可再生性能源，包括广阔海洋及近海海域中蕴藏的可再生性能量资源，如潮汐能、潮流能、波浪能，以及海洋风能、温差能等，资源量十分巨大，而且取之不尽、用之不竭。中国的海疆很辽阔，长度为1.8万公里的海岸线，居世界第四位；辽阔的大陆架面积，位居世界第五；200海里专属经济区面积，为世界第十；总共有300万平方公里可管辖的海洋国土。从这个意义上看，中国不仅是个陆地大国，还是个海洋大国。开发海洋资源，需要以高科技创新产业为基础的新兴产业。这对于中国转变传统经济发展方式肯定是一个推进器，同时对于催动中国生态技术产业、构建生态经济结构是一个好机遇。

（二）增强环境保护技术能力，生产更多更好的绿色环保产品

生态文明与美丽中国都离不开美好环境。如果说发展循环经济，促进生产、流通、消费过程的减量化、再利用、资源化，其着力点是放在资源节约上，但其溢出效应就是环境保护，那么发展绿色经济的起点、着力点和落脚点都与环境保护内在相连。这是因为绿色经济作为以"绿色"为标志的经济活动，在当下表现为以新能源为代表的低碳技术与低碳产业、以有利于人的健康

为代表的绿色产品和绿色贸易、以绿色投资为代表的绿色金融和绿色网络。像所有经济活动一样，它在不同国家和地区有不同的形态。在美国，新能源技术及其对全球尤其是对中国的贸易是绿色经济的核心内容，并以此重构其国内制造业和就业体系。欧洲和日本则把一切与人的健康和环保相关的产业当做绿色经济，并强调通过发展"知识"和"创新技术"为基础的智能经济来推动它的发展。以中国为代表的发展中国家把绿色经济看作同低碳经济一样的新经济。它不仅是经济发展方式转变的方向，而且是其转变的引擎。

（三）建立资源有偿使用和生态补偿制度，生产永续支撑美丽中国的生态产品

经济学的基本常识告诉我们，自然资源一旦进入交换领域就转变成为经济品，经济品一旦进入市场转变成为资本品。现在的问题是，以资本为主体、为主导、为主题的生产方式，由于其技术基础的科学化、运行机制的市场化，以及市场的信息化、网络化、全球化，已经越来越突破国家和民族的界限、社会和环境的界限，进而向地球生物圈（人类面对的最大的生态系统）和地球外空间冲击。在这种情况下，自然环境和自然生态系统，也要像自然资源一样，用货币、资本、权力来尺度和测量其价值。为此，美国商业生态学家保罗·G·霍肯提出一个重要的观点：如果不把可再生和不可再生的"生态系统"资本化（成为生态资本或自然资本），并以价值形式列入资产负债表，现实的经济体系就不可能维系下去。[①] 因此，必须把自然资源和生态系统，看做是与物质、人力、金融等资本等价的资本。当然，如果没有自然资源有偿使用制度和生态系统补偿制度，自然资本和生态资本也还是纸上谈兵。

（四）积极推进生态文明制度建设，积极开展美丽中国评价体系的建设

无数事实证明：一定要把资源消耗、环境损害、生态效益纳入经济社会发展评价体系中去，必须通过制度化措施来解决生态文明建设和美好中国建设问题；否则，经济发展方式的转变依然是一句空话。具体要做的工作主要有：支持节能低碳产业和新能源、可再生能源的发展，确保国家能源安全；加强水源

---

① 霍肯（Hawken）、拉维斯（Lovins, A.）、拉维斯（Lovins, L. H.）：《自然资本论：关于下一次工业革命》，上海科学普及出版社2000年版。

地保护和用水总量管理，建设节水型社会；严守耕地保护红线，严格土地用途管制；加强矿产资源勘察、保护、合理开发；加大自然生态系统和环境保护力度。要实施重大生态修复工程，增强生态产品生产能力，推进荒漠化、石漠化、水土流失综合治理；加快水利建设，加强防灾减灾体系建设；坚持预防为主、综合治理，以解决损害群众健康突出环境问题为重点，强化水、大气、土壤等污染防治。总之，要坚持节约资源和保护环境的基本国策，坚持节约优先、保护优先、自然恢复为主的方针，着力推进绿色发展、循环发展、低碳发展，形成节约资源和保护环境的空间格局、产业结构、生产方式、生活方式。

五 中国转变经济发展方式必须注意的几个问题

创造了"麦迪森风格"，谱写了《世界经济千年史》之"神话"，世界公认的当代最伟大的经济历史数据考证和分析大师安格斯·麦迪森说："在相当长的时间内，中国一直是世界数一数二的经济体，但是它发展的节奏同世界通常的模式有着截然的不同。"①

（一）在中国特色社会主义基础上转变经济发展方式

如果没有个性，如果没有特色，无论什么人和物都不复存在。统观欧美经济发展方式及其经济运行模式，也都是有个性有特色的。那种用"市场一般"代替"市场特殊"，同时又用"模式特殊"代替"模式一般"的说法，在理论上站不住脚，在实践上也有害。例如，面对至今在危机中挺立的中国经济，一些专家不仅无动于衷，相反却一个劲儿给中国泄气。他说什么："中国模式其实是不存在的。如果说有中国模式的话，就有两个，不是一个。这两个所谓中国模式，历史上我们都见过，所以不是什么新的中国模式。从改革开放到1994 年、1995 年，大概是分税制开始，所以，第一个是亚当·斯密模式，经济领域讲叫邓小平模式；第二个模式是1994 年、1995 年后的东亚模式，或者凯恩斯模式，大政府模式。"② 照这位教授的这种说法，世界上除了斯密模式和凯恩斯模式，什么模式其实都是不存在的。难道也没有欧洲模式和美国模式吗？笔者认为只有坚持"中国特色社会主义模式"，中国特色消费，即广大农

---

① 安格斯·麦迪森著：《世界经济千年史》，北京大学出版社2003 年版，中文版前言。

② 许小年：《许小年：中国模式其实是不存在的》，载于《中国企业家》，2012 年12 月5 日（ht-tp：//opinion. hexun. com/2012 － 12 － 05/148703007. html）。

民、农村、农业的消费，就能为中国经济增长和发展带来强劲的动力。

（二）生态经济在经济发展方式转变过程中的"新质"问题

生态经济本质上是以生态环境容量和自然资源承载力为约束条件、以保护生物多样化为基础、以人类福祉为本、以人类代际可持续发展为目的的经济形态。生态经济是生态文明的经济基础。生态经济在本质上同当代已经全球化的市场经济和资本主义经济是相互矛盾的。前者是为生态文明框架中的全人类福祉（well－being）而生产；后者是为市场经济框架中的货币持有者的金钱偏好和资本主义框架中的资本所有者的增殖欲而生产。前者生产出来的是能够满足每个人、每个家庭、每个单位、每个社区绿色需求的绿色产品，其中包括自然、社会、经济、人文等可持续发展的环境；后者生产出来的则是 GDP 增长或过剩的产品、过剩的人口、过剩的资本、过剩的垃圾。显然，造成生态经济与市场经济和资本主义相矛盾的是它以"生态"为特征的"始基因素"。而正是这些始基因素成为引发当代生产方式发生全球性转变的"新质"。这里谈及的生态经济问题同样适用低碳经济和绿色经济。

（三）资本在经济发展方式转变中的自我扬弃问题[①]

在以资本为主体的经济发展方式中或资本主义生产方式中，资本具有二重性：一方面是抽象的价值形态（货币形态）；另一方面是具象的使用价值形态，诸如物质资料、土地（包括矿山资源等）、环境等形态。在各种形态的资本中，货币资本具有至高无上的社会权力，因为它具有直接发动生产、配置资源、获取收益的社会功能。但自绿色经济（生态经济的通俗说法）、循环经济、低碳经济介入市场经济之后，它们在现实生活中便顽强地按照自己本性、以多样性的方式演化着资本、改造着资本。例如，在欧美等发达国家，它一般都作为新一轮经济增长"创新点"，以绿色创意、绿色设计、绿色计划、绿色组织、绿色配置、绿色行动、绿色融资、绿色投资等的方式，在物质资本、土地资本、技术资本、人力资本中渗透并实现其绿色本性。于是，在绿色与市场"混合"运行的生产方式中，便出现了明显不同于传统资本形态，即具有自我扬弃性状的新资本即绿色资本。这些资本投向是绿色经济。

---

① 关于资本的自我扬弃问题，参见《资本论》第三卷，人民出版社 2004 年版，第 495、499、450 页。

（四）经济发展方式转变中出现的新资本：人类资本、生态资本、社会资本

人类资本不是传统的人力资本。它强调人作为"活物质"能使自身和其他"死物质"价值增殖，强调人作为"生命体"，作为自然系统、社会系统、生态系统的构成要素，其存活状态即它的健康、知识、技艺以及想法和动机，都是具有增殖能力的资本。例如能源＋互联网中的人，才能作为该网络的终端。生态资本亦称自然资本，即在资源有偿使用和生态返还制度中的所有资源、环境和生态系统。社会资本或社会组织资本指的是社区、商业团体、工会乃至一切正式或非正式的政治组织和社会组织。在欧美发达国家，以社会组织资本为代表的绿色资本运动也发生在市场中，即发生在由买者与卖者、供给者与需求者、生产者与消费者的交换关系和生产关系构成的类似"物理场"的网络中。它不仅使市场网络发生"形变"而且使之发生"性变"。因为绿色经济使市场网络充满绿色，绿色资本使绿色的企业与用户形成绿色网络。

（五）关于绿色智能网络在全球经济发展方式转变中的作用问题

如果说循环、绿色、低碳等新经济是转变经济发展方式的推手，那么绿色智能网络就是全新经济发展方式的基础。因此，几乎所有发达国家都非常重视对绿色智能网络的构建。绿色智能网络的使命就是促进经济发展方式，包括生产方式、交换方式、分配方式、消费方式，向节约、环保、生态型转变。而这种转变本身还内含着作为产生这些关系终端的每一个企业、每一个家庭、每一个单位、每一个人的行为方式、思维方式和观念体系的转变。正是从这个意义上，里夫金认为，以能源＋互联网为特征的第三次工业革命就像 WIFI 一样，连接了成千上万的节点，更有利于跨国市场和洲际市场的形成。国际能源署署长范德胡芬说："东盟电力网络是这一地区的一个关键能源建设项目，它的目的是平衡跨国电力贸易，而智能网络可以充分实现这一目标。"① 这一点对中国很有利，因为中国比其他国家有更多的网络技术工程师和新能源技术研究者，但真正的问题在于能否摆脱传统的思维方式。

（六）关于"市场"作为经济发展方式载体的自我革命问题

任何一种生产方式都有与之相适应的经济运行方式，市场就是资本主义生

---

① 范德胡芬：《亚太能源的未来》，载于《能源》，2012 年 11 月 5 日，总第 48 期，第 34～35 页。

产方式实现资本增殖、资本运动、资本权力的经济运行方式。然而，像资本会发生自我扬弃一样，市场会发生革命性变革。首先，信息化、数字化、互联网技术使以往彼此分离的市场在技术上成为能够相互连接的市场网络；由此，市场的地理边界已扩展到地球各个角落，各种非资本经济方式均可嵌入市场之中。其次，市场的微观基础也在发生变化；它不再是可以孤零存在的企业，而是由企业（点）、产业链（链路）、中心企业（节点）构成的企业群落（网络）。当前，这种群落有两种：第一种在分工协作基础上形成的以中小企业为主的企业间动态网络；第二种以大企业为主的规模型生产网络。由于同是网络，故它们具有相互嵌入的可行性。因此，具有同样属性的绿色网络，一旦嵌入这些企业群落之中，便可以立即与之交融，同时还会使其演化为同时具有自然与经济二重属性的共生网络。绿色生产方式与绿色经济运行方式的和谐发展，则现实地表明当代市场经济和资本主义生产方式正处在革命转变中。

（七）关于尽快构架建"碳交易市场"的问题

碳金融市场，简单地说就是利用把市场和金融工具作为应对气候变化机制，是以低碳创新、低碳创业、低碳发展为目的的金融资本及其各种创新活动的统称。作为产品创新，碳金融是以环境、生态、应对气候危机、低碳治理等理念创造的各种金融产品，吸引市场参与者进入金融市场，参与主观为赚钱、客观为遏制气候变化的投资活动。作为制度或机制的创新，碳金融是把以 CO_2 排放权为代表的温室气体排放权的交易制度，嵌入金融市场之中，构建一个以碳排放权（排放配额）及其衍生物为交易对象（商品）的碳交易市场。中国开展碳排放权交易的目的是借用市场内生力量以较低成本实现 2020 年中国控制温室气体排放行动目标，加快经济发展方式转变和产业结构升级。需要强调的是，在市场经济中，金融市场包括碳金融市场，既是资源配置的令旗也是资本投向的引擎，很难想象没有金融市场的市场体系是一个完善的市场体系。因此，必须尽快构建中国自己的碳市场。

第二篇

世界经济结构变迁中的新增长极

第四章

低碳经济发展的核心及动力

世界经济发展出现经济增长和生态环境瓶颈，低碳经济或将成为使世界经济发展摆脱瓶颈的新的发展极。低碳经济发展方式的核心是建立在低碳技术体系基础之上的低碳产业。这里讨论低碳经济成为世界新的发展极的可能性，并且通过对低碳产业和低碳技术理论及实践问题展开研究，揭示低碳产业和低碳技术作为新的增长极及带动经济可持续发展的新的发展极的可能性。

第一节　世界需要新的发展极

以高碳为特征的世界经济发展方式带来了一系列问题，气候变化、环境污染、能源安全等方面的压力日益沉重，高能耗、高污染带来的高增长生产出的巨大的物质财富被气候变化、环境污染、能源成本大幅上升吞噬掉许多，特别是在西方世界信奉的凯恩斯主义指导下所推行的以激励资本投资为核心拉动经济增长的政策，不仅带来了滞胀，还带来了能源紧张、环境污染等问题，使资本主义世界陷入生态和经济双重危机。现实表明，建立在高碳消耗基础上的经济发展方式无法实现经济的可持续发展。世界经济需要一个新的发展极。

一　发展极与增长极

发展极理论由法国经济学家弗朗索瓦·佩鲁于（Francois Perroux）1955 年提出。这一理论认为，经济发展在时间和空间上都不是均衡分布的。在一个国家的经济空间中，经济发展应当以非总量的方法来安排发展计划，经济增长不是在不同的部门、行业或地区按相同的速度平衡增长，相反，是在不同的部门、行业或地区按不同速度增长。一些主导部门和具有创新能力的行业集中于一些地区，以较快的速度优先得到发展，形成"发展极"，再通过其吸引力和扩散力，不断增大自身规模并对所在部门和地区产生支配作用，从而不仅使所在部门和地区迅速发展，也可以带动其他部门和地区的发展。

发展极的支配作用主要表现在四个方面：一是技术的创新和扩散；二是资本的集中与输出；三是产生规模经济效益；四是形成"凝聚经济效果"。通过这些作用可以使具有发展极的地区、部门或行业得到优先发展，并进而带动相邻地区、部门或行业的共同发展。当然，并不是每个地区、部门或行业都可以成为发展极，要建立发展极，必须具备以下条件：一是必须存在有创新能力的企业和企业家群体；二是必须具有规模经济效益；三是需要适当的周围环境，如一定的资金、技术、人力、机器设备等硬件环境和熟练的劳动力、良好的投资政策等软环境。发展极理论的政策含义是经济落后的国家或地区要实现工业化和现代化的经济发展，必须建立发展极，通过发展极带动相邻地区的共同发展。而建立发展极有两条途径：一条由市场机制自发调节自动产生发展极；另一条则是由政府通过计划经济和重点投资主动建成发展极。发展极理论主张，尽可能把有限的稀缺资源集中投入到发展潜力大、规模经济和投资效益明显的少数地区，使主导部门或有创新能力的企业或行业在一些地区聚集，形成一种资本与技术高度集中、具有规模经济效益、自身增长迅速并能对邻近地区部门或行业产生强大辐射作用的发展极。

支撑经济发展的基础是经济增长，同样，发展极的形成以增长极为基础。增长极概念也由佩鲁提出，他认为，如果把发生支配效应的经济空间看作力场，那么位于这个力场中推进性单元就可以描述为增长极。增长极是围绕推进性的主导工业部门而组织的有活力的高度联合的一组产业，它不仅能迅速增长，而且能通过乘数效应推动其他部门的增长。因此，增长并非出现在所有地方，而是以不同强度首先出现在一些增长点或增长极上，这些增长点或增长极通过不同的渠道向外扩散，对整个经济产生不同的最终影响。佩鲁认为，经济增长首先出现和集中在具有创新能力的行业，这些具有创新能力的行业通常集聚于经济空间的某些点上，形成增长极。R. J. 约翰斯顿（Johnston）将增长极定义为"围绕主导工业部门而组织的有活力的高度联合的一组工业，它不仅本身迅速增长，而且通过乘数效应带动其他经济部门的增长"。[①]

---

①　R. J. 约翰斯顿主编：《人文地理学辞典》，商务印书馆2004年版，第786页。

佩鲁认为经济发展的主要动力是技术进步与创新。创新集中于那些规模较大、增长速度较快、与其他部门的相互关联效应较强的产业中，具有这些特征的产业佩鲁称之为推进型产业。推进型产业与被推进型产业通过经济联系建立起非竞争性联合体，通过后向、前向连锁效应带动区域的发展，最终实现区域发展的均衡。这种推进型产业就起着增长极的作用，它对其他产业（或地区）具有推进作用。增长极理论的核心是推进型企业对被推进型企业的支配效应。

佩鲁将增长极分为两类：一类是厂商或企业；另一类是产业，它们的共同点是创新。虽然在完全竞争的环境中，追求利润最大化是所有经济单元的共同目的，但只有创新才是实现利润最大化的根本途径。由于不是所有的厂商和产业都具有创新功能，因此，只有"成功的创新"能力厂商和"领头产业"，才能够在一定的经济空间中对其他厂商和产业具有支配诱发和推进的功能，产生"支配效应"和"扩散效应"。

佩鲁从产业关联方面说明增长极的功能效应，提出"领头产业"概念，即"领头产业"是具有当它增加产出（或增加购买生产性服务）时，能增加另外一个或几个产业的产出（或投入）特性的产业。佩鲁认为经济发展的主要动力是技术进步和创新，而创新总倾向于集中在一些特殊的企业。这种特殊的企业就是领头产业。领头产业，一般来讲增长速度高于其他产业的增长速度，也高于工业产值和国民生产总值的增长速度，同时也是主要的创新源。而且，领头产业的带头增长，通过支配和扩散效应，通过投入产出关系，通过市场竞争和价格联系，能够使它的前向、后向、旁侧联系产业以及有关的厂商受益，获得由其扩张所引起的"投资性的外围经济"增长。[①]

佩鲁之后许多区域经济学者将这种理论引入地理空间，用它来解释和预测区域经济的结构和布局。法国经济学家布代维尔（J. B. Boudeville）将增长极理论引入到区域经济理论中，之后美国经济学家弗里德曼（John. Frishman）、瑞典经济学家缪尔达尔（Gunnar Myrdal）、美国经济学家赫希曼（A. O. Hischman）分别在不同程度上进一步丰富和发展了这一理论，使区域增长极理论的发展成为了区域开发工作中的流行观点。

概括各种增长极理论，可以分为狭义经济增长极和广义经济增长极两类。狭义经济增长极有三种类型：一是产业增长极；二是城市增长极；三是潜在的经济增长极。广义经济增长极指凡能促进经济增长的积极因素和生长点，包括

---

① 曾坤生：《佩鲁增长极理论及其发展研究》，载于《广西社会科学》，1994 年第 2 期。

诸如制度创新点、对外开放度、需求和消费热点等。本书使用佩鲁的广义经济增长极理论，主要涉及产业增长极类型。

低碳经济或将成为摆脱经济和生态双重困境的经济增长极

人类社会继农业文明、工业文明、信息文明之后，进入一个相对缓慢的发展阶段，信息技术革命所带来的经济增长动力已经放缓，特别是2008年的全球性金融危机，不仅促使人们对金融领域进行思考，更引发全球经济发展方式的重新定位，催生了全球经济结构的调整。世界经济期待新增长极的出现，以引领新一轮的经济增长，低碳经济日益成为关注的焦点。

（一） 低碳经济将成为促进经济持续增长的经济发展方式

每次大规模经济危机都会带来产业的大调整和全球分工格局的深刻变化。面对20世纪30年代的大萧条，美国实行了以凯恩斯主义为基础的罗斯福"新政"，通过加强政府控制和政府投资对付经济危机；70年代中东石油危机促使日本的电子、汽车工业得到了迅速发展；90年代亚洲金融危机后，美国出现了互联网高科技的高速发展。2008年全球金融危机爆发后，世界经济普遍步入缓慢复苏轨道。经济运行放慢给予世界重新思考经济发展方式的机会。人类需要在经济增长放慢的短期阵痛与气候变化的长期影响、经济短期复苏与经济可持续发展之间有所取舍，寻找更有利于人与自然和谐相处的可持续的经济发展方式，低碳经济引起许多国家的关注。

关于低碳经济，目前比较广泛引用的是英国环境专家鲁宾斯德的阐述：低碳经济是一种正在兴起的经济模式，其核心是在市场机制基础上，通过制度框架和政策措施的制定和创新，推动提高能效技术、节约能源技术、可再生能源技术和温室气体减排技术的开发和运用，促进整个社会经济向高能效、低能耗和低碳排放的模式转型。中国环境与发展国际合作委员会2009年发布的《中国发展低碳经济途径研究》，将低碳经济界定为：一个新的经济、技术和社会体系，与传统经济体系相比，在生产和消费中能够节省能源，减少温室气体排放，同时还能保持经济和社会发展的势头。[①] 本书认为，低碳经济从其具有促

---

① 中国人民大学气候变化与低碳经济研究所：《低碳经济——中国用行动告诉哥本哈根》，石油工业出版社2010年版，第52页。

进经济社会实现可持续发展的作用看，本质上是一种有别于传统的高碳经济发展方式的，以节省能源、减少温室气体排放为特征的新的经济发展方式。

2008 年的全球金融危机在一定程度上增加了人们对发展低碳经济的认识与重视，为了应对全球金融危机，世界主要国家开始将刺激经济的重点放在新能源开发、节能技术、智能电网等领域，通过扩大政府投资和私人投资实现向低碳经济的转型。一个明显的事实是，在全球经济衰退的 2008 年，低碳行业的收入增长幅度仍然达到了 75%。世界低碳产品和服务行业创造的收入已经超过了航天业和国防业收入的总和。根据国际能源署的初步统计，已经有 50 多个国家和地区制定了激励可再生能源发展的政策措施，在未来 30 ~ 40 年中，全球每年对低碳经济的投资将在 5000 亿美元以上。[①] 低碳经济将成为促进经济持续增长的经济发展方式。

（二）低碳经济是突破发展困境和生态瓶颈的现实选择

随着人口和经济规模的不断增长，世界能源供求出现问题。供给方面，油气行业勘探和开采投资不足、海运及管道运输能力遭遇瓶颈、炼油能力受资源制约等。需求方面，能源需求没有减少的信号，总产出单位能耗过高。能源的高消费不仅使人类使用石化能源的经济成本大幅增高，而且所带来的环境和气候变化问题对世界经济持续稳定发展形成威胁，人类需要尽早避免高发展、高能耗、高污染的恶性循环。面对发展困境和生态瓶颈，世界需要认真思考，人类社会需要什么样的经济发展方式才能走出困境，实现可持续发展。

尽管低碳经济在哥本哈根会议召开前 6 年即 2003 年就已经在英国的能源白皮书《我们能源的未来：创建低碳经济》中提出，但是，在相当长的一段时间里人们对低碳经济保持观望态度。2008 年全球金融危机特别是哥本哈根会议以来，世界才开始以极大的热情关注低碳经济，低碳经济成为世界为了摆脱经济和生态困境所关注的目标。低碳经济或可成为摆脱经济和生态双重困境的经济增长极。

大量的低碳发展实例已经表明，走出发展困境，摆脱气候变化、环境污染和能源短缺的生态瓶颈，低碳经济是现实选择。以中国的工业电机生产和使用

---

① 林俊泓等：《低碳经济发展前景及其金融与银行业经营的影响》，载于《中银财经评述》，2010 年 2 月 17 日。

为例,[①] 能耗占比高, 节能潜力大。中国工业电机用电占工业用电的大约 60% ~70%。对比发达国家工业耗电只占 45% 左右。中国能源利用效率低, 其中电机系统效率比发达国家低 20% ~30%。中国已经致力于推广高效节能电机的应用。所谓高效节能电机是指采用新设计、新工艺、新材料, 通过更高的电磁能、电能与机械能的转换效率, 以减少损耗的工业电机。所谓 "高效" 因各国的技术水平及认定标准不同而有所差异。表 4 - 1 是中国的电机效能等级分类。

表 4 - 1   中国电机效能等级分类

等级	特征
3 级	标准效率电机, 效率最低
2 级	高效率电机
1 级	超高效率电机

资料来源: 申银万国研究所,《工业节能系列研究报告》2010 年。

相对于欧美发达国家强制使用高效节能电机, 中国应用比例低, 国家中小电机监督检验中心抽样调查显示, 达到 2 级能效指标的仅占 8% 左右。从效率和投资看, 效率方面, 高效电机较传统电机高 3% ~5%, 长期运行节能量将相当可观; 一次性投资方面, 高效电机价格较传统电机效率高 10% ~20%。由于内需不足, 中国生产的 75% 左右的高效电机出口海外。根据国家标准化管理委员会发布的强制性标准《中小型三相异步电动机能效限定值及节能评价》, 从 2011 年 7 月 1 日起, 将禁售 3 级效能电机, 并且将通过补贴政策推广高效节能电机的应用。联合国开发计划署与中国人民大学共同撰写的《中国 2009/2010 人类发展报告: 迈向低碳经济和社会的可持续未来》预计, 2050 年大功率电力电子器件 CO_2 减排潜力为 0.5 亿吨, 增量投资为 1340 亿美元。

[①] 中国人民大学气候变化与低碳经济研究所:《中国低碳经济年度发展报告 (2011)》, 石油工业出版社 2011 年版。

第二节 低碳经济发展模式的选择及特征

低碳经济是一种新的经济发展方式，但是，它的发展不能脱离现实的经济发展规律和环境，低碳经济发展，要在工业化、市场经济和可持续发展框架下根据各个国家的实际情况选择适合的发展模式。但是无论发展模式有什么不同，都具有一些相同的基本特征。

低碳经济发展模式选择的基本前提

低碳经济发展受不同国家和地区的发展程度、市场化程度、能源结构、环境资源和地理的影响，其发展模式不能一概而论。不同国家和地区需要根据这些影响因素，选择适合于自己的低碳经济发展模式。总体而言，在选择低碳经济发展模式时，需要考虑以下几个基本前提。

（一）在工业化框架下选择低碳经济发展模式

以往的人类活动向大气中排放了过多的 CO_2，这主要发生在工业化过程中。世界银行的统计数据表明，在过去 100 年中，人类消耗煤炭 2650 亿吨、石油 1420 亿吨，消耗钢铁 380 亿吨、铝 7.6 亿吨、铜 4.8 亿吨。在 1970 ~ 2004 年间，发达国家进入后工业化阶段，发展中国家进入工业化初始或者中期阶段，全球 CO_2 的排放增加了 80%，这使大气中的 CO_2 含量增加了 25%。以往的工业化过程所采取的是典型的高消耗、高 CO_2 排放的生产方式。

但是，就生产力发展和人类生存规律而言，我们不可能不走工业化道路。从农业社会到工业社会，人类的文明程度和生活水平有了极大的提高，这一点是不可否认的。因此，我们不能够跨越工业化阶段，特别是发展中国家，还需要加速工业化过程，实现包括农业在内的全面的工业化，是我们这个时代的历史使命。然而，我们也不能够无视传统工业化高消耗、高排放，先污染后治理的弊病，所以，必须要在工业化框架下选择低碳经济发展模式。

以最小的劳动、自然资源、环境资源和物质资本投入满足人们最大的需要（物质需求和优良的环境需求），是经济可持续发展的本质。以往的工业化取得了高生产效率和经济高速增长的成就，实现了以最小的劳动和物质资本投入获得最大的物质财富目的，但是其发展方式是以自然资源和环境资源的低成本、高消耗为特征的，违背可持续发展的客观要求。低碳经济发展模式，不是要否定工业化，也不是让工业化过程付出高的代价，而是要在低碳发展理念支配下，利用工业化的高生产效率，不仅追求劳动和物质资本的节约，而且要走资源节约型和环境友好型的工业化之路。

在工业化框架下寻求低碳经济发展模式，不是简单地发展排放 CO_2 少的低能耗产业（第三产业和第二产业中的食品、电子信息、机械设备等行业），限制 CO_2 排放相对较高的高能耗产业（火电和热力生产及供应、黑色和有色金属冶炼、水泥、化工、石油加工和炼焦等）。低碳经济发展模式伴随着工业化的进程，应该是一个在工业化初期和中期实现三次产业逐步低碳化、在工业化后期和完成期逐步建立和完善低碳经济结构的逐渐推进的过程。这是因为，一定的产业结构是依照工业化阶段决定的产业间互为供求的比例关系形成的。比如，对于处于工业化中期的中国而言，在今后较长一段时间，以重化工业为特征的产业结构仍然难以改变，中国在产业发展方面需要努力做的事情应当是，在低碳发展理念下，追求三次产业的低碳化发展，即无论是农业、工业和建筑业，还是服务业，都要以低碳化的生产方式进行生产，提高传统能源的能效和清洁使用是当前和未来一段时期低碳经济发展的关键点，新能源的开发利用是发展的战略性重点。

（二）在市场经济框架下选择低碳经济发展模式

在市场对资源配置起基础作用的市场经济体制下，必须要在市场经济框架下选择低碳经济发展模式。

首先，高成本的供给是不会被市场承认的，只有低碳生产方式比高碳生产方式有利可图时，低碳经济才能够在微观层面上获得发展动力，在这里，关键是要建立一个激励低碳经济发展的价格体系和资源配置机制。只有把低碳发展内生化到市场经济中，使低碳的生产和生活方式成为企业和居民两大市场主体的自愿选择，低碳经济发展模式才能真正成为一种适应市场经济运行机制的经济发展模式。

其次，市场经济的活力产生于市场交换。市场需求和商品流通是市场交换的核心。市场经济是需求约束型经济，以对低碳产品的需求来激励或者约束生产者采取低碳生产方式，是在市场经济框架下发展低碳经济的关键。市场交换过程是商品的流通过程，只有把交换过程和低碳的互联网、物联网，[①] 以及低碳的交通运输连接在一起，实现流通过程的低碳化，低碳经济发展模式才有活力。

最后，由于不同国家的市场程度不同，市场机制在低碳经济发展模式中所起的作用程度不同，在市场机制不够完善的国家，其低碳经济发展模式中政府的推动作用还是非常重要的。

（三）在可持续发展框架下选择低碳经济发展模式

低碳经济运行模式必须在可持续发展框架下展开。可持续发展强调公平、可持续和共同发展原则。在国际上，率先实现工业化的发达国家走的是高碳发展的道路，已经占有了80%的CO_2排放空间。根据可持续发展原则，进入工业化初期和中期的发展中国家应当有更多的发展权，而发达国家则应当有更多的减排义务。事实上，发展中国家在工业化初期和中期CO_2排放相对较高的第二产业必然要占较大比例，完成工业化过程是发展中国家首要的目标。由于生产力发展水平所限，发展中国家的低碳发展也只能是初级阶段，而已经完成工业化过程的发达国家，有相对低碳的产业结构，有发达的生产力水平，在低碳发展方面也处于领先水平，有能力承担更多的减排义务。同样，在一个国家内，发展程度不同的地区也应当区别对待。只有在可持续发展框架下，才能够有效推进低碳经济健康、可持续发展。

 低碳经济中发展模式基本特征

虽然低碳经济受不同国家和地区的发展程度、市场化程度、能源结构、环境资源和地理的影响，会有不同的发展模式，但是，总体而言，低碳经济的产业发展与高碳经济的产业发展不同，具有如下基本特征。

---

① 物联网（The Internet of things）也叫传感网，它的概念是在1999年提出的，目前也没有一个规范统一的定义，一般情况下理解成把所有物品通过射频识别等信息传感设备与互联网连接起来，实现智能化识别和管理。具体地说，就是把感应器嵌入和装备到电网、铁路、桥梁、隧道、公路、建筑、供水系统、大坝、油气管道和各种物体中，然后将"物联网"与现有的互联网整合起来，实现人类社会与物理系统的整合，在这个整合的网络当中，存在能力超级强大的中心计算机群，能够对整合网络内的人员、机器、设备和基础设施实施实时的管理和控制，在此基础上，人类可以以更加精细和动态的方式管理生产和生活，达到"智能"状态，提高资源利用率和生产力水平，改善人与自然间的关系。

（一）高碳产业低碳化

世界经济目前仍然具有高碳特征，高碳产业在许多国家和地区占有较大比重。碳排放最高的行业是公共电力和热力、制造业和建筑业，以及交通运输，世界各国情况大致相仿。根据国际能源署数据，2001年，世界公共电力和热力、制造业和建筑业、交通运输碳排放量在排放总量中占到72.4%，中国则高达81.3%。从能源消费结构看，世界近90%的一次能源消费依赖石油、煤炭和天然气，中国一次能源消费约70%依赖煤炭。

工业部门是中国最主要的能耗部门，并且对能源的需求处于快速增长的趋势。一方面是中国目前重工业化发展阶段决定的，另一方面也与中国工业部门多年以来的粗放式增长模式有密切关系。"十一五"期间随着节能减排政策实施力度的加大，中国高耗能工业部门，如钢铁、炼焦、电解铝、重型化工、建材等领域，节能技术进步显著。从表4-2中的数据可以看到，中国高耗能工业产品能耗与国际先进水平均有一定的差距，但随着技术水平的提高，差距正在不断缩小。

表4-2　　　　　　　　　　中国高耗能工业产品能耗国际比较

指标	2008年		2009年	
	中国	国际先进	中国	国际先进
火电供电煤耗（gce/kWh）	345	312	340	310
钢可比能耗（kgce/t）	709	610	697	610
水泥综合能耗（kgce/t）	151	118	139	118
乙烯综合能耗（kgce/t）	1010	629	976	629

资料来源：国家统计局、工业和信息化部。

面对这个现实，我们不能指望在短期能够通过发展新能源来解决化石能源的高碳排放问题。高碳产业低碳化应当是相当一段时期低碳经济运行模式的特征之一。通过低碳技术的引入和改造，使高碳产业低碳化成为低碳经济发展的重点领域。

（二）各个生产领域低碳化

工业方面：采用效能更佳的终端电力设备，热能和电力回收，材料回收利用和替代，提高能源使用效率降低生产能耗，控制温室气体的排放，等等。以工业余热为例，工业余热是指在现有条件下，工业生产体系运营当中有可能回收利用而尚未回收利用的能量。余热资源来源多样，其中高温烟气余热和冷却介质余热占比最高，是余热回收利用的主要来源。余热利用的途径主要有两种，第一种是采用余热锅炉发电，是工业余热利用的主要形式；第二种是采用热泵（溴冷机）系统回收余热，适用于工业和民用的低温余热回收。余热锅炉除了主要应用在钢铁、焦化、水泥行业的品种，还有应用在有色、化工、造纸等行业。热泵和溴冷机系统既可用于工业，回收工业低温余热，也可民用，利用低温余热为民用建筑提供制冷或供热。工业用途主要包括电厂、冶金、医药、纺织、石油化工等，回收工业的低温余热；民用用途主要为建筑物提供制冷或供热。其中水源热泵技术已经被广泛应用于各类建筑中需要供暖供冷的中央空调系统，同时应用于工业领域的冷冻、冷藏等工艺系统。中国工业余热资源丰富，在钢铁、有色、化工、水泥、建材、石油与石化、轻工、煤炭等行业，工业余热资源约占其燃料消耗总量的 17% ~67%，其中可回收利用的工业余热资源约占余热总资源的 60%。目前中国工业余热资源利用比例低，例如大中型钢铁企业余热资源的利用率大约为 30% ~50%，而国外先进钢铁企业余热余能的回收利用率平均达 80%，有的在 90% 以上，如日本新日铁高达 92%。中国通过工业余热利用提高能源使用效率降低生产能耗、控制温室气体的排放潜力巨大。

农业方面：改善农作物及放牧地的管理，以增加土壤的固碳量；恢复已耕作的泥炭土壤及退化的土地；改善水稻耕种技术及牲畜和粪便管理，以减少甲烷排放；改进氮肥施用技术，以减少氧化亚氮的排放，种植专用能源作物，代替化石燃料，改善能源效益，等等。农业方面，碳汇[①]对控制平衡大气中的 CO_2 量具有重要作用。中国已经开始关注农业碳汇，中央财政安排保护性耕作推广资金 3000 万元、工程建设投资 3 亿元，2011 年新增保护性耕作 1900 多万亩，全国保护性耕作面积累计达到 8500 万亩。保护性耕作与传统耕作相比，农田土壤含碳量可增加 20%，每年减少农田 CO_2 等温室气体排放量达到 0.61 ~1.27 吨/公顷，按全国保护性耕作实施面积计算，相当于减少 CO_2 排放 300 万吨以上。[②]

林业、森林方面：涉及造林、再造林、林区管理、减少砍伐林木器厂、林

---

① 《联合国气候变化框架公约》将碳汇（carbon sink）定义为从大气中清除 CO_2 的过程、活动或机制。与碳汇相对的概念是碳源。碳源（carbon source），是指自然界中向大气释放碳的母体。

② 国家发展和改革委员会：《中国应对气候变化的政策与行动 2012 年度报告》，2012 年 11 月。

产品管理、利用林产品制造生物能源代替化石燃料，等等。林业碳汇在固碳方面作用显著，中国在增加林业碳汇方面做了大量的工作。中国是世界人工造林面积最大的国家，通过持续大规模开展退耕还林和植树造林增加森林碳汇，2003～2008 年，森林面积净增 2054 万公顷，森林蓄积量净增 11.23 亿立方米。目前人工造林面积达 5400 多万公顷，居世界第一。国家林业局制定了《林业应对气候变化"十二五"行动要点》，提出加快推进造林绿化、全面开展森林抚育经营、加强森林资源管理、强化森林灾害防控、培育新兴林业产业等林业减缓气候变化主要行动；发布了《全国造林绿化规划纲要（2011～2020 年）》和《林业发展"十二五"规划》，明确了今后一个时期林业生态建设的目标任务。继续实施退耕还林、"三北"和长江重点防护林工程，推进京津风沙源治理工程和石漠化综合治理工程，开展珠江、太行山等防护林体系和平原绿化建设，启动天保二期工程。扩大森林抚育补贴规模，组织开展各类森林经营试点示范建设。印发了《森林抚育作业设计规定》、《中央财政森林抚育补贴政策成效监测办法》和《森林经营方案编制与实施规范》等相关技术方案。2011年，全国共完成造林面积 599.66 万公顷，中幼龄林抚育面积 733.45 万公顷，完成低产低效林改造面积 78.88 万公顷，义务植树 25.14 亿株；城市绿地面积达 224.29 万公顷，城市人均公园绿地面积、建成区绿地率和绿化覆盖率 3 项绿化指标分别达到 11.80 平方米、35.27% 和 39.22%。

草原、湿地方面：草原和湿地是 CO_2 的天然吸收器，中国在这方面做出了重要贡献。2011 年，共完成草原围栏建设 450.4 万公顷，严重退化草原补播 145.9 万公顷，人工饲草地建植 4.7 万公顷，京津风沙源草地治理 9.1 万公顷。2012年，已完成内蒙古、西藏、四川、甘肃等 9 个省、自治区退牧还草工程，草原围栏建设 440.4 万公顷，严重退化草原补播 140.1 万公顷，人工饲草地建植 5.5 万公顷，京津风沙源草地治理 3.4 万公顷。湿地碳汇方面，2011 年全国新增湿地保护面积 33 万公顷，恢复湿地 2.3 万公顷，湿地储碳功能进一步增强。[①]

废弃物管理方面：回收垃圾填埋气，垃圾焚烧发电，为有机废弃物进行堆肥，污水处理及污泥利用，对废物进行回收及尽量减少废弃物，等等。废弃物是碳排放的来源之一，同时，废弃物的循环利用是一笔不小的再生资源，废弃物循环利用，可以减少碳排放、保护环境、生产可再生资源，是利国利民多赢的事业。中国已经在这方面做了大量的工作，比如，选择 16 个城市继续开展

---

① 国家发展和改革委员会：《中国应对气候变化的政策与行动 2012 年度报告》，2012 年 11 月。

第二批餐厨废弃物资源化利用和无害化处理试点，在 12 个地区开展了工业固体废物综合利用基地建设。[①]

（三） 新能源产业发展是国家发展战略

新能源又称非常规能源，是指传统能源之外的各种能源形式，如太阳能、地热能、风能、海洋能、生物质能和核能等。世界各国政府在寻求新的经济增长点的过程中，都对新能源产业给予了高度关注和肯定，并将新能源利用和新能源产业的发展纳入国家发展战略中。世界各国都把新能源发展提升到前所未有的高度，据国际能源署不完全统计，已有 50 多个国家和地区制定了激励政策。美国投入 1500 亿美元发展新能源，计划用 3 年时间使新能源产量增加 1 倍，到 2012 年，使新能源发电在总发电中的比例提高到 10%，2025 年这一比例将增至 25%。在日本经济产业省制定的最新计划中，到 2030 年，风力、太阳能、水力、生物质能和地热等的发电量将占日本总用电量的 20%。德国表示，未来在德国新能源领域就业人数要超过汽车领域就业人数。

中国把新能源放在战略地位，加强新能源的技术研发，大力增加对新能源产业的投资。国家能源局组织制定了《可再生能源发展"十二五"规划》和水电、风电、太阳能、生物质能 4 个专题规划，提出了到 2015 年中国可再生能源发展的总体目标、主要措施等。组织实施了 108 个绿色能源示范县、35 个可再生能源建筑规模化应用示范城市及 97 个示范县建设试点，组织开展风电、太阳能、生物质能、页岩气等专项规划，以及上海等 5 个城市电动汽车充电设施发展规划等专项规划的制定。2011 年发布了 372 项能源行业标准，下达了 633 项制（修）订计划，涵盖了包括核电、新能源和可再生能源在内的主要能源领域；筹建生物燃料行业标准化管理体系，加快生物燃料产能建设。2011 年，全部非化石能源利用量约为 2.83 亿吨，在能源消费总量中占 8.1%；全国非化石能源发电装机占全部发电装机的比例达 27.7%，非化石能源比例较 2005 年提高 3.4 个百分点。[②]

（四） 化石能源清洁使用

各种可再生能源的发展在相当一段时间都有自己的局限性，供给规模增长有限。据国际能源机构预测，未来 25 年，世界能源需求将增加 45%，2030 年

---

①② 国家发展和改革委员会：《中国应对气候变化的政策与行动 2012 年度报告》，2012 年 11 月。

全球煤炭用量将增加 61% 。从现在到 2025 年，煤炭需求量将超过天然气、核能、水电、太阳能和风电消费量的总和。目前中国的状况是：80% 的 CO_2 排放来自燃煤，超过 50% 的煤炭消费用于火力发电，火力发电量占到总发电量的 70% 以上，目前煤炭发电平均效率只有 35% 。所以，提高传统能源的使用效率和清洁使用是低碳经济发展的重要内容。

化石能源的清洁使用有两种主要方式：一是洁净煤技术，即燃烧前处理；二是燃烧后气体的吸收与存储，即碳捕捉与碳存储技术。其中，煤炭洁净技术大约可减少 5% 的 CO_2 排放，并且相关技术已在欧美开发成功并投入商业化运作。

中国也在加快推动常规化石能源生产和利用方式变革和清洁高效发展，发布了《天然气发展"十二五"规划》和《关于发展天然气分布式能源的指导意见》，提出了"十二五"期间的发展目标和重点任务。在发布实施的《煤炭工业发展"十二五"规划》中，将大力发展洁净煤技术、促进煤炭高效清洁利用作为"十二五"煤炭工业发展的重点任务之一，加快高参数、大容量清洁燃煤机组、燃气电站建设。全国在运百万 kW 超临界燃煤机组达到 40 台，数量居世界第一，30 万 kW 及以上火电机组占全部火电机组容量的 74.4%。进一步加大非常规能源开发力度，组织制定了《页岩气发展规划（2011 ~ 2015 年)》，提出到 2015 年基本完成全国页岩气资源潜力调查与评价，初步掌握页岩气资源潜力与分布，到 2015 年页岩气产量达 65 亿立方米的发展目标。组织制定了《煤层气（煤矿瓦斯）开发利用"十二五"规划》，提出 2015 年煤层气（煤矿瓦斯）产量达到 300 亿立方米，瓦斯发电装机容量超过 285 万 kW，民用超过 320 万户，新增煤层气探明地质储量 1 万亿立方米的发展目标。[①]

碳捕捉与碳存储技术还存在成本过高等问题，世界少数国家以试点的方式在试用，目前尚不具备大规模商用条件。

（五）传统能源高效率使用

传统能源的高效率使用涉及生产和消费各个环节。通过淘汰高耗能的落后产能（比如小火电、技术落后的水泥和焦化等）、重点领域（比如电力、热力、建筑、照明）的节能降耗、推广节能产品（比如冰箱、空调、热水器、

---

① 国家发展和改革委员会：《中国应对气候变化的政策与行动 2012 年度报告》，2012 年 11 月。

电机、新能源汽车等）的使用等，提高传统能源的使用效率，减少 CO_2 排放。以中国为例，2006~2008年，通过提高传统能源的使用效率，单位 GDP 能耗累计下降了 10.1%，节约能源约 2.9 亿吨标准煤，相当于减少 CO_2 排放 6.7 亿吨。

中国高度重视通过传统能源的高效率使用推动低碳经济发展，做了大量工作：（1）加强节能考核和管理。国务院印发了《"十二五"节能减排综合性工作方案》，分解下达"十二五"节能目标，实施地区目标考核与行业目标相结合、落实五年目标与完成年度目标相结合、年度目标考核与进度跟踪相结合，并按季度发布各地区节能目标完成情况晴雨表。工业和信息化部发布了《工业节能"十二五"规划》；住房城乡建设部发布了《关于落实〈国务院关于印发"十二五"节能减排综合性工作方案的通知〉的实施方案》、《"十二五"建筑节能专项规划》和《关于加快推动中国绿色建筑发展的实施意见》；交通运输部发布了《关于公路水路交通运输行业落实国务院"十二五"节能减排综合性工作方案的实施意见》及部门分工方案，印发了《交通运输行业"十二五"控制温室气体排放工作方案》；国务院机关事务管理局发布了《公共机构节能"十二五"规划》。（2）进一步完善节能标准。截止2011年底，国家质检总局、国家发展改革委累计出台的高耗能产品能耗限额强制性国家标准达到28项。工业和信息化部、交通运输部等有关部门组织开展若干重点行业、重点产品强制性能耗限额标准以及内燃机等工业通用设备能效标准制定和修订工作；组织22项行业标准立项，复审209项节能标准；抽查重点用能行业单位产品能耗限额标准执行情况和高耗能落后机电设备（产品）淘汰情况；废止道路运输车辆燃料消耗量过渡期车型表，截至2012年6月底，累计发布19批达标车型表，发布达标车型近2万多个，新购营运车辆开始全面执行燃料消耗量限值标准，批准发布《汽车驾驶节能操作规范》等5项行业标准。（3）推进工业企业能源管理中心建设，开展工业能耗在线监测试点，组织制订工业能效提升计划和电机能效提升计划，提出工业能效提升路线图和低能效电机淘汰路线图，2011年全年共推广节能电机200多万kW。（4）实施节能产品惠民工程，推广使用节能产品。2011年全国共推广高效节能空调1826多万台、节能灯1.5亿只、节能汽车400多万辆。（5）实施重点节能改造工程。国家发展改革委组织实施了锅炉（窑炉）改造、电机系统节能、节约和替代石油、能量系统优化、余热余压利用、建筑节能、绿色照明等重点节能改造工程。发布了《中国逐步淘汰白炽灯路线图》，决定从2012年10月1日起逐步禁止进口和销售普通照明白炽灯。2011 年新增节能建筑面积 13.9 亿平方米，完成北方 15 个省（区、市）既有居住建筑供热计量及建筑节能改造面积 1.4 亿立方米；天津等 10 个低碳交通运输体系建设第一批城市试点继续推进，启动了北京等 16 个低碳交通运输体系建设第二批城市。2011 年通过重点节能改造工程建设，可形成 1700 多万吨标准煤的节能能力。（6）推广合同能源管理。国家发展改革委公布了第二、第三批共 1273 家通过备案的节能服务公司名单。全国多个地方省、市、自治区相继出台合同能源管理项目专项扶持政策。合同能源管理涉及领域从以工业为主，发展到覆盖工业、建筑、交通和公共机构等多个领域。2011 年全国节能服务产业产值达到 1250 亿元，同比增长 49.5%，节能服务公司共实施合同能源管理项目 4000 多个，投资额 412 亿元，同比增长 43.5%，实现节能量 1600 多万吨标准煤。①

（六）低碳技术是引擎

上述五个方面的特征突出地表明，低碳经济发展依赖于低碳技术。如果把低碳经济比喻为一台汽车，低碳技术就是它的发动机，为低碳经济发展提供动力源泉。没有可行的低碳技术创新，产业低碳化发展、新能源的发展、节能减排都无从谈起。从这个意义上说，低碳经济发展模式是建立在低碳技术体系基础之上的发展模式，低碳经济发展模式需要更大规模的物质资本和专业化的人力资本投入。正因为如此，低碳经济与传统的高碳经济相比，在其发展初期，成本高，经济效益低，但是生态效益优于传统的高碳经济。在市场经济条件下，市场竞争的优势是经济效益，是成本和收益之间差距的大小，而竞争的核心是技术，因此，发展低碳经济，一定要注重低成本高效益的低碳技术的研发。

中国正加快低碳技术研发、应用及推广。积极推进采用节能技术，国家发展改革委牵头发布了第四批《国家重点节能技术推广目录》，公布煤炭、电力、钢铁等 13 个行业的 22 项节能技术；工业和信息化部下发了《关于开展重点用能行业能效水平对标达标活动的通知》，指导各地深入开展能效水平对标达标，实施重点企业节能技术改造，积极推广先进节能生产工艺；编制完成钢铁、石化、有色、建材等 11 个重点行业节能减排先进适用技术目录、应用案例和技术指南，涉及 600 多项节能技术；国家发展改革委组织启动"国家低碳

---

① 国家发展和改革委员会：《中国应对气候变化的政策与行动 2012 年度报告》，2012 年 11 月。

技术创新和产业化示范工程"首批项目，批复了钢铁、有色、石化3个行业共20个示范工程；2011～2012年度，能源领域安排科技计划项目共计59项，国拨经费总计27.4亿元；制定发布能源科技、洁净煤高效转化、风力发电等科技发展专项规划，发布了第四批《国家重点节能技术推广目录》；水泥行业内有950条生产线配套建成余热发电站，年可节约1125万吨标准煤；完成了5批《节能与新能源汽车示范推广应用工程推荐车型目录》的审定工作。试点推进绿色汽车维修技术，开展高速公路运营节能技术应用与示范工程；"金太阳示范工程"项目已累计支持光伏发电项目343个，总装机容量约1300MW；开展海洋波浪能、潮汐能等海洋能开发利用关键技术研究与产业化示范。开展海洋生物固碳监测试点和海底碳封存技术研究试验；科技部启动了30万吨煤制油工程高浓度CO_2捕集与地质封存技术开发及示范、高炉炼铁CO_2减排与利用关键技术开发和3.5万kW富氧燃烧碳捕获关键技术、装备研发及工程示范等项目，并部署了大规模燃煤电厂烟气CO_2捕集、驱油及封存技术开发及应用等示范项目。[①]

（七）以碳金融为核心的绿色金融是驱动力

由于低碳经济发展模式需要较大规模的资金和技术支持，绿色金融的作用显得十分重要。绿色金融是指金融部门在投融资决策中考虑潜在的环境影响，把与环境条件相关的潜在的回报、风险和成本融合进日常业务中，在金融经营活动中注重对生态环境的保护以及环境污染的治理，通过投融资对社会经济资源的引导，促进社会的可持续发展。

绿色金融在企业贷款方面有一个著名的"赤道原则"，是世界银行下属的国际金融公司和荷兰银行2002年在伦敦召开的国际知名商业银行会议上提出的一项企业贷款准则。这项准则要求金融机构在向项目投资时，要对项目可能产生的环境和社会影响进行综合评估，并且利用金融杠杆促进该项目在环境保护及周围社会和谐发展方面发挥积极作用。"赤道原则"已经成为国际项目融资的一个新标准，全球已有60多家金融机构宣布采纳"赤道原则"，其项目融资额约占全球项目融资总额的85%。那些采纳了"赤道原则"的银行又被称为"赤道银行"。

在低碳发展模式中，作为绿色金融的核心是碳金融。所谓碳金融，是指低

---

① 国家发展和改革委员会：《中国应对气候变化的政策与行动2012年度报告》，2012年11月。

碳经济投融资活动，或称碳融资和碳物质的买卖，即服务于限制温室气体排放等技术和项目的直接投融资、碳排放权交易和银行贷款等的金融活动。已经有效运行多年的国际碳交易市场为碳排放权交易提供了交易平台，通过金融市场发现价格的功能，调整不同经济主体利益，支持低碳技术发展，鼓励和引导产业结构优化升级和经济增长方式的转变，有效分配和使用环境资源，落实节能减排和环境保护。

中国也已经启动了碳排放交易试点建立自愿减排交易机制。2012 年 6 月，国家发展改革委出台《温室气体自愿减排交易管理暂行办法》，确立自愿减排交易机制的基本管理框架、交易流程和监管办法，建立交易登记注册系统和信息发布制度，鼓励基于项目的温室气体自愿减排交易，保障有关交易活动有序开展。2011 年，国家发展改革委在北京市、天津市、上海市、重庆市、湖北省、广东省及深圳市启动碳排放权交易试点工作。各试点地区着手研究制定碳排放权交易试点管理办法，明确试点的基本规则；测算并确定本地区温室气体排放总量控制目标，研究制定温室气体排放指标分配方案；建立本地区碳排放权交易监管体系和登记注册系统，培育和建设交易平台，做好碳排放权交易试点支撑体系建设。北京市、上海市、广东省分别在 2012 年 3 月 28 日、8 月 16 日和 9 月 11 日启动了碳排放权交易试点。①

以碳金融为核心的绿色金融为低碳经济发展提供各种驱动，保证低碳经济发动机引擎（低碳技术）的正常高效运转。

（八）推动绿色就业

绿色就业是指，由于实行绿色经济，使用清洁能源而新产生的就业。绿色就业可以分成两个部分：直接就业与引致就业。直接就业是指由于实行绿色经济与清洁能源利用而直接产生的就业机会。引致就业是指由于实施绿色经济与清洁能源利用而产生的配套产业所产生的就业机会。

和低碳经济紧密相关的绿色就业领域包括：可再生能源、绿色建筑（提高建筑的能源使用效率）、绿色交通（发展公交、轨道交通）、废弃物回收、低碳科技服务等。比如，仅就可再生能源领域看，据联合国环境署（UNEP）统计，全世界就有近 233 万余人在该领域就业。如果按照现在的增长速度持续，到 2030 年，将有 210 万人在风能领域工作，630 万人在太阳能领域工作，

---

① 国家发展和改革委员会：《中国应对气候变化的政策与行动 2012 年度报告》，2012 年 11 月。

1200 万人在生物能源相关的农业和工业领域工作。低碳经济发展，会不断地提供出越来越多的绿色就业岗位，推动经济增长。

（九）激励低碳发展的政策纳入国家促进经济社会发展的政策框架之中

低碳经济发展模式对低碳技术创新、物质资本和人力资本大规模投入的要求意味着，需要建立适当的和有效的激励机制。除了市场机制激励之外，政府的政策激励不可或缺。

政府可以通过对碳排放征税或收取费用，约束碳排放，通过财政投入，比如提供补贴和减免税收等财政刺激政策，促进低碳技术创新、鼓励投资、降低成本。通过制定规章和标准限制排放量。在低碳经济发展模式中，政府激励低碳发展的政策不是作为单独的环境保护类政策，而是逐步纳入国家的促进经济社会发展的政策框架之中。

中国目前还处于把政府激励低碳发展的政策作为单独的环境保护类政策阶段，不断推出财税激励政策。工业和信息化部联合有关部门发布了两批《关于节约能源使用新能源车辆减免车船税的车型目录》，对节能车船和新能源车船实行车船税减免。财政部、交通运输部设立了交通运输节能减排专项资金，2011 年和 2012 年对 402 个申报项目给予了补助，形成 CO_2 减排量 183.7 万吨；海洋局设立海岛保护专项资金，共支持地方开展海岛保护项目 15 个，经费约 2 亿元；农业部投入 43 亿元引导地方政府加大对沼气利用的补助力度，2011 年沼气用户达 4100 万户，形成 CO_2 减排量 6000 万吨；2011 年国务院安排 136 亿元财政资金在内蒙古、西藏、新疆、甘肃等 9 个省和自治区实施了草原生态保护补助奖励机制政策，享受到补助奖励政策的农牧民达到 1056.7 万户。2012 年补助奖励机制政策范围扩大到河北、山西等 5 个省的牧区和半牧区；林业局扩大造林补贴和森林抚育补贴规模，其中森林抚育补贴财政试点资金超过 50 亿元。[①]

---

① 国家发展和改革委员会：《中国应对气候变化的政策与行动 2012 年度报告》，2012 年 11 月。

第三节　低碳产业：低碳经济发展的核心

在任何一种经济发展方式下，产业都是国民经济的重要组成部分和国民经济增长的推动力。同样，低碳产业也是低碳经济发展的核心，是低碳经济发展方式下经济增长的推动力。低碳产业与高碳产业相区别，有其自己特定的含义、基本特征和发展路径。

 低碳产业含义及分类

由于对低碳产业理解的角度不同，对低碳产业有各种不同的分类。英国政府发布的低碳和环保产品与服务产业分析报告中将新兴低碳产业、可再生能源产业和传统环保产业进行比较，其中，新兴低碳产业里面包括替代燃料行业、汽车替代燃料行业和建筑节能技术行业。美国没有单独提出低碳产业，而是将低碳产业的内容包含在环保产业当中，分为三个门类：污染治理、清洁能源与技术和能源管理。[①] 还有根据技术标准分类，将低碳产业概括为新能源产业，工业、建筑、交通等主要部门的低碳化改造产业。[②]

从把低碳经济作为一种实现可持续发展的经济发展方式视角看，低碳经济要以产业部门的低碳发展为基础，本书认为，低碳产业是指以低能耗和 CO_2 减排为基础的产业。所以，低碳产业是一个广义概念，涉及传统产业中的电力、交通、建筑、冶金、化工、石化等部门的低碳化改造和以低能耗以及 CO_2 减排为基础的可再生能源、新能源、煤的高效清洁利用、油气资源及煤层气的勘探开发、农业、林业、废水和废弃物处理利用等各个领域，几乎涵盖了 GDP 的所有支柱产业，并且还包括为低碳技术行业服务的上下游产业。狭义讲，目前公认的低碳产业主要有：环保产业、节能产业、减排产业及清洁能源产业，重点涉及的有污水及固体废弃物处理、余热回收发电、混合动力汽车、清洁燃煤、新能源开发利用、智能电网利用等产业，这些重点产业将是今后相当一段

[①]　崔奕、郝寿义、陈妍：《低碳经济背景下看低碳产业发展方向》，载于《生态经济》，2010 年第 6 期。

[②]　中国人民大学气候变化与低碳经济研究所：《中国低碳经济年度发展报告（2011）》，石油工业出版社 2011 年版。

时期低碳经济发展的新热点。

发展低碳经济，就产业部门而言，不仅仅涉及狭义的低碳产业，低碳发展，不仅要关注狭义的低碳产业，也要关注传统的高碳产业的低碳化改造，特别是发展中国家正处于工业化中期阶段，传统的高碳产业还有较大规模的发展，因此传统的高碳产业低碳化改造尤为重要，发展中国家做好这项工作，将为世界低碳发展做出重大贡献。中国作为处于工业化中期的发展中国家，因工业规模不断扩张使 CO_2 排放量不断增加，虽然在一些行业能耗强度下降使 CO_2 排放量下降，但是仍然有不少行业因能耗强度较高，带来 CO_2 排放量的增加，说明中国发展低碳经济，高耗能产业的低碳化非常重要，而且有很大的潜力，为了降低单位 GDP 的 CO_2 排放量，要更加关注工业部门中高碳产业的节能减排。

低碳产业特征

低碳产业是近些年提出的新概念，在实际经济活动中，伴随着低碳经济的发展，低碳产业无论从内容上还是从理论上都还会有许多变化。根据目前的发展状况和认识，可以对低碳产业特征做如下描述。

首先，产业领域多元化。低碳产业可能产生于传统的工业、能源、交通和建筑等部门，以提供提高能效和低 CO_2 排放量的产品、设备和节能服务为主业，主要目的是使高碳产业低碳化。低碳产业也可能独立于传统行业，比如，以可再生能源和新能源为核心的新兴产业。还有一些低碳产业则是由减排机制和减排项目对技术及资金的需求催生出的全新的低碳服务产业，比如，为碳交易提供的服务和不断推出的碳金融产品。

其次，具有明显的规模经济。低碳技术的研发需要大量的投资，低碳产业规模小时消化低碳技术成本的能力弱，低碳技术成本高。使用传统化石能源的高碳技术是成熟技术，有通过大规模生产消化技术成本的能力，因此，在低碳产业规模小的时候，低碳技术成本远高于高碳技术成本。但是，由于低碳产业发展前景广阔，随着低碳技术使用规模的增加，低碳技术成本将逐渐下降，所以，低碳产业具有明显的规模经济。

最后，低碳产业产业化的核心是低碳技术。以低碳技术为核心，构建产业链，产业链上众多企业的加入，便形成低碳产业的产业化。例如，风电产业化，其核心是风力发电设备的生产技术，以不断创新的技术为核心，构建起从技术研发到设备生产，再到设备维修管理、电力存储、风电上网等一系列紧密相关的产业链，形成风电产业化。

低碳产业发展的基本路径

低碳产业要在提供所需要的专业生产要素、构建创新体系、产业集群、政府资金和政策支持方面同时推进，才能使低碳产业发展，并且形成竞争力，进而成为新的经济发展极。

（一）创造低碳产业发展需要的专业生产要素

无论什么类型的产业发展，生产要素都由劳动力、物质资本、人力资本、自然资源和技术条件构成。把这些生产要素具体化并归类，可以有生产要素的结构，主要包括人力资源、资本资源、自然资源、知识资源、基础设施等。从生产要素的结构看，低碳产业发展所需要的生产要素的结构有别于传统产业类型，区别主要不在于生产要素结构的内容，而是在于生产要素的性质和水平。

首先，从生产要素的性质看，低碳产业需要专业的适应低碳产业发展的生产要素，如低碳技术型人才、专业化的基础设施和设备、专业知识等。对专业的生产要素的需要在狭义的低碳产业中体现得尤为突出。发展低碳产业，创造其所需要的专业生产要素是首要的条件。

其次，从生产要素的水平看，提高适应低碳产业发展的专业生产要素的水平，是提升低碳产业竞争力的关键，这需要通过长期投资，使专业生产要素向高级化发展。支撑其向高级化发展的途径主要是大学的相关专业和研究机构对低碳技术型人才的培养、先进的低碳知识的生产、技术研发等。

（二）构建低碳产业创新体系

发展低碳产业的基础是低碳技术创新。低碳产业创新体系包括低碳知识创新、低碳技术创新、低碳的管理制度创新，高效的低碳产业创新体系是低碳产业发展的基础。

低碳产业创新体系的构建要以保持和提高低碳产业的竞争力为目标，以低碳产业技术的创新、扩散和利用为核心。构建低碳产业创新体系，一是要在大学建立专门生产低碳专业知识和培养技术型人才的专业；二是建立专门的低碳技术研究机构，培养低碳技术识别和研发能力；三是在低碳产业创新系统内，特别是研发体系中，构建合理的分工协作体系，加强与学校等科研机构合作；四是特别突出政策和制度对低碳技术研发的保障与调节功能；五是有效利用碳交易机制和银行贷款等金融活动吸引投资，激励低碳技术创新。

（三）推动低碳产业集群的形成

产业集群是指在特定区域中，具有竞争与合作关系，且在地理上集中，有交互关联性的企业、专业化供应商、服务供应商、金融机构、相关产业的厂商及其他相关机构等组成的群体，代表着介于市场和等级制之间的一种新的空间经济组织形式。产业集群强调产业之间的紧密联系，在集群产业内部，企业之间具有某个或某几个显著的产业特征相联结，产业内部企业之间实行专业分工。如电器产业集群就是在配件生产、成品装配和销售之间构筑起一条产业链。产业集群内部还围绕产业链形成一些服务性机构和行业组织等。工业园区为产业集群形成提供了空间，能否形成产业聚集则要看企业之间的联系状况。

低碳产业集群是指低碳产业、相关产业及支持性产业在一定区域内聚集。相关产业是指与低碳产业因共用某些技术、共享同样的营销渠道或服务而联系在一起的产业或者与低碳产业具有互补性的产业。支持性产业主要是指为低碳产业提供原材料、零部件、机械设备等上游产业，如风电产业集群，太阳能产业集群等。

增长极理论认为，在地理空间上经济增长不是均匀地发生的，它以不同强度呈点状分布，通过各种渠道影响区域经济，把推动性工业嵌入某地区后，将形成集聚经济，产生增长中心，进而推动整个区域经济的增长。因此，低碳产业要在一定区域内成为新的增长极，需要以推动性低碳产业和低碳技术为核心，推动低碳产业集群的形成。

（四）政府的政策和资金支持

政府有关机构和部门，根据区域的自然、经济、社会条件，制定区域经济发展计划，以工业园区为载体，通过政策引导和激励，促进相关低碳产业在一定区域内聚集。

政府可以通过直接投资于支持低碳产业发展的相关研发项目，并发挥投资的杠杆和拉动作用，促进研发成果的转化和推广。例如，英国 2009 年财政预算案宣布了 4.05 亿英镑的资金计划，用以支持英国发展世界领先的低碳能源产业和绿色制造产业，主要目的是支持开发低碳技术，如风能、海洋能，并帮助吸引和保护英国低碳产业供应链上的投资。①

另外，可以通过政府采购向私营部门提供直接的资金来源，如政府对节能设备采购、节水设备采购、低排量汽车甚至混合动力车和电动车采购。

㈣ 产业部门的低碳发展将成为经济新的发展极

产业部门的低碳发展催生出新能源、节能环保、电动汽车、新材料、新医药、生物育种和信息产业等一系列新兴产业，这些产业在技术上具有非常强的创新性，其技术创新会在一定的经济空间中产生出"支配效应"和"扩散效应"，使与其相关的前后和旁侧产业从中获得利益、发展动力和投资增长，有效地带动经济增长；工业中的高碳行业的低碳化改造具有非常强的向前和向后的关联效应，向前影响到能源、矿产资源产业，向后影响到加工业、交通运输业和建筑产业。因此，产业部门的低碳发展无论是从增长速度、技术进步和创新，还是从其所产生出"支配效应"、"扩散效应"看，都会形成新的拉动经济增长的增长极，进而成为促进经济发展的新发展极。

新能源发展的一个较为典型的事例是，在 2011 年 3 月日本福岛核灾难事件后，日本开始向发展可再生能源倾斜。根据 2012 年 7 月生效的一项法律，各地电力公司在一定期间内，有义务以国家制定的单价（固定价格）购买利用可再生能源企业发的电，长期保护性单价为 42 日元（1 美元约合 80 日元）每 kWh，期限大约为 20 年。这一价格几乎是东京居民支付电价的两倍。尽管日本有些地区每天日照时间只有 6 个小时，但是，这种可再生能源发电价格促使投资者大量投资太阳能发电行业。另外，随着日本农村人口减少，工厂纷纷转移海外，在经济发展相对乐观时指定用于工业开发的土地被闲置，可以用来建太阳能发电站。根据日本法律，太阳能项目通常不需要进行耗费时间的环境评估，花不到一年的时间就能建成。这就使得投资太阳能项目的风险比投资风力发电的风险要小，而且建风力发电站的审批手续更耗时。到 2012 年 10 月底，日本政府根据新法律批准了装机容量为 25.6 亿瓦特的可再生能源项目。这超出了政府确定的在截至 2013 年 3 月的一年里达到 25 亿瓦特的目标，在可再生能源总装机量中，87% 为太阳能发电。地方政府还希望吸引投资者来发展与太阳能有关的行业，这除了能为地方政府带来税收，给

---

① 何继军：《英国低碳产业支持策略及对中国的启示》，载于《金融发展研究》，2009 年第 3 期。

土地拥有者带来租金，太阳能项目投资还可以给一些难得有新机会的地方创造就业机会。[①]

对于中国这样的发展中国家来说，发展低碳经济，节能减排是核心工作，中国非常重视节能减排工作，2011 年国务院发布了《"十二五"节能减排综合性工作方案》，提出调整能源结构，加快发展天然气，因地制宜大力发展风能、太阳能、生物质能、地热能等可再生能源。到 2015 年，非化石能源占一次能源消费总量比重达到 11.4% 。实施节能重点工程有实施锅炉窑炉改造、电机系统节能、能量系统优化、余热余压利用、节约替代石油、建筑节能、绿色照明等节能改造工程，以及节能技术产业化示范工程、节能产品惠民工程、合同能源管理推广工程和节能能力建设工程。到 2015 年，工业锅炉、窑炉平均运行效率比 2010 年分别提高 5 个和 2 个百分点，电机系统运行效率提高 2 ~ 3 个百分点，新增余热余压发电能力 2000 万 kW，等等。在电力节能方面提出在"十二五"时期形成 3 亿吨标准煤的节能能力。改革发电调度方式，电网企业要按照节能、经济的原则，优先调度水电、风电、太阳能发电、核电，以及余热余压、煤层气、填埋气、煤矸石和垃圾等发电上网，优先安排节能、环保、高效火电机组发电上网。

中国将新能源产业列为国家加快培育和发展的七大战略性新兴产业之一，明确提出到 2020 年要将新能源产业发展成为中国国民经济的先导产业。

中国国内太阳能产品市场潜力巨大。2010 年 3 月，财政部、住房和城乡建设部出台了《关于加快推进太阳能光电建筑应用的实施意见》，之后又推出"金太阳计划"，决定综合采取财政补助、科技支持和市场拉动方式，加快国内光伏发电的产业化和规模化发展。财政部、科技部、国家能源局计划在 2 ~ 3 年内，投入约 100 亿元财政资金采取财政补助方式支持不低于 500MW 的光伏发电示范项目。2011 年 8 月 1 日，国家发改委又发布了《关于完善太阳能光伏发电上网电价政策的通知》，通知明确规定 2011 年 7 月 1 日以后核准批建的光伏项目，上网电价分别为 1.15 元/kwh 和 1 元/kwh，这对于启动国内光伏市场有重要意义。

在自然界中，风是一种可再生、无污染而且储量巨大的能源，主要用于发电。风电行业的发展始于 1973 年的石油危机，美国、西欧等发达国家为寻求

---

① 《日本人建太阳能发电站赚钱》，发表于《参考消息》，2012 年 12 月 3 日，第 4 版。

替代化石燃料的能源，投入大量经费，用新技术研制现代风力发电机组，20
世纪80年代开始建立示范风电场，成为电网新电源。至2011年6月底，全球
风电装机容量达到21.5万MW，2011年的前6个月就新增18405MW，比2010
年上半年增长15%。目前，位居前五位的风电市场是中国、美国、德国、西
班牙和印度，五国占全球风电装机容量74%。

欧洲风电市场走向复苏，大部分欧洲国家风电装机在2011年上半年比
2010年有较强劲的增长：德国新增能力766MW，总计达到27981MW；西班牙
是484MW，总计21150MW；意大利460MW，总计620MW；法国400MW，总
计6060MW；英国504MW，总计5707MW；葡萄牙260MW，总计3960MW。

2011年1~6月，美国市场增加2252MW，同比增长约90%，但比2010年
增长缓慢。根据美国风能协会"2011年美国风电产业第二季度市场报告"，截
至2011年7月1日，美国还有一个正在建设中的7354MW装机容量，包括在
美国俄勒冈州845MW，加利福尼亚州的802MW，俄克拉荷马州769MW，爱荷
华州的619MW，伊利诺伊州611MW，科罗拉多州的501MW和得克萨斯州
492MW。加拿大的增长较为强劲，2011年上半年安装了603MW，安大略省增
长最强劲，这主要得益于绿色能源法案的推动。

根据《中国风电发展报告2011》显示，欧盟有望在2015年将风电装机容
量提高至150~180GW，平均年增速在12%左右；印度政府也希望将可再生能
源占所有装机容量的比例提升到35%。从全球范围来看，全球各地都显示出
对于可再生能源的需要和渴望。据丹麦BTM（Consult Aps – A part of Navigant
Consulting）咨询公司预测，全球风电年新增装机平均增速将保持在10%~
15%，全球每年新增装机会从目前的39.5GW增至2015年的81GW，累计增速
达20.7%。

中国国家发展改革委能源研究所2011年10月19日发布了《中国风电发
展路线图2050》（以下简称《路线图》）。① 《路线图》描绘了未来风电发展三
个阶段的战略目标。第一阶段，从2011~2020年，风电发展以陆上风电为主、
近海（潮间带）风电示范为辅，每年风电新增装机达到1500万KW，累计装
机达到2亿KW，风电占电力总装机的10%，风电电量满足5%的电力需求；
第二阶段，从2021~2030年，在不考虑跨省区输电成本的前提下，风电的成

---

① "2050年中国风电累计装机可达10亿千瓦"，见21世纪网，2011年10月20日（http://
www.21cbh.com/HTML/2011–10–20/0ONDE3XzM3MzI0OQ.html）。

本低于煤电，风电的发展重点是陆海并重，每年新增装机在 2000 万 kW 左右，累计装机达到 4 亿 kW，在全国发电中的比例达到 8.4%，在电源结构中的比例扩大到 15% 左右；第三阶段，2031～2050 年，实现东中西部陆上风电和海上风电的全面发展，年新增装机 3000 万 kW，占全国新增装机的一半左右，风电装机总量达 10 亿 kW，在电源结构中占 26%，风电成为中国主力电源之一。根据上述战略布局，到 2050 年风电开发当年投资可达 4276 亿元，2011～2050 年，累计投资可达 12 万亿元。《路线图》特别强调，陆上风电与煤电的比较，如果考虑跨省区输电成本，风电的成本将仍高于煤电，若考虑煤电的资源环境成本，风电的全成本将低于煤电的全成本。和煤电相比，风电的社会环境效益非常明显，从温室气体减排的角度看，未来三个阶段的发展目标对应的减排量分别为 3 亿吨、6 亿吨和 15 亿吨，风电带来的就业岗位达到 72 万人。

总之，产业部门的低碳发展前景广阔，无论是高碳产业低碳化改造，还是新能源产业发展，都会带来相关产业部门的发展和就业，形成增长极，而其所带来的节约不可再生能源的节约和 CO_2 及其他污染物排放的减少，将会形成促进经济可持续发展的新的发展极。

第四节 低碳技术：低碳经济发展的引擎

从已有的低碳产业发展经验看，低碳技术对低碳产业发展起着关键作用，低碳产业必须建立在低碳技术体系基础之上。低碳技术涉及生产生活各领域，大体上可以分为减碳技术、清洁能源技术和去碳技术。

低碳技术内涵及分类[1]

低碳技术是指为实现低碳经济而采取的技术，广义的低碳技术主要包括清洁能源技术、节能减排技术和去碳技术。其中，清洁能源技术具有无碳排放特征，是对化石能源的替代，主要包括风力、太阳能、潮汐、核能等利用技术。节能减排技术主要是指提高化石燃料在内的能源使用效率，尽可能降低碳排放

---

① 这部分内容参考使用了如下著作中的相关内容：中国人民大学气候变化与低碳经济研究所：《低碳经济——中国用行动告诉哥本哈根》，石油工业出版社 2010 年版；中国人民大学气候变化与低碳经济研究所：《中国低碳经济年度发展报告（2011）》，石油工业出版社 2011 年版。

的技术，主要包括高效发光发热技术，高效节能型建筑技术，高效电网传输技术，高效火力、天然气发电技术，热电联产技术、交通节能减排技术等。去碳技术是指以降低大气中碳含量为目的的技术，主要包括 CO_2 零排放化石燃烧发电技术、碳回收与储藏技术等。狭义的低碳技术只是指对化石能源替代的技术，即清洁能源技术。

同低碳产业一样，低碳技术分类也没有统一的看法，根据国际能源机构（International Energy Agency，IEA）年度报告《能源技术展望》的分类逻辑，即按照碳排放与能源关系的维度，将低碳技术分为：能源供应环节的低碳技术、能源使用环节的低碳技术。根据中国的低碳技术发展状况，在能源供应环节的低碳技术方面，主要关注新能源技术；在能源使用环节的低碳技术方面，主要关注节能减排技术。按能源使用领域又可以分为工业、建筑、交通三大领域的节能减排技术。具体分类见表4-3。

表4-3　　　　　　　　　　　低碳技术路线

领域分类	技术分类
新能源	可变可再生能源 （包括风能、光伏发电、径流式水电、波浪能、潮汐能）
	深水海上风力发电
	集中式太阳能发电
	强化地热系统
	氢的生产和基础设施
	第4代核反应堆
	核电站放射性废料处置
工业	融熔还原炼铁
	化工和石化分离膜技术
	纸浆黑液气化
	生物质和废料替代燃料和原料
	工业流程电气化
	CO_2 捕集和封存

领域分类	技术分类
建筑	高效热泵
	太阳能供热
	氢燃料电池热电联供
	高效照明系统
	高效采暖、制冷、通风系统
	高效办公设备
	高效信息技术设备
交通	插电式混合动力汽车
	电动汽车
	氢燃料电池汽车
	用于汽车、船舶、飞机的第二代生物燃料

资料来源：IEA：《能源技术展望》（2010），内容有删减。

 低碳技术的发展及作用[①]

这里根据广义低碳技术内容，介绍减碳技术、清洁能源技术和去碳技术的主要作用。

（一）减碳技术

减碳技术主要是针对传统能源的节能减排的技术，即提高能效的节能减排技术。这类技术涉及的是化石能源的高效率使用和其产品节约使用，范围广，种类多，如超导电网和智能电网技术、煤的清洁高效开发和利用技术、高效发光发热和保温技术、交通节能减排技术等。在国务院发布的《"十二五"节能

[①] 这部分内容参考使用了如下著作的相关内容：熊焰：《低碳之路——重新定义世界和我们的生活》，中国经济出版社 2010 年版；中国人民大学气候变化与低碳经济研究所：《低碳经济——中国用行动告诉哥本哈根》，石油工业出版社 2010 年版；中国人民大学气候变化与低碳经济研究所：《中国低碳经济年度发展报告（2011）》，石油工业出版社 2011 年版；中国人民大学气候变化与低碳经济研究所：《中国低碳经济年度发展报告（2012）》，石油工业出版社 2012 年版。

减排综合性工作方案》中提出，在"十二五"期间，重点推广能量梯级利用、低温余热发电、先进煤气化、高压变频调速、干熄焦、蓄热式加热炉、吸收式热泵供暖、冰蓄冷、高效换热器，以及干法和半干法烟气脱硫、膜生物反应器、选择性催化还原氮氧化物控制等节能减排技术。随着低碳经济的发展，减碳技术种类会日益增加。

关于超导电网技术，其电缆是采用高温超导材料制作的电缆，与传统电缆相比，它具有输电过程中的能量损耗低、输送容量大、体积小、电磁污染少等优点，在相同截面下，输电能力是常规电缆的 3 ~ 5 倍。超导电缆尤其适应中国、美国、俄罗斯和欧盟等幅员广阔的国家。例如，从中国内蒙古到上海，通过传统输电方式至少需要 500 千伏的电压，但是，通过超导电缆可使用 220 伏的电压输送。因此，将国家电网革新提升为超导电网，是全球生产力面临的最伟大的变革之一。

煤的清洁高效开发和利用技术，对传统能源的高效率使用和高碳产业低碳化具有重要意义。目前，重点研究技术有：煤炭高效开采技术及配套装备技术、重型燃气轮机技术、整体煤气化联合循环技术（IGCC）、高参数超临界机组技术、超临界大型循环流化床技术等高效发电技术与装备，以及开发和应用液化及多联产技术，煤液化及煤气化、煤化工等转化技术，以煤气化为基础的多联产系统技术等。

这里重点介绍智能电网技术。国家"十二五"规划纲要中提出要"适应大规模跨区输电和新能源发电并网的要求，加快现代电网体系建设，进一步扩大西电东送规模，完善区域主干电网，发展特高压等大容量、高效率、远距离先进输电技术，依托信息、控制和储能等先进技术，推进智能电网建设"。智能电网即电网的智能化，建立在集成的、高速双向通信网络基础上，通过先进的传感和测量技术、先进的设备技术、先进的控制方法，以及先进的决策支持系统技术的应用，实现电网的可靠、安全、经济、高效、环境友好和使用安全的目标。其基本特征包括自愈、激励和帮助用户抵御攻击，提供满足用户需求的电能质量、允许各种不同发电形式的接入、启动电力市场，以及资产的优化高效运行。智能电网被认为是一种能够有效减少能源依赖，减缓全球温室效应的措施。在美国奥巴马总统宣布振兴经济方案之中纳入智能电网计划后，已经引起世界各国的重视。

根据中国的实际情况，目前和未来一段时间，电网智能化建设选取以构建特高压输电骨架电网建设为主要特色的坚强电网为中国智能电网的主要发展模式。其原因在于：（1）中国能源聚集区与能源需求分布不平衡，中西部能源丰富而东部则是主要的能源需求区，因此必须统筹规划能源资源的优化配置问题。以特高压为骨干网架的坚强智能电网，可以高效地联结大型能源基地与主要的用电区域，更好地保障国家能源供应，促进能源在供应区与需求区之间的优化配置，进而满足经济社会快速发展的需要。（2）中国电网发电主要以煤炭为主，采用特高压骨干网架输变电，可以有效减少输变电过程中电力的损耗，为煤电基地大规模外送提供了可靠高效的输电通道，实现跨区电力高效输送与交易，进而获取良好的经济和环境效益。（3）用坚强智能电网可以通过便捷地接入多种发电方式与储能设备，有效吸纳包括风能、太阳能在内的新能源发电，为大规模开发可再生能源提供基础保障。

中国首条自主研发、设计、建设的世界上运行电压等级最高、技术水平最先进的特高压输电线路，晋东南—南阳—荆门 1000kW 高压交流试验示范工程于 2009 年 1 月 6 日正式投入商业运行，不仅大大增强了华北、华中电网之间的电力交换和资源优化配置能力，而且还实现了节能降耗，取得了经济效益和社会效益双丰收。该工程表明中国已经全面掌握了特高压核心技术和全套设备制造能力，形成了一系列国际标准和国家标准，验证了发展特高压的可行性、安全性、经济性和环保性。这项工程被国际大电网组织誉为"一个伟大的技术成就"和"电力工业发展史上的一个重要里程碑"。

（二）清洁能源技术

清洁能源包括可再生能源和核能。可再生能源是指在自然界中可以不断再生并有规律地得到补充或重复利用的能源，包括太阳能、风能、水能、生物质能、潮汐能、地热能等。清洁能源技术是区别于传统化石能源的针对新能源开发利用的技术，包括核能、太阳能、风能、高空风能、潮汐能、生物质能、地热能等利用技术。清洁能源技术目前仍然面临着或者成本高，或者供电供热不稳定，或者可能存在其他污染环境的因素等问题，还需要在发展过程中不断进行技术创新。这里主要介绍以下几种技术。

1. 太阳能技术

太阳能技术主要包括高性价比太阳能光伏电池技术、太阳能热发电技术、太阳能建筑一体化技术。目前，在国际社会公认的可以大规模开采的新能源中，太阳能因取之不尽、无污染、无运输、无垄断、无采购成本等一系列优点，被誉为最理想的能源，并成为常规能源的最佳替代品。太阳能技术主要包括高性价比太阳能光伏电池技术、太阳能热发电技术和太阳能建筑一体化技术。

太阳能实现光电、光热能量转换主要依靠太阳能电池技术。目前几种主流的太阳能电池技术路线见图 4 - 1，包括晶体硅电池、薄膜电池、聚光太阳能电池。其中，晶体硅电池又分单晶硅电池和多晶硅电池；薄膜电池又分非晶硅薄膜电池（a - Si）、铜铟镓硒 CIGS 电池和碲化镉 CdTe 电池；聚光太阳能技术分为聚光光伏发电（CPV）和聚光光热发电（CSP）。现在大规模应用的是晶体硅电池技术和薄膜电池技术。其中占主流地位的是晶体硅太阳能电池，尽管从技术上考虑晶体硅并非制造太阳能电池的最佳材料，但其在自然界中易于获取，冶炼技术与当代化工、电子工业水平契合得较好。

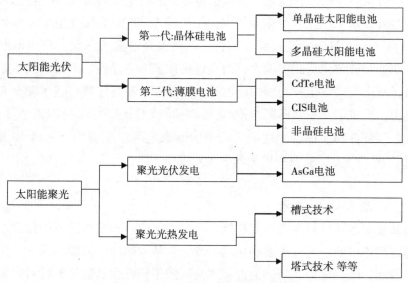

图 4 - 1 主流的太阳能电池技术路线

2. 风电技术

随着接入电网的风力发电机容量的不断增加，电网对其要求越来越高，通常情况下要求发电机组在电网故障出现电压跌落的情况下不脱网运行，即要求风电机组具有一定低电压穿越能力。目前国际上公认的风电场并网的最佳技术方案是柔性直流输电技术。柔性直流输电是以电压源换流器为核心的新一代直流输电技术，其采用最先进的电压源型换流器和全控器件，是常规直流输电技术的换代升级。相比交流输电和常规直流输电，在传输能量的同时，还能灵活地调节与之相连的交流系统电压。具有可控性较好、运行方式灵活、适用场合多等显著优点。另外，由于柔性直流输电不受距离限制，因此也是国外大型远距离海上风电场并网的唯一选择。

2011年1月，甘肃省电力公司承担了国家电网公司"大型集群风电有功智能控制系统"项目的开发研制，结合中国在第一个千万千瓦级风电基地酒泉风电基地建设过程中面临的风电输送等实际技术难题，成功研制开发出"大型集群风电有功智能控制系统"。该系统针对大型集群风电大容量送出与电网安全运行的矛盾，首次实现了电网接纳风电能力的实时评估，然后根据评估结果确定风电最大发电出力，分配并显示各风电场的发电计划，做到了风电智能调度、有功智能控制、风火打捆的协调控制。大型集群风电有功智能控制系统为中国解决风电接入问题初步提供了技术保障，填补了国内空白。

2011年5月，世界首个采用磁浮磁动技术的风力发电试验站在山东省高青县开工建设。这一风电新技术有望实现全风速发电，其设计工作风速为1~12级风，风能转化效率大大提高。由大连磁谷科技研究所有限公司开发的磁浮磁动风力发电技术，从理论上实现了全风速发电，微风即可发电。磁浮磁动风电技术可有效解决现行风力发电机组间歇性、缺乏低电压穿越等功能缺陷。

现代风电机组正在日益向大容量、更高处发展，大容量机组不仅发电量高，而且发电成本较低。在风电技术方面，重点研究低成本规模化开发利用技术，开发大型风力发电设备。总体而言，中国风能发展的技术创新还很薄弱，缺乏有自主知识产权的核心技术，因此，对国外技术依赖很大。政府要推动相关企业与科研院所通力合作，潜心进行基础性研究与前沿技术性研究，并将二者结合起来，以基础性研究支撑核心技术发展。国内相关部门需要对国内的自主创新技术需要政策给予配套、引导、扶持，对拥有核心技术的风能产品要加大扶持力度，促进中国风电产业健康快速发展。

3. 核电技术

核电是清洁高效的能源。核电站使用的燃料是铀。1 kg 铀 –235 全部裂变放出的能量相当于2700吨标准煤燃烧放出的能量。用铀制成的核燃料在一种叫"反应堆"的设备内发生裂变而产生大量热能，再用处于高压力下的水把热能带出，在蒸汽发生器内产生蒸汽，蒸汽推动汽轮机带动发电机旋转，电就源源不断地产生出来。相对于火电而言，核电具有显著的清洁特性。一座百万千瓦的火电站需要260万吨煤，而核电站只需要30吨的铀原料就可以。核电站一年产生的 CO_2 是同等规模燃煤电站排放量的1.6%，核电站不排放二氧化硫、氮氧化物和烟尘。此外，核电发电成本普遍低于燃煤、燃油发电成本。据国际原子能公布的消息，预计到 2030 年全球的核电发电量将在现在基础上增加一倍。

核电发展面临技术瓶颈，即如何解决放射性废物的储存和管理问题。各国也采取了很多措施来处理这个难题。法国人使用先进技术回收这些核废料，在诺曼底海岸建起了一座大规模的工厂，对核废料进行循环回收利用。法国把所有的核废料都运到此，置于水池之中，经过 5 年，等这些物质冷却后，再利用它们生产新燃料，这一循环利用的过程大大减少了核废料的数量。

日本福岛核电站事故后，利用核能发电的国家对于核电安全性的重视达到了前所未有的高度。核电安全性取决于核电技术进步，鉴于日本福岛核泄漏事故的发生，发展并建设第三代核电站就构成了和平安全利用核能的关键。第三代先进核电技术在设计中把预防和缓解严重事故作为必须满足的要求，比二代核电技术具有更高的安全性。自 20 世纪 70 年代至今仍然运行的大部分商业核电站被称为二代核电站，而三代核电站对核电安全提出了更高的要求。90 年代美国和欧洲要求新建核电站必须在预防和缓解严重事故上满足一定条件，国际上把这类核电站看做是第三代核电站，其严重事故概率比二代低 100 倍以上。

为统一核电发展技术路线，高起点实现中国核电自主化发展，中国于2006 年决定引进第三代核电中相对最安全和经济的 AP1000 核电技术，通过建立国家核电技术公司，以建设 4 台机组为依托，实施相应的技术引进消化吸收再创新工作。这个重大举措是中国自 20 世纪 80 年代引进 30 万 kW 和 60 万kW 火电机组技术以来，再次在国家层面组织的大规模能源技术引进工程。2010 年 12 月 27 日，在浙江三门的核电 2 号机组 CA01 模块就位于核岛区域，这是中国自主化的第三代核电 4 台 AP1000 核电机组在 2010 年成功实现的第18 个，也是 2010 年最后一个工程节点①。中国的三代核电 AP1000 依托项目建设是在中美双方工程技术、项目管理人员的共同努力下完成的。中国三代核电自主化的最后阶段是通过再创新，形成具有自主知识产权的大型先进压水堆核电技术。第四代核电系统的要求突出了防止核扩散问题，其系统安全性较之于前几代更为提高。2000 年 5 月，由美国能源部发起、美国阿贡实验室组织的

---

① 黄晓芳：《中国第三代核电自主化取得新跨越》，发表于《经济日报》，2011 年 1 月 31 日（http://news.china.com.cn/rollnews/2011-01/31/content_6287393.htm）。

全世界约 100 名专家进行了研讨，提出了第四代核电站 14 项基本要求。关于经济性的有 3 条：要有竞争力的发电成本，其母线发电成本为 3 美分/kWh；可接受的投资风险，比投资小于 1000 美元/kW；建造时间（从浇注第一罐混凝土至反应堆启动试验）少于 3 年。有 5 条是关于核安全和辐射安全的：非常低的堆芯破损概率；任何可信初因事故都经验证，不会发生严重堆芯损坏；不需要场外应急；人因容错性能高；尽可能小的辐射照射。关于核废物有 3 条：要有完整的解决方案；解决方案被公众接受；废物量要最小。关于防核扩散的有 3 条：对武器扩散分子的吸引力小；内在的和外部的防止核扩散能力强；对防止核扩散要经过评估。中国国产第四代核电技术也已在研发之中。2011 年 3 月，经国务院批准，山东荣成石岛湾高温气冷堆核电站项目正式启动，这是中国拥有自主知识产权的第一座高温气冷堆示范电站，是中国国产第四代核电技术发展的标志性工程。

4. 潮汐能技术

据海洋学家计算，世界上潮汐能发电的资源量在 10 亿 kW 以上，这是一个很可观的数量。潮汐发电是海洋能中技术最成熟和利用规模最大的一种，主要研发的国家包括法国、苏联、加拿大、中国和英国等。20 世纪初，欧美一些国家开始研究潮汐发电。第一座具有商业实用价值的潮汐电站是 1967 年建成的法国郎斯电站。该电站位于法国圣马洛湾郎斯河口，郎斯河口最大潮差 13.4 长，平均潮差 8 米，一道 750 米长的大坝横跨郎斯河，坝上是通行车辆的公路桥，坝下设置船闸、泄水闸和发电机房。郎斯潮汐电站机房中安装有 24 台双向涡轮发电机，涨潮、落潮都能发电。总装机容量 24 万 kW，年发电量 5 亿多度，输入国家电网。

潮汐能开发利用的技术难题已基本解决，技术更新也很快，具有广阔的发展前景。由于潮汐能的发电成本高于传统的化石能源发电成本，建成投产的商业用潮汐电不多。然而，由于潮汐能蕴藏量的巨大和潮汐发电的许多优点，人们还是非常重视对潮汐发电的研究和试验。

（三）去碳技术

去碳技术主要是碳捕获与封存技术和温室气体的资源化利用技术。

碳捕集与封存（简称 CCS）是指，将化石燃料燃烧所产生的 CO_2 捕获，然后将其泵入海底、沙漠、陆地、油田、气田、咸水层、无法开采的煤矿等封存，包括 CO_2 捕集、运输及封存三个环节。该技术的使用可以减少 80% ～ 90%

碳排放。据 IPCC 研究表明，CO_2 性质稳定，若地质封存点经过谨慎选择、设计与管理，注入其中的 CO_2 有 99% 可封存上千年。

CCS 技术存在两个问题：一是成本非常高。根据麻省理工大学发表的一份报告，捕捉每吨 CO_2 并将其加压处理为超临界流体要花费 25 美元，将一吨 CO_2 运送至填埋点需要花费 5 美元。二是运输和封存中的泄漏问题。埋藏地点必须经过检验，必须修建包括油轮和管道在内的设施来运输 CO_2 到达封存地点。

由于 CCS 技术是减少排放并使发电站更加环保的根本技术之一，研究人员一直在寻找既能避免排放 CO_2，又能控制能耗和运行成本的方法。德国达姆施塔特工业大学的研究人员花费了 4 年时间研究碳酸盐循环燃烧的方法，已经积累了超过 1000 小时的运行经验。该方法利用天然石灰岩收集发电站排出的 CO_2，然后再进行处理和储存。这个系统能够捕集超过 90% 的 CO_2，比通常使用的 CO_2 捕集方法节约能源 50% 以上。研究人员认为，这种方法比过去的技术能耗更少，成本更低，主要优势在于可以在现有发电站安装。德国经济部及工业部门为此项研究投入了超过 500 万欧元的资金，欧盟也提供了 150 万欧元资金。研究负责人贝恩德·埃普勒认为这种方法是通往不排放 CO_2 的发电站的道路上的一座里程碑，将使利用煤炭、天然气、生物质燃料发电的发电站以可靠和可赢利的方式发电，同时不破坏环境。多项研究和模拟显示，这种方法可以在规模更大的系统上成功应用。达姆施塔特工业大学的研究人员正在把获得的经验应用于大 20 倍的系统。下一阶段计划在德国一座现有发电站安装规模更大的系统。[1]

CCS 技术不仅可以对气候变化产生作用，还可以实现一定的商业价值。被捕获的 CO_2 可以用于石油开采，冶炼厂，食品业等。最早成功实现"碳捕捉"试点项目的是挪威国家石油公司，结果表明，在油田里灌入 CO_2，可以使得石油的采收率提高 40% ~ 45%。美国能源部发布的一份报告显示，目前美国剩余的石油可采储量为 200 亿桶，如果采用 CO_2 注入方法提高采收率，其储量最多可增加至 1600 亿桶。所以，如果能够把 CCS 技术和 CO_2 在生产中的使用有效结合起来，CCS 技术是可以推广的。中国"973 计划"——温室气体提高石油采收率的资源化利用及地下埋存项目在吉林油田已埋存 8 万吨 CO_2，实现了石油的绿色开发，取得了经济效益和环境效益的双赢。

---

① 《新系统可减少电站九成碳排放》，发表于《参考消息》，2012 年 12 月 3 日，第 7 版。

低碳技术是世界经济新增长极的引擎

技术进步对经济增长基本要素投资、劳动及全要素生产率具有全面的影响力。因此，技术进步因素是推动经济持续增长的核心动力源，这一点早已被世界经济发展历史所证明。最突出的表现是，工业革命把科学技术合并到机器中，同时工业革命极大地刺激了化石燃料的应用，由此形成了适应于化石燃料应用的高碳技术体系，推动着工业化时期的劳动生产率水平的快速提高，使经济快速增长。低碳经济发展模式作为世界经济新的增长极，依然脱离不了高碳经济发展模式下的经济增长轨迹，低碳的新兴能源的应用及相适用的低碳技术体系，是低碳经济发展模式下经济增长的引擎。

按照熊彼特的创新理论，技术创新必然引致新投资，而投资是拉动经济增长的重要因素。低碳技术发展所带来的投资主要来自两个方面：一是来自于低碳技术研发的投资，即低碳技术从出现到成熟过程中，政府及私人部门对该技术进行的研发投资；二是来自于低碳技术成熟推广后的引致投资，即与低碳技术相关行业的企业为获取市场超额利润，购买包含低碳技术的高生产率设备，以此来更新旧设备。因此，私人和政府对低碳技术的投资数量及投资的乘数效应是影响经济增长的重要因素。

《京都议定书》规定的排放权提高了温室气体排放的成本，低碳技术因此变得经济有效。排放权交易机制也会对企业部门的低碳技术研发产生激励。而传统技术的高能耗所带来的高成本、低效率，以及传统能源日趋严重的短缺，使传统产业对低能耗、低污染、低排放的低碳技术的需求不断扩大。因此，低碳技术及相关产品的市场需求潜力巨大。

低碳技术发展和其他技术不同，它的一个重要作用就是为全球共同应对造成气候变化的温室气体排放提供技术支持。特别是在《京都议定书》制定的碳排放交易机制作用下，低碳技术会较快地在不同国家和地区间流动，带来推动世界经济增长的效应。

第五章

低碳经济的市场运行及体系构建

同任何一种经济形态的运行需要有与之相匹配的运行方式和运行环境一样，低碳经济作为一种新的经济形态也需要有与之特点相配套的经济体系，以保证低碳经济高效、可持续性运行。在市场经济体制下，低碳经济的发展离不开市场经济运行的成本与收益这个核心问题。什么样的市场体系适合低碳经济的发展，这是发展低碳经济需要研究解决的重要问题。

第一节　低碳经济的市场运行基本理论①

在市场经济体制下发展低碳经济，企业的生存和发展的核心问题依然是成本—收益状况，就是企业能否通过市场盈利。成本—收益的对比结果直接影响着低碳经济运行主体——国家、企业、个人的策略选择。因此，测度和衡量减碳成本和收益，评价经济活动主体是否具有自主发展低碳经济的动力，以及市场是否存在节能减排的动力，成为低碳经济市场运行首当其冲的问题。

一　高碳经济的成本—收益分析

"高碳经济"主要是以高能耗、高污染、高排放为主要特征的传统经济。由于高碳经济中的碳成本，广泛存在经济活动主体缺乏碳减排的行为之中，因此对碳成本进行深入分析，既有助于理解碳源、碳足迹，也有助于理解高碳经济的特征。

---

① 中国人民大学气候变化与低碳经济研究所：《中国低碳经济发展年度报告（2011）》，石油工业出版社 2011 年版。

（一）高碳经济成本分析

1. 生态环境成本

人类在其社会发展过程中，特别是工业化阶段之后，为获取财富、特别是实现资本增殖，大量的自然资源、能源以递增式速度被消耗。现代经济系统中原本被看做是"无限供给"的自然系统力已经发生了根本的变化。自 18 世纪中期以来，自然系统受到的损害要比整个史前时代造成的损害还要大，在人造经济资本积累和成就达到一个史无前例的顶峰时，人类赖以生存和创造经济价值的自然基础正发生着剧烈的变化，自然系统被破坏的速度逐渐超越物质财富增长的速度。近几百年世界气候变化的数据显示，地球气候变暖趋势，与近几个世纪人类的工业化活动造成的"碳足迹"同步。如美国橡树岭实验室研究报告指出：自 1750 年以来，全球累计排放了 1 万多亿吨 CO_2。20 世纪，全球累计消费了 1420 亿吨石油、78 万亿立方米天然气、2650 亿吨煤、380 亿吨铁（钢）、7.6 亿吨铝和 4.8 亿吨铜，以及大量的支撑现代经济社会发展的众多矿物原料[1]，同时排放出大量的温室气体，这使大气中 CO_2 浓度，从工业革命前的 280ppm[2] 上升到 2005 年的 379ppm，远远超出了 65 万年以来大气 CO_2 浓度的自然变化范围（180～330ppm），也远远超出了工业革命前几千年积累的浓度值。更为严重的是，在 1970～2004 年，即发达国家工业化进程进入高级阶段，发展中国家进入工业化初始阶段，全球 CO_2 的排放增加了 80%，其后果是大气中 CO_2 的含量增加了 25%，远远超过科学家可能勘测出来的过去 16 万年的全部历史记录。这种情况导致地球大气系统（气圈）和生态系统（生物圈）发生重大变化。[3] 在过去半个多世纪中，全球已经丧失了 1/4 的表层土和 1/3 的森林覆盖。在过去 30 年中，地球上 1/3 的资源——自然财富已经消耗殆尽。我们正在以每年 6% 的速度失去淡水生态系统；以每年 4% 的速度失去海洋生态系统。[4] 生态系统的破坏、温室气体引发的越来越严重的温室效应都成为人类高碳经济增长的代价和成本。

---

① 陈毓川：《矿产资源展望与西部大开发》，载于《科学》，2005 年第 6 期。

② ppm：百万分之一，温室气体分子数目与干燥空气总分子数目之比，如 280ppm 的意思就是，在每 100 万个干燥空气分子中，有 280 个温室气体分子。

③ 杨志、刘丹萍：《低碳经济与经济社会发展》，中国人事出版社 2011 年版。

④ Paul Hawken, Amory Lovins, L. Hunter Lovins：《自然资本论——关于下一次工业革命》，上海科学普及出版社 2000 年版，第 5 页。

2. 经济效益损失成本

除了自然和生态成本之外，高碳经济所引致的环境污染问题直接削弱了经济体系本身的盈利能力。以中国为例，目前的空气污染造成的经济损失占 GDP 的比重在 3%～7.7%，这直接抵消了经济产值的绩效。另外，气候变化还导致了农业生产的不稳定性增加。2009 年春季中国北方的旱灾使得许多省份的小麦生产大幅减产。以吉林省中西部地区为例，20 世纪 90 年代的降水量较 50 年代减少了 113.4mm，减少率达到 21%。此外，气候变化（尤其冬季增温）使北方许多害虫和病原物容易越冬，使病原和虫源基数增大；温度升高使害虫发育起点提前，越冬休眠期推迟，一年中害虫世代数增多，农田多次受害的几率增大。目前中国农业因病虫害造成的损失大约为农业总值的 20%～25%。如果高碳经济的发展势头继续，根据预测，到 2030 年因气候变化影响，中国农业产量每年将下降 5%～10%，小麦、水稻和玉米等对温度变化最敏感的农作物将受到最大影响。[1] 根据麦肯锡气候变化报告预测，到 2030 年，气候变化将使中国东北地区的干旱损失从 4% 增加到 6%（115 亿元）；华北地区的旱灾损失将在 7%（65 亿元）左右。极端干旱在 2030 年可能导致东北地区大约 80% 的农民受灾，3500 万农民将损失大约 50% 的农业收入，直接经济损失将约 6000 亿元。

气候变化导致的经济损失不仅体现在农业领域，由于供水不足，2004 年城市工业年经济损失达 2000 亿元以上，影响城市人口 4000 万人。[2]

3. 对外贸易损失成本

高碳经济带来的经济成本还体现在对外贸易方面，尤其是对出口的影响逐渐开始凸显。一些发达国家开始利用产品出产地或产品内涵的生态和绿色标志作为进口识别的主要标志，这些生态或绿色标签成为新一轮贸易壁垒的主要形式。例如，自 1992 年欧盟出台的生态标签体系（Eco – label），又名"欧洲之花"，其目的在于鼓励在欧洲地区生产及消费"绿色产品"，从而逐渐推动欧盟各类消费品的生产厂家进一步提高生态保护意识，使产品从设计、生产、销售、消费、直至最后废品处理的整个生命周期内都不会对生态环境带来危害。

欧盟所制订的生态标签体系，是目前世界上使用地域最为广泛的环保认证制度。除欧盟之外，世界上越来越多的国家开始实施环保标志认证制度。例

---

① 《中华人民共和国气候变化初始国家信息通报》（http：//nc. ccchina. gov. cn/web/NewsInfo. asp? NewsId = 336. 2004： 23 – 28）。

② "大政十事"，发表于《中国经营报》，2004 年 12 月 31 日。

如，德国蓝色天使、北欧白天鹅标签、荷兰生态标签、法国 NF 环境标志、瑞典 TCO'04 环境标志、加拿大环境选择计划标签、澳大利亚良好环境选择标签、日本生态标志、韩国生态标志、泰国绿色标签等。中国国内现有的环境标志包括中国环境标志、香港环保标志和台湾环保标章。

这些生态环境标志一方面大大促进了"贴花产品"的销售和水准，另一方面，这些生态标签往往代表了各国政府制定生态法规和法令的方向，并成为制定生态法规和法令的参考。因此，具有生态标签法律规定的国家往往可以通过"绿色壁垒"来抬高产品进入欧盟市场的门槛。如果一国的出口产品没有获得生态标签，那么该企业的产品便很有可能被欧盟的环保性法规阻于欧盟大门之外，由此遭受出口的巨额损失，这对于正处于工业化高速发展期、环保意识薄弱、以粗放式生产为主的发展中国家出口商品而言提出了比较严峻的挑战。

4. 其他间接损失成本

高碳经济造成的高排放、高能耗除了导致一系列与生产、销售相关的直接成本外，还会导致如人体健康损失的间接成本。目前，中国已经成为世界上最大的 SO_2 排放国，而煤炭的使用增长则是导致这一结果的直接原因。SO_2 污染除了会导致酸雨继而对农业生产不利之外，还造成了空气污染和水污染，这些都对人体健康带了极大的损害。水污染方面，2001～2005 年，中国七条主要河流平均 54% 的水质被认为是对人类不安全的。中国北方地区同时承受着空气和水源的双重污染问题，大约有 1.15 亿农村人口依靠地表水作为饮水来源，这使得他们更易受到水污染的影响。水污染经常会导致未成年人夭折、痢疾及消化系统癌症等疾病。据保守估计，2003 年与空气污染相关的国民健康损失大约为 1573 亿元，约为 GDP 的 1.2%。[1] 大气污染方面，2006 年全国 SO_2 排放量为 2588.8 万吨，烟尘排放量为 1078.4 万吨，工业粉尘排放量为 807.5 万吨，排放远超环境容量。中国每年因城市空气污染和室内空气污染导致的超额死亡分别达到 17.8 万人和 11 万人。每年因城市大气污染而造成的呼吸系统门诊病例 35 万人，急诊病例 680 万人，大气污染造成的环境与健康损失占中国 GDP 的 7%。[2]

---

① 林伯强：《高级能源经济学》，中国财政经济出版社 2009 年版。
② 马军：《中国空气污染地图》，载于《中国经济报告》，2008 年第 2 期。

（二）高碳经济收益分析

既然高碳经济增长模式带来了高能耗、高排放、高污染的后遗症或副产品，那么为何如此多的国内企业和行业仍然选择固守原有的高碳生产模式呢？这涉及高碳经济部门的成本与收益比较问题。对于大多数的生产企业而言，高碳经济的收益主要来自以下几个方面。

第一，高碳企业对其带来的负外部效应所承担的责任有限。高碳经济造成的负面影响和成本大都属于负外部效应，即对本企业自身的负面影响有限，而更多的是对企业之外的环境、生态、社会、人体健康等方面的成本。因此，从企业内部的生产—收益角度考虑，其生产的最终目标仍是产品利润最大化。

第二，国内法律法规对高碳企业带来的负外部效应监管和处罚力度有限。虽然国内连续出台了多项关于监管、整治和处罚生产企业在生产过程中带来的环境污染问题的法律法规，然而，监管力度和处罚强度都十分有限。这使得在付出高额环保成本和低额污染处罚的选择中，高碳企业更有倾向选择后者。

第三，由高碳经济向低碳经济转变的技术成本较高。低碳技术在微观企业中的应用，从研发、试用到应用大多需要经历较长时间。对于很多高碳特征生产企业而言，他们更多地会选择短期高碳经济收益，而不愿付出高额资金用于低碳技术研发和应用，因为后者对很多中小企业而言存在不确定性风险。因此，在短期利益的驱动下，企业缺乏环保和低碳模式研发的经济动力，会更多地选择利润最大化目标。

 ## 减碳的成本—收益分析

（一）减碳分析的理论基础

英国学者埃里克·诺伊迈耶曾对可持续发展提出了两种经典范式：弱可持续发展范式和强可持续发展范式。[①] 弱可持续性认为生态资本在本质上是可以替代的，而强可持续性认为生态资本在本质上是不可替代的。弱可持续性主要根源于新古典经济学的思想，它是建立"对子孙后代最重要的是人造资本和生态资本的总和，而不是生态资本本身"的信念之上的。

---

① 埃里克·诺伊迈耶：《强与弱：两种对立的可持续性范式》，上海译文出版社 2002 年版。

换句话说，根据弱可持续性，当代人是否用完了不可再生资源和如何向大气排放温室气体都不重要，只要造出了足够的机器、道路和港口、机场作为补偿就可以。上述的高碳经济从某种意义上十分具有这种范式的特征。而强可持续性则认为除了总的累计资本存量外还应当为子孙后代保留生态资本本身，因为生态资本和人造资本是不可替代的，这与低碳经济的理念非常协调一致。

然而，衡量低碳经济市场运行的必然性与驱动力，仍需从成本与收益两个角度考察。

（二）减碳的成本分析

当相关企业和产业从高碳经济向低碳经济转变的过程中，必然面临着成本—收益变化的问题。减碳成本应包括两个方面：一是转换成本；二是机会成本。

1. 转换成本

转换成本是一个覆盖面较为广的概念。从高碳经济向低碳经济转换过程中，最常见的转换成本包括低碳技术的研发投资支出（包括生产技术和排放技术）、低碳设备的转换和更新支出、低碳产品的推广支出，以及劳动者技能的再培训支出等方面。其中最为主要的是关于低碳技术的研发支出和低碳设备转换与更新支出两个方面。对于设备替换来讲，除了考察新设备采购支出外，还存在着对于现有设备残值的一个计算。如果对仍在折旧期内的现有设备进行报废处理，则必须在新设备成本的基础上再加上现有设备的残值；如果对仍处于折旧期内的现有设备变卖处理，那么变卖原有设备所得收益可以抵消一部分采购成本，即在新设备成本上减去现有设备的残值。

我们可用以下公式表示转换成本所包含的因素：

$$\Delta C（+）= C_1 + C_2 + C_3 + C_4 \pm C_0$$

其中，$\Delta C（+）$表示低碳经济转换增加的成本量；$C_1 \sim C_4$分别表示碳技术的研发投资支出、低碳设备的转换和更新支出、低碳产品的推广支出，以及劳动者技能的再培训支出；C_0表示现有设备残值。

另外，减碳成本不仅仅只有增加额，在某些方面还存在着成本降低的情况。例如，实行低碳技术放弃高碳能源投入所节省的资源或能源成本、实行低碳技术所省的环境污染处罚成本、还有政府应对低碳企业所实施的相应补贴政策等。这些无疑都显著地降低了成本的支出，用公式表示减排带来的成本降低值为：

$$\Delta C（-）= C_6 + C_7 + C_8$$

其中，C_6、C_7、C_8分别代表减排所节省的资源投入成本、环境污染处罚成本、低碳经济政府补贴。

2. 机会成本

减排的机会成本通常与放弃高碳经济所减少的收益相对应。如前所述，高碳经济在向低碳经济转化的过程中，除了转换成本之外，还存在着低碳技术研发和应用风险、继续采用高碳模式带来的收益等方面的机会成本。也就是说，如果企业选择低碳减排模式，那么不仅要损失原有高碳模式下的产品利润，而且还要承受低碳技术研发或应用失败所带来的风险损失。因此，减排的机会成本可表示为：

$$\Delta C（A）= C_9 + C_{10}$$

其中，C_9、C_{10}分别代表低碳技术研发和应用风险损失成本和放弃的高碳经济收益。

总的来看，减排的成本主要由以下几方面构成：

$$C = \Delta C（+）+ \Delta C（A）- \Delta C（-）$$

（三）减碳的收益分析

低碳经济的收益主要包括经济收益、生态环境收益和社会收益等方面。

1. 经济收益

融入了低碳概念和低碳技术的产品相较于其他同类产品而言对市场具有更大的吸引力和竞争力。减碳的经济收益可从低碳产品的销售额、低碳产品生产企业的社会形象和品牌价值，以及贸易收益几个方面体现。

首先，从低碳产品带来的产品销售收益来看，很多发达国家的消费者已经逐步树立了生态消费的观念。他们在购买商品时，不仅考虑价格和性能优势，还十分注重产品的生态性能。例如，关注产品使用过程中是否会对使用者造成危害，产品生产过程中是否造成了生态环境污染，该产品是否具有可循环性等方面。一项针对欧洲消费者的民意调查表明：当今欧洲有超过50%的人更喜欢购买绿色产品，其中67%的荷兰人、80%以上的德国人在购物时会考虑环境因素，有超过50%的英国人更愿意购买绿色产品。来自澳大利亚的新南威尔士州商会2001年的一份调查数据显示60%的消费者的消费决定都注意到了产品对生态的影响；73%的消费者表示在同等质量的情况下，他们更愿意购买低碳型的产品。另外，Environics International 有限公司在2000年对澳大利亚全国 34 个州的 35000 人的电话采访显示，78% 的消费者强烈表示愿意或可能愿意为低碳型的产品多付 10% 的价格。[①]

其次，低碳技术产品有助于提高企业社会形象和提升品牌价值。为促进生态标签的推广，欧盟通过各种途径积极向消费者推荐获得欧盟生态标签的产品和生产厂家。例如，在"欧盟环境通讯"及其他欧盟官方杂志上介绍具有生态标签的产品及厂家名录，并经常举办"生态绿色周"或"环保大会"等活动。这一系列的宣传活动使得低碳技术产品生产企业的社会地位和形象大大上升。伴随着企业社会形象的上升，低碳产品的品牌价值和附加值也随之提高。根据欧盟 2002 年的调查结果，有 75% 的欧盟消费者愿意购买"贴花产品"。即使这些"贴花产品"的价格比普通产品高出 20% ~ 30%，但受到绝大部分消费者的青睐。

另外，从对外贸易角度考虑，低碳技术产品也是抵御发达国家生态标签等绿色贸易壁垒，减少贸易损失的重要"通行证"。

2. 生态环境收益

低碳经济发展模式，能够缓解气候变化和生态环境污染的负面影响，在经济上是有效率的。通过生产技术和生产手段的创新性变革，以及消费者行为方式的改变，使经济增长逐渐与温室气体和其他污染排放脱钩，令经济增长真正转变为经济可持续发展。

首先，低碳经济发展能够减少碳排放对于空气、水源、土壤等自然生态资源的污染，逐步改善和恢复环境的自然承载力。从这一点上看，生态自然力的恢复实际上是减少了经济系统人工修复所需的支出。

其次，低碳技术和生产模式的应用和普及，能够减少碳排放造成的农业、林业、渔业等经济损失。同时，新技术的采用也会增加这些行业产品的附加值，从而提高销售收益。

3. 其他经济和社会收益

除了能够带来经济效益、生态环境效应等许多正面效应之外，减碳措施还具有其他方面的经济和社会收益，如创造新的就业机会和投资领域、减少资源消耗、缓解能源安全压力、增强技术创新、减少污染导致的医疗支出等。

首先，发展低碳经济还为促进能源部门的技术创新、转变社会的生产和消费模式、促进可持续发展提供了重要的机遇。近年来低碳技术领域的投资，已

① "生态标签对消费、生产及贸易的影响"（http：//news. pack. cn, 2006 – 09 – 19）。

经在刺激经济增长和创造新的就业机会。

其次，在低碳经济领域的投资，能够改善人类生活质量，这一点尤其对偏远贫困人群更加重要。例如，发展可再生能源，例如风电、太阳能等新能源技术，能够解决传统农村和偏远地区无法正常用电问题。低碳技术在减少碳排放的同时，还能减少空气、水源和土壤污染问题，以此维护人体健康，减少因为污染导致的各种医疗费用。

最后，低碳技术替代传统的密集型资源能源投入，一方面能够减少生产环节对国内稀缺性资源的过度使用，以此保证稀缺性资源合理开发和利用，实现其保值、升值。另一方面，低碳技术的应用，还能够减少国内产业对大宗类资源产品的依赖。以中国为例，国内工业生产赖以运行的重要资源类产品，如石油、铁矿石等产品定价权均掌握在外国人手中。传统高碳经济生产模式由于过度依赖于这些能源类产品的投入，在进口价格方面一直受制于人，损失大量利润。低碳经济的发展可以逐渐改变以往对资源品数量依赖以及价格上胁迫的劣势，从而缓解能源安全压力，促进和激励国内行业在国际低碳产品竞争市场上获取定价话语权。

（四） 减碳的成本—收益综合分析

低碳经济的推广和普及可能面临着成本和收益同时上升的问题。那么，对一个微观企业而言，是什么决定了它主动完成从高碳经济向低碳经济的转变呢？

对于一般企业而言，其在低碳经济中面临的目标函数是：

$$B = \sum R - \sum C$$

在低碳经济转变的成本和收益同时上升情况下，企业决策可能有几种可能：（1）当向低碳经济转变过程的收益增加大于成本增加时，如果企业更加注重长期经济利益，那么它会选择转变；如果企业更加注重短期收益，而对未来收益不确定时，它便缺乏转变动力。（2）当低碳经济转变收益增加小于成本增加时，那么微观企业将不具有转变动力，而选择继续维持目前的生产模式。

由此可见，对于一般企业而言，在进行选择是否从高碳经济向低碳经济转变的过程中，除了要考察成本收益比较之外，还取决于企业本身对风险的偏好程度以及未来发展定位。

低碳经济发展的市场基础

尽管低碳经济的许多理念都是建立在对传统市场经济进行批判的基础之上，但是，作为市场经济的经济形态之一，低碳经济从属于市场经济并受制于市场经济，其经济活动必须遵守一定的市场规律，其运行和发展也受市场机制的调节，市场经济仍然是建立和发展低碳经济的基础。要真正实现低碳经济，必须充分发挥市场机制对低碳经济的基础性调节作用，通过完善现有的市场机制，建立起一个既能获得经济效益，又能获得社会环境效益的市场体系，最终实现环境资源的有效配置。

（一）成熟的市场主体

从生产者的角度来看，在传统的市场经济中，资源环境的价格未能正确地反映其全部社会成本，造成资源定价过低。在这种情况下，以大规模、集约化为特征的现代生产体系使得企业进行低碳化生产的成本大大高于用高碳生产的成本。所以对于按照利润最大化原则进行经济选择的企业来说，发展低碳经济缺少动力。同时，要做到以更少的消耗来生产同样数量的产品就必须采用新的技术，而新技术的研究开发和设备更新等费用却不能通过产品价格或其他途径得到摊销，这就增加了企业的成本。因此，虽然从长远看来，企业发展低碳经济的收益较高，然而由于企业发展低碳经济需要的投入较大，回收期较长，并且其产生的外部效益无法在短期内转化为内部效益，所以大部分企业难以完成由传统的高碳生产方式向低碳生产方式的转变。

因此，发展低碳经济必须使生产者改变生产观念。生产者应当充分认识到环境资源的日益稀缺已成为当今和未来社会经济发展的主要制约因素，企业要想在市场竞争中保持长期的竞争优势，就必须尽早走低碳经济的发展道路。企业应当将低碳经济的理念贯彻到产品设计、原材料选取、生产过程、产品包装等各个环节，摒弃以单纯追求经济效益最大化为目标的经营理念，建立有利于节约资源和保护环境的生产方式，实现经济、资源和环境的协调发展。

从消费者的角度看，由于中国长期以来的环保工作是以政府为主导的，因而公众普遍将保护环境归结为政府的责任。再加上在低碳经济发展之初，公众收入水平相对较低，环保产品价格较高，公众消费习惯无法在短期内改变等因素的影响，使得消费者们环保意识薄弱，对环保产品的有效需求不足，对于低碳经济普遍缺乏参与意识和社会责任感。然而，消费者的环境意识对其消费偏好有很大的影响作用，由此产生的消费需求又决定着生产者的产品供给。因此，发展低碳经济，必须加强舆论宣传，提高公众的环保意识，并逐步建立和完善环境保护工作制度，带动民众广泛参与环保实践。具体来讲，要大力宣扬绿色消费理念，引导消费者逐渐培育低碳消费观念，减少对环境有害的高碳消费方式。

（二）完善的资源价格体系

价格机制是市场经济中优化配置资源的最主要机制。它具有传递信息、配置资源、提供竞争与激励、决定与调节收入分配等功能。同时，价格机制也是国家进行宏观调控的重要手段。

长期以来，中国现行的资源价格主要是依据资源的生产成本加平均利润形成的，这种定价方式只反映了资源的生产或开发成本，而忽略了其环境成本和机会成本。这种定价机制存在种种弊端：首先，资源价格没有反映资源的产权收益，即资源的天然价值没有得到实现；其次，开发和使用不可再生资源对于下一代所造成的影响没有体现在资源价格中；最后，资源价格没有反映资源的开发利用所造成的生态破坏和环境污染成本，资源的生态价值和环境价值没有得到实现。由此可见，现行的资源价格构成缺项，使资源产品的价格与价值严重背离，致使资源的消耗速度和紧缺程度在价格信号中难以表现出来，导致传统经济的资源消耗成本小于循环经济的资源消耗成本。这不仅是循环经济发展的制度障碍，还进一步造成了对自然资源的过度使用和对环境的破坏。

因此，充分利用市场机制在低碳经济中的调节作用，必须使价格全面反映资源和环境价值。换言之，就是要建立较为完善的资源环境价格体系。

完善资源环境价格体系，一方面，要改变现行的资源价格只计资源开发成本的做法，将各种资源环境要素直接投入市场，依据其供求关系和稀缺程度以及资源使用对后代人产生的外部性，来共同形成资源环境要素的价格，将环境资源的开发、利用、保护、再生、补偿等各个方面都纳入到经济运行的价值运动中来；另一方面，在与环境有关的产品定价时，根据污染者付费原则，应包括污染者必须支付的环境污染治理成本或由于产品污染而造成的环境损失费用。通过这种定价政策的实施，可以有效减少企业对资源的损耗和环境的破坏，促使经济主体根据低碳经济的成本—效益进行低碳化生产，进而使得环境资源得到合理利用和有效配置。

此外，传统市场经济制度下的资源环境价格缺乏弹性，在对其进行调整时通常会遇到价格调整时间滞后于价值变化时间，价格调整幅度低于价值变化程度等问题。因此，一个完善的资源价格体系不仅要能制定出反映资源环境真实价值的价格，还应该具备富有弹性的调节机制，使价格能够及时、灵敏地反应市场供求关系和资源稀缺程度的变化。

总之，完善的资源价格体系是发展低碳经济的重要前提，只有建立能够反映市场供求关系、资源稀缺程度、环境损害成本和资源全部真实价值的资源价格机制，才能突破资源价格制度障碍，有效地实施低碳经济。

（三）明确的环境资源产权与灵活的产权交易制度

在市场经济中，产权机制的存在可以促使人们对其所拥有的资源进行最优化地使用，即以最小的资源消耗来获取最大的效益。环境产权是指行为主体对某一环境资源所具有的所有、使用、占有、处分及收益等各种权利的集合。传统的市场经济之所以不能够有效地配置环境资源，一个重要的原因就是环境资源缺乏清晰界定的产权。由于在产权不清晰的情况下，市场一般不会对于没有产权的物品进行交易，使得稀缺的环境资源成为人人可以免费开采和使用的公共物品。这样造成的结果是能够产生正外部性的环境资源（如树木草坪、环境基础设施等）会出现供给不足；而接纳负外部性的环境资源（如大气、水体、土壤等）则会被过度污染。一方面，投资者没有为其付出的成本获得相应的收益；另一方面，污染者也没有为其行为所产生的负外部性对环境资源进行补偿性的付费。因此，结果可能是环境资源由于投入不足和过度使用而产生破坏、退化甚至衰竭。

可见，环境资源的产权不明确是产生环境外部不经济性的根本原因，它不仅导致环境资源的市场价格没有反映环境资源的稀缺程度，还造成环境资源的生产与消费中成本与收益、权利与义务、行为与结果的背离，这也是市场机制对环境资源配置失灵的根源所在。

从以上分析可以看出，市场经济要想实现环境资源合理配置的关键是对环境资源进行合理定价，而要想合理定价资源就必须在以明确的环境资源产权为前提的条件下，通过产权交易这一途径实现。因此，低碳经济的建立和发展需要政府建立环境资源的产权规则，完善环境资源市场，通过立法和法律保证对环境资源给予清晰的初始产权界定，然后通过建立适当的环境资源产权交易制度，使环境资源的产权能在此基础上通过市场交易进行转移、重组和优化，从而解决环境外部不经济性问题，实现环境资源的合理配置。

发展低碳经济，仅仅依靠技术支撑是不够的，必须充分发挥市场机制对低碳经济的基础性调节作用，对现有的市场机制加以完善，将资源和环境作为生产要素加入到市场交易中来，明确环境资源产权，建立起有效保护生态环境和资源的价格体系和产权交易制度，从而使低碳经济模式中的各个主体以经济利益为纽带，在追求自身利益最大化的同时实现社会整体经济效益的最大化。

第二节　低碳经济的市场体系构建

一般来说，所谓市场体系指的是具有差异性或特殊性的不同类别的市场的系统。基于此，低碳经济市场体系构建问题，一般包括以下内容：（1）判别低碳经济市场体系的内涵和特征，以明确低碳市场独特的个性；（2）理清低碳市场构成要素和构建低碳经济市场体系框架；（3）了解各种要素对构建低碳经济市场体系的功能与作用。

低碳经济市场体系的内涵和特征

（一）低碳经济市场体系的内涵

在市场经济体制框架下发展低碳经济，无论是通过节能减排和发展循环经济实现高碳产业低碳化，还是通过发展清洁能源和新能源发展低碳产业，都需要在市场经济运行机制中来完成，因此，发展低碳经济，必须要构建低碳经济的市场体系。

低碳经济市场体系就是在低碳经济发展模式的指导下，由政府力量推动构建，以低碳技术研发为基础、以金融部门为支持，以及国际合作为依托的涉及低碳技术、低碳生产模式、低碳产业、低碳交易系统等多个环节的一个完整的市场体系。

低碳经济市场体系运行的目标是加速低碳技术的开发和应用、扩大低碳产品的生产和消费、化石能源高效率和清洁使用、推进低碳能源的开发与应用，促进能源结构低碳方向优化，引导碳资源合理流动，推动经济的长期可持续发展，提高经济社会生态文明水平。

（二）低碳经济市场体系的特征

首先，低碳经济是相对于高碳经济而言的，因此低碳经济市场体系的首要特征即表现在整个市场的最终目标均归结到降低单位能源消费量的碳排放量，通过降低能源消费的碳排放量，控制 CO_2 排放量的增长速度方面。无论是低碳技术研发、新能源利用、低碳产品交易，还是低碳行业发展都体现出"降能耗、减排量"的特征。

其次，低碳经济市场体系是一个多元模块和多要素共同组成的市场体系。不仅具有低碳生产要素，还有低碳技术要素、低碳金融要素；不仅涉及产品市场，还涉及技术市场和金融市场；不仅包括国内市场，还包括国际低碳经济合作市场。低碳经济市场体系的各要素、环境和市场之间是相互联系、前后关联、一脉相承的关系，离开任何一个要素或市场都会影响或切断完整的低碳经济市场体系运行。

再次，低碳经济市场体系不是一个和传统市场经济体系完全割裂开来的市场体系，而是从以往高碳经济市场体系转换、升级而来的一种新型市场体系。其运行的各个环节、步骤都与实际市场经济主体密不可分，因此不能将低碳经济市场体系看成一个孤立的、空中楼阁般的系统。

最后，低碳经济市场体系具有战略性和全局性的运行特征。一方面是因为低碳经济市场并不单纯是一个技术市场或生产市场，而是一个涉及技术、经济、社会、环境的全局性的市场体系。另一方面还因为低碳经济市场体系是人类社会长期的战略性发展策略，它带来并形成了全社会经济发展方式、能源消费方式和人类生活方式等各方面的一次全新的变革。

低碳经济市场体系的组成要素及市场培育

（一）低碳需求市场

市场经济是需求约束型经济，低碳经济发展离不开低碳需求市场的拉动。中国低碳产品市场缺乏界定和足够的顾客群，低碳需求严重不足，难以拉动企业参与到低碳经济的发展中来。随着中国经济的发展和环境状况的恶化，人们对提高生活质量和改善生态环境的愿望越来越强烈，因此，潜藏着对低碳产品的巨大需求，这种低碳需求是拉动企业发展低碳经济的动力源。由于许多主客观因素制约，这种潜在的低碳需求尚未全部转化为现实的市场需求，这就需要采取措施培育拉动企业低碳发展的需求机制：（1）培育消费者低碳消费理念。通过报纸、电视、网络等途径来传播低碳消费知识、倡导低碳消费观念，以此来增进消费者对低碳消费的了解，引导其消费理念的转变，并进一步引导和促进消费者延续和扩大其低碳消费行为。（2）企业不断开发适销对路的低碳产品。企业在了解消费者的低碳需求的基础上提供既适合消费者目前需求层次、又有一定发展前景的产品和服务，从而为企业带来高于传统经济生产方式下的企业利润，使更多的企业有动力从传统经济生产方式转变为低碳经济生产方式。（3）低碳产品科学定价。有些低碳产品属"利己型"，其消费能直接增加消费者目前的利益，如低耗能的电器；有些低碳产品属于"公益型"，其消费只能增加消费者整体和长远的利益，不能给使用者带来明显的眼前利益，如电动汽车等。对"利己型"低碳产品可用高定价策略，对"公益型"低碳产品则应采用由政府政策支持的低定价策略。

（二）低碳技术市场

低碳技术的研究、开发、应用、推广是构建低碳经济发展的基础和关键，因此低碳技术市场的进步状况直接影响到低碳经济市场建立的根基。低碳技术目前的涉及面比较广泛，不仅包括建筑、化工、石化、钢铁、冶炼等传统高碳部门的节能减排技术，也包括新能源产业，生态农业等新兴部门。低碳技术市场在推动低碳经济发展中地位重要。

在推动低碳技术市场培育过程中有两个问题需要注意：一是并非所有的技术进步都有利于低碳经济的发展。从工业文明兴起以来的数百年中可以看出，一些技术的巨大进步和滥用导致了高碳经济的快速发展和对环境的灾难性破坏。二是并非所有的有利于低碳经济发展的技术进步都能被企业普遍接受和采纳。由于采用新技术、新工艺往往需要投入大量的资金，许多企业不愿或无力承担，这是制约低碳经济发展的一个普遍性问题。在低碳经济发展中，应遵循低碳化和绿色发展原则，有选择地发展高新技术，实现高新技术的低碳化。中国企业低碳技术创新的技术基础薄弱，创新能力普遍不足，迫切需要提高低碳技术的研究开发，建立高效的低碳技术信息网络和低碳技术推广、服务中心，降低企业低碳技术创新的学习成本，提高企业低碳技术创新能力。

（三）低碳金融市场

低碳金融市场就是指服务于旨在应对气候变化、发展低碳经济的各种金融制度安排和金融交易活动的市场。由于这个市场在目前低碳经济的发展中占据了重要地位，而且该市场也已经有了大量实践，本书第五章专门分析低碳金融市场。

（四）低碳经济国际贸易市场

低碳经济国际贸易市场也是低碳经济市场体系的一个重要组成部分。低碳经济的国际合作主要包括低碳技术合作研发与引进、新能源产品市场的国际合作、低碳新产品的"引进来"和"走出去"，参与全球低碳交易活动并掌握定价权等一系列国际合作和参与活动。低碳经济国际贸易市场的开展和壮大，有利于推进国内低碳技术、低碳产品和低碳交易的国际化，提高其国际竞争力。通过借鉴国际先进的低碳经济市场体系运行模式，可以使得中国的低碳经济市场体系更加完善、更有效率和更具前瞻性。

由于在低碳技术方面中国目前仍存在着不足，新能源与环保产业的开发与发展需要的是国际强大的技术支持，因此国际交流有助于整合优势力量与资源，为中国的气候、能源、碳减排的发展吸引更多的技术与资本，提升整个产业的发展。

另外，低碳经济国际贸易市场的开展也有利于搭建投融资的平台，有助于增加国际间的投资和融资机会。低碳经济作为新的发展模式，不仅是实现全球减排目标的战略选择，也是保证经济持续健康增长的良方，只有不断的国际交流与合作才能更大程度的拓宽低碳经济的发展道路。

总之，低碳技术市场是整个低碳经济市场体系的核心和基础，是低碳实体经济运行的主要场所；低碳金融市场是低碳虚拟经济运行的主要场所。低碳金融市场的发展不但有利于引导碳资源合理高效流动和争取国际话语权，而且还有利于对低碳实体经济部门的资金支持，实现低碳虚拟经济以低碳实体经济发展为依托，低碳虚拟经济为低碳实体经济的发展提供润滑剂，两者相辅相成，共同发展；国际贸易市场的发展和成熟为国内低碳经济市场体系的发展、壮大和开拓提供坚实的后续保障。此外，国内法律法规的合理保障和政府政策的支持为低碳经济市场体系的构建保驾护航。

第六章
低碳金融市场形成及其创新

低碳金融是基于市场经济框架中的一种应对气候变化风险的金融工具，是低碳经济发展的驱动力。在低碳经济发展背景下，低碳银行、低碳保险、低碳投资等新的金融业务模式在迅速成长，低碳金融将成为未来金融创新活动中最有活力的因素。

第一节　低碳金融的产生与发展

从市场操作的角度看，低碳金融是基于市场经济框架中的一种应对气候变化风险的金融工具。其核心功能是通过低碳金融市场的设计，用最经济的方法去减低整个经济体系的碳排放成本并实现预定的碳排放指标，从而更有效的配置和使用环境资源和生态资源，落实节能减排和环境保护目标，为低碳经济发展提供各种驱动力。

低碳金融概念与功能

（一）低碳金融的概念

作为现代市场经济核心的金融，发挥着调剂资金、集聚资本、调节经济运行、优化资源配置的重要作用。随着市场经济的深入发展，金融的发展也向各个领域、各个层面、各类主题和各种活动渗透，同时也受到它们的影响。由于人类活动导致人为排放的温室气体不断增加，我们的地球呈现出以变暖为主要特征的显著变化，并导致寒流、热浪、干旱、强降水暴风雪和泥石流等一系列极端天气、极端气候事件的大规模爆发，对世界经济与社会的许多方面构成了严峻的挑战。各国已经逐步认识到这种挑战，开始积极应对，转变经济增长方式，推进可持续发展。正是基于这种背景，对气候变化因素的考量被开拓性地引入金融领域，越来越多的金融市场参与者投入到应对气候变化、发展低碳经济领域中，去规避气候变化给他们带来的风险，去获取低碳经济给他们带来的机遇。气候变化因素与金融活动、金融产品的深入结合，一方面改造了原有的金融交易活动，如银行、保险与投资活动都出现了应对气候变化、发展低碳经济的新动向，这些相关的金融交易活动参与者开发出新的业务与产品以降低在低碳限制社会中面临的经济风险，并为客户开拓低碳领域的投融资机会，从而获取商业利润；另一方面各国政府强制限制碳排放与企业或区域自愿的限制碳排放，创造出了一个全新的金融制度安排——碳市场。在碳市场中，碳排放权被开发成一种稀缺的有产权的商品，进而创新出碳排放权的期货、期权及其他衍生品。这两个方面就构成了本书所要阐述的"低碳金融"的内涵。在低碳金融的发展过程中，这两个方面不是完全分隔的，而是相互融合。传统的金融机构也开始参与碳市场，如商业银行为碳交易项目开发商提供贷款；保险公司为碳交易中减排额的交付提供担保；投资银行与资产管理公司更是直接参与到碳排放权的买卖中去。

归纳起来，低碳金融就是指服务于旨在应对气候变化、发展低碳经济的各种金融制度安排和金融交易活动，主要包括：碳排放权及其衍生品的交易和投资、低碳项目开发的投融资以及其他相关的金融中介活动与金融市场化解决方案。

（二）低碳金融的功能与参与主体

低碳金融的发展不仅能为低碳经济发展提供所需要的资金和技术支持，也能为交易双方提供新的风险管理和套利手段。

低碳金融在应对气候变化、发展低碳经济中发挥着越来越大的作用：通过金融市场发现价格的功能，调整不同经济主体利益，支持低碳技术发展，鼓励、引导产业结构优化升级和经济增长方式的转变。

低碳金融是应对气候变化风险的新工具，其核心功能是通过市场设计，以最低成本降低整个经济体系的碳排放，有效分配和使用国家环境资源，落实节能减排和环境保护，为低碳经济发展提供各种驱动力。

低碳金融的参与主体非常广泛，包括项目开发商、减排成本较低的排放实体、国际金融组织、咨询机构、技术开发转让商、经纪商、交易所和交易平台、银行、保险公司、创投基金、对冲基金及机构投资者等，还包括市场其他服务提供者，如质量管理机构、法律咨询服务机构、信息和分析机构、学术机构、数据库、开发代理机构。

二 碳排放权交易市场概况

碳排放权交易市场是以 CO_2 为代表的温室气体排放权的交易市场，简称碳交易市场或碳市场。换句话说，它是以碳排放权为交易产品的市场。从 1997 年 12 月《联合国气候变化框架公约》缔约国第三次会议通过的《京都议定书》付诸实践以来，碳市场逐渐成为应对气候变化最有效、最便利的手段。

（一）碳市场产生的背景

由于温室气体不受地理区域束缚，会全球扩散，并会长期在大气中累积，因此，全球无论哪个国家过量排放温室气体，都会对其他国家造成影响。生态环境问题不再是区域性问题，而是一个全球性问题。

全球性的气候变化给人类及生态系统带来了极端天气、冰川消融、永久冻土层融化、珊瑚礁死亡、海平面上升、生态系统改变、旱涝灾害增加，以及致命热浪等众多灾难。全世界范围内越来越多的科学研究成果证明，人为温室气体排放是导致全球气候变化的必须要控制的因素。因此人类需要行动起来应对气候变化。

联合国于 1992 年 6 月在巴西里约热内卢举行地球高峰会，通过《联合国气候变化框架公约》，并于 1994 年正式生效。《联合国气候变化框架公约》共有 26 条款与 2 个附件，为国际间因应气候变迁制定目标、指导原则、责任义务、制度规定等。1995 年 3 月举行第一次缔约国大会（Conference of the Parties to the Convention，COP），经过讨论后，大会同意附件一国家原有的减排承诺不足，因此特制订"柏林授权"（Berlin Mandate），着手进行 2000 年后的新承诺或议定书，以便于第三届缔约国大会（COP3）提出讨论，希望能针对工业化国家制订更强且更详细的减排承诺。在经过两年半的协商之后，1997 年 12 月在京都举行的第三届缔约国大会，正式提出《京都议定书》。

《京都议定书》与《联合国气候变化框架公约》有共同的目标、指导原则与制度，但提高了《联合国气候变化框架公约》中附件一国家的减排责任。

《京都议定书》第三条中要求附件一国家在 2008～2012 年期间，应在 1990 年的排放量基础上再降低温室气体排放 5.2%，同时于 2005 年前报告减排进展情形。

京都议定书生效的两个要件为：（1）最少必须有 55 个气候变化纲要公约的附件一国家批准此协议；（2）批准此协议之附件一国家的 1990 年排放总量必须占附件一国家排放总量的 55% 以上。俄罗斯总统普京于 2004 年 11 月 4 日签署议定书，使俄国成为正式的缔约国，《京都议定书》于 2005 年 2 月 16 日生效实施。澳大利亚总理陆克文也于 2007 年 12 月 5 日批准《京都议定书》。截至目前，美国为唯一未确认该协议的附件一国家。

为符合《联合国气候变化框架公约》第 3.3 条规定温室气体减排必须符合成本有效性原则，《京都议定书》制定了三种温室气体减排弹性机制（简称京都机制），即排放贸易（Emissions Trading，ET）、联合履行机制（Joint Implementation，JI）、清洁发展机制（Clean Development Mechanism，CDM）。排放贸易是附件一国家间（发达国家及部分转型国家）可以相互交易超额完成减排目标的配额——分配数量单位（Assigned Amount Unit，AAU）。联合履行机制也是附件一国家间的一种遵约机制，但它是指附件一国家把减排项目所产生的减排量——减排单位（Emission Reduction Units，ERU）交易给没有完成减排目标的附件一国家。而清洁发展机制是附件一国家与非附件一国家（发展中国家）间的减排量交易。允许附件一国家的投资者对非附件一国家进行资金支持或技术援助，从非附件一国家的减排项目中获取核证减排量（Certified Emission Reductions，CER），来完成自身的减排目标。

《京都议定书》的有约束力的量化减排目标赋予碳排放权以稀缺性，三种灵活机制则为碳市场提供交易制度基础，碳市场已经成为应对气候变化有效的、便利的手段，在各国如雨后春笋一般涌现。

（二）碳市场的概念、特征、分类及规模

1. 碳市场的概念

碳市场是以 CO_2 为代表的温室气体排放权为交易对象的排放（污）权交易市场。碳交易是以 CO_2 为代表的温室气体排放权交易的简称。从遏制气候变暖的角度看，碳交易表明了一方向另一方购买温室气体排放权用以履行减缓气候变化的义务。

从实体经济角度看，碳交易是实体经济中的排放企业根据各个实体的减排

成本不同，将其碳排放权进行交易；由于不同企业的排放量，减排成本不同，一些持有较多排放权的企业可以将多余的指标出售给排放权不足的企业；碳排放权可以像一般商品一样在排放企业间交易；这样一来，碳交易把原本一直游离在资产负债表外的气候变化因素纳入了企业的资产负债表，改变了企业的收支结构。

从虚拟经济角度看，金融机构为了防范气候变化的不确定性带来的风险以及为了获得更多、更可持续的利润，开发了一些基于碳排放权的保险产品、衍生产品及结构性产品，于是碳排放权逐渐成为一种金融工具，其价格越来越依赖于金融市场。这意味着金融资本介入碳排放权市场，使碳排放权不再是简单的商品。从经济流动性的角度看，碳交易支付可以通过一种或几种方式进行：现金、等价物、债券、可转换债券、认股权证，或实物（如提供减排技术）交易。

从经济学角度看，碳交易遵循了科斯定理，即以 CO_2 为代表的温室气体需要治理，而治理温室气体会给企业造成成本差异，既然日常的商品交换可看做是一种权利（产权）交换，那么温室气体排放权也可进行交换，这样，借助碳交易便成为市场经济框架下解决 CO_2 排放破坏环境问题的最有效率的方式。由此，碳交易把气候变化这一科学问题、减少碳排放这一技术问题与可持续发展问题紧密地结合起来，通过市场机制解决这个科学、技术、经济发展综合问题。

需要指出，碳交易本质上是一种金融活动，但与一般的金融活动相比，它更紧密地链接了金融资本与基于绿色技术的实体经济。一方面，金融资本直接或间接投资于创造碳资产的项目与企业；另一方面，来自不同项目和企业产生的减排量进入碳金融市场进行交易，被开发成标准的金融工具。

2. 碳市场的特征

（1）环境有效性。就环境效益而言，由于碳交易必须事先确定一个总量管制目标，因此可以实现有利于环境保护的目标，例如，《京都议定书》规定各国在 2012 年的排放量要在 1990 年排放量的基础上再减 5.2%。需要注意的是，过于宽松的减排目标，可能无法达到环境目标，这是目前对碳市场争议很大的问题。此外，造成温室效应的气体，除了 CO_2 外，还有含数量少但全球升温潜力高的气体。因此，碳市场是否纳入其他温室气体管制，也是值得重视的问题。

（2）成本有效性。就成本有效而言，是碳市场最基本的经济学原理。一个运作良好且参与者众多碳市场，可以确保整体企业的减排成本最低，符合经济效益：企业可以通过减排，获取出售多余排放配额的利益；排放空间可以在产业部门间移转。碳交易价格的波动影响经济发展。依国际经验，在经济增长、高能源价格、严寒气候或上限较严的状况下，将使碳价格走高。相反地，在经济衰退、能源价格下降、温暖气候或上限较宽松的状况下，将使碳价格走低。

（3）行政可行性。碳市场的制度设计涵盖面很广，包括承诺期长度、排放目标、管制行业、交易对象、排放权分配，以及各类遵约机制与宏观调控机制。制度设计如果过于复杂，以致产生高额的行政成本与交易成本，减弱总体市场的经济效率。

（4）公平性。排放权的分配容易引起利益团体的逐利行为，运作不当的碳市场容易受人为操控影响，如刻意地规避某产业、操纵及行贿等。另外，排放权分配原则的确立、监测与处罚措施对中小企业之影响、如何处理垄断问题，都需要纳入考虑。

（5）产业接受性。相较于碳税，目前依各国经验发现，产业对碳交易政策的接受度较高。但其制度设计是否可吸引较多企业参与，也是一个重要的问题。一个产业接受度高的交易制度，可扩大交易规模，增加流动性，并促成边际成本最小化。另外，产业是否愿意配合培育相关人才，也是需要考虑的。

3. 碳市场的分类

碳市场可以分为两种交易体系，其根本区别是碳排放权的产权确立的形式不同。一种叫上限与交易（cap and trade）体系，就是政府建立一个碳排放总量的限制，碳排放被政府赋予产权，成为一种稀缺产品，称为配额，然后分配给碳排放企业，各个企业根据自身减排成本差异，出售或购买碳排放权，这就形成了碳市场。还有一种叫碳抵消（offset）体系，指企业通过具体的减排项目减少了碳排放，这些减排量被政府赋予产权，称为碳抵消额，成为了碳排放权，进而进行交易的方式。碳抵消体系实质上可以作为上限与交易体系的一个组成部分进行分析，即碳抵消额成为配额来源的一种补充机制。

按照交易规则，碳市场可以分为两类：强制碳市场与自愿碳市场。强制碳市场是指由国际条约、国家政策法令或约束力的契约规定具体国家、区域或企业碳排放的限额而形成的交易市场。相应地，自愿碳市场是指国家、区域或企业自发的、没有约束力的限制碳排放而形成的交易市场。

4. 碳市场的规模

根据《京都议定书》的规定，建立可以与京都机制链接的国内碳排放交易机制，已俨然成为各国为达成碳减排主要手段，全球碳市场亦反映出惊人的交易额，从 2005 年的 110 亿美元，快速成长至 2011 年的 1760 亿美元，是2005 年的 16 倍。具体情况详见表 6 – 1。

表 6 – 1   全球碳市场交易额

年份	金额（亿美元）
2005	110
2006	312
2007	630
2008	1351
2009	1437
2010	1419
2011	1760

资料来源：世界银行著，郭兆晖译：《世界碳市场发展状况与趋势分析（2011）》，石油工业出版社2012 年版。

第二节　传统金融业的低碳创新

由于种种特性，金融业是市场经济体系中最具有创新冲动和创新能力的产业。如果把气候变化作为新的外部不确定性因素，那么它也可以作为最大的创新因素影响传统金融业的风险与收益评估模型。正是在这样一种背景下，低碳银行、低碳保险、低碳投资等新的金融业务模式在迅速成长。应该肯定地说，低碳金融是未来金融创新活动中最有活力的因素。

 气候变化与低碳经济推动传统金融业变化

气候变化已经成为金融业在银行、保险和投资等传统金融交易活动中进行决策的重要影响因素。气候变化给金融业带来诸多的风险与挑战：第一，监管风险。政府出台了限制碳排放的政策，金融机构会因为自己的客户或自身营运为遵守这些政策而遭受财务业绩的实质性影响。第二，实体风险。这是气候变化所带来的直接影响，如各种极端天气、气候灾害。这对保险业产生直接冲击，也给投资于易受气候变化影响的产业及企业的金融机构带来风险。第三，法律风险。由于一些企业或产业对气候变化造成的影响会被提起法律诉讼，因此给这些企业或行业贷款、投资或担保的金融机构带来风险。第四，声誉风险。低碳越来越成为企业社会责任的一个重要组成部分，金融机构在应对气候变化、发展低碳经济领域的所作所为都会对其品牌价值造成影响。一旦金融机构在碳管理或应对减排方面出现问题或疏忽，在对低碳敏感的市场上会遭受到客户歧视或转移的风险。第五，竞争风险。在碳限制政策约束下，金融机构的产品和服务成本会发生改变，因此会承担更多的竞争风险。

这些挑战与风险也为金融机构创造了新的机遇。表6-2列出了银行、保险和投资业面临的风险与机遇。

表6-2 气候变化与低碳经济给传统金融业带来的风险与机遇

行业类型	风险	机遇
银行（零售银行业务、企业银行业务与项目融资）	实体风险导致直接损失：如暴雨、干旱；政策改变，如可再生能源补贴中止发放；受到影响的客户信用风险提高；碳市场价格波动加剧；具有争议的能源投资计划导致声誉受损	提供新的气候减缓商品；提供气候友好的小型融资活动；为小型的可再生能源计划提供融资顾问；对清洁技术进行投资
保险（财产险、自然灾害险、寿险、承保）	极端天气事件发生；业务中断；人身健康受到影响	替代风险转移需求增加；新保险产品；碳交易对象的信用；碳中和保险；清洁发展机制碳交付保证；排放交易保险；碳变成可保资产
投资（投资银行与资产管理）	在未成熟的技术设备上进行投资；由于气候模式改变而导致的成本增加；公用事业资产遭受损失	投资与气候变化相关的产品；提供天气衍生品；建立碳基金；在欧盟排放交易体系提供交易服务；使用绿色科技

资料来源：安联集团与世界自然基金。转引自索尼亚·拉巴特、罗德尼·R·怀特，王震、王宇等译：《碳金融——碳减排良方还是金融陷阱》，石油工业出版社2010年版。

面对气候变化和低碳经济发展，金融业的决策者肩负着双重责任：一是由于气候变化与碳限制政策可能对客户和自身营运造成影响，因而要准备好随时应对可能发生的各种负面效应；二是提供相关产品与服务，以帮助降低低碳社会中可能的经济风险。具体到不同金融行业的决策者，所发挥的作用与承担的责任是不同的，主要包括：（1）机构投资者的托管人负责调查气候变化与其受信托职责间关系。（2）机构投资者积极参与气候政策程序。（3）投资顾问将气候变化纳入到机构投资者的建议中和资产经理人的评估范围内。（4）基金经理评估气候变化是如何影响投资决策的。

低碳银行创新

（一）低碳银行的概念与功能

低碳银行是指提供低碳金融服务，实践低碳理念，限制对高耗能、高污染企业的金融支持的商业银行业务。具体的低碳银行业务有低碳技术和项目投融资、银行贷款、碳银行理财产品开发、碳贸易产品服务、碳权金融服务和交易，以及清洁发展机制业务咨询与账户管理、碳减排额交易等。

低碳经济发展既拓宽了商业银行的信贷范围和金融服务方式，也将进一步促进和推动商业银行的金融创新，要求商业银行创新业务运作模式、金融产品服务和风险管理方式。碳交易蕴含着对金融中介服务的巨大需求，商业银行通过提供项目融资、财务顾问、账户管理、基金托管等业务，可以创造新的业务增长点。但区别于商业银行的传统金融产品，低碳金融产品的交易规模、工具要求、服务能级、风险评级都更加严格。

（二）低碳银行的国际实践

从国际上看，低碳银行的实践是从 2003 年 6 月 10 家跨国银行宣布接受赤道原则（Equator Principles）开始的。2002 年 10 月，荷兰银行（ABN AMRO）和国际金融公司（IFC）在伦敦主持召开了一个由 9 家商业银行参加的会议，讨论项目融资中的环境和社会影响问题，并提到了它们对银行的声誉和利益的影响。2003 年 6 月 4 日，7 个国家的 10 家主要国际领先银行承诺支付大约 145 亿美元的项目贷款，约占全球项目银团贷款的 30%，宣布采纳并实行赤道原则。赤道原则是一套国际先进的项目融资环境与社会风险管理工具和行业基准，旨在判断、评估和管理项目融资中的环境与社会奉行，是金融可持续发展的原则之一，也是国际金融机构践行企业社会责任的具体行动之一。截至 2009 年 12 月 31 日，全球共有 68 家金融机构承诺采纳赤道原则。

荷兰银行是低碳银行的早期实践者之一。荷兰银行把碳市场列为具有战略利益的领域，推出一系列永续经营的全球性私募股权基金，并参与碳交易、以汇率为基础的碳交易结算，以及由欧洲企业买主预先支付碳信用的融资。荷兰银行和荷兰富通银行（Fortis Bank Nederland NV）于2010年7月1日合并，以名称为ABN Amro Bank的独立银行开展运营。表6-3是荷兰富通银行已经开展的低碳银行业务，从中可以发现，国外低碳银行已经有了一定发展。

表6-3 荷兰富通银行碳银行业务

碳金融与银行业务	碳交易与风险管理业务	碳结算业务	碳保管、碳管理与碳处理业务
确保减排购买协议的信贷支持	根据需要或订单交易	市场进入	保管碳信贷和项目跟踪
抵押贷款减排货币化	指数为基础的采购或转让	结算	资金和行政管理
清洁发展机制融资	欧盟排放配额期货合约和CER期货合约的买卖	结汇交易，OTC转让和碳相关产品	托管及碳结算服务
银行存款及现金管理	交换日期互换（准回购）		

资料来源：荷兰富通银行，转自吴俊、林冬冬：《国外碳金融业务发展新趋向及其启示》，载于《商业研究》，2010年第8期。

（三）低碳银行的中国实践

与国外相比，中国低碳银行起步晚，发展还比较缓慢，目前，中国的银行主要是进行以下五方面的运作。

1. 绿色信贷

2007年7月12日，国家环境保护总局、中国人民银行和中国银行业监督管理委员会联合下发《关于落实环保政策法规防范信贷风险的意见》。"一行三会"明确提出：严格控制产能过剩行业贷款，加大"绿色信贷"和对重点产业的支持力度。兴业银行、中国工商银行、招商银行、中国建设银行、交通银行、上海浦东发展银行等银行在国家政策基础上，建立了自己的绿色信贷政策和判定标准。一些银行制定了针对"两高"行业的具体措施，在信贷审批中，对高耗能、高排放和落后产能行业实行环保一票否决制，实行企业名单制管理，控制、减少或不提供贷款。2008 年 10 月 31 日，兴业银行成为中国首家赤道银行。成立了赤道原则工作领导小组，在各分行设置可持续金融职能部门，在分行负责包括赤道原则在内的环境及社会风险管理的工作。

2. 碳能效融资项目

2006 年 5 月 17 日，兴业银行与国际金融公司签署《能源效率融资项目合作协议》，成为国际金融公司开展中国能效融资项目合作的首家中资银行。根据该协议，国际金融公司向兴业银行提供 2 亿元人民币的本金损失分担，以支持最高可达 4.6 亿元人民币的贷款组合，兴业银行则以国际金融公司认定的节能、环保型企业和项目为基础发放贷款，国际金融公司则为贷款项目提供相关的技术援助和业绩激励，并收取一定的手续费。截至 2009 年 9 月末，全行 34 家分行全部发放了节能减排项目贷款业务，共支持全国 146 个节能减排项目，融资金额达到 92.37 亿元。

3. 碳结构性产品的研发

2007 年 8 月，深圳发展银行推出 CO_2 挂钩型人民币和美元理财产品，基础资产为欧盟第二承诺期的 CO_2 排放权期货合约价格。两款产品于 2008 年 9 月 2 日到期，分别获得 7.4% 和 14.1% 的较高收益，并再次推出同类产品。2010 年 5 月，中国光大银行联合北京环境交易所，发行阳光理财·低碳公益理财产品（T 计划 2010 年第十期），投资本期产品的客户，将用预期收益中的 1.75% 购买 CO_2 减排额度（每购买 5 万元理财产品，可购买 1 吨 CO_2 减排额度）。

4. 银行碳中和服务

2010 年 4 月 8 日，中国光大银行与北京环境交易所在京签订了《中国光大银行碳中和服务协议》，由此成为国内首家碳中和银行。中国光大银行实施的"碳中和"是通过付费方式，向北京环境交易所购买碳额度，用以投入符合规定的节能减排项目，以运用在生产、经营活动中所排放的 CO_2，从而实现环保的目的。

5. 清洁发展机制交易

作为清洁发展机制的参与者，中国商业银行开展碳交易业务等环保金融业务，北京银行、兴业银行、上海浦东发展银行等正在积极参与。如兴业银行已经开发出针对碳卖家的产品包：清洁发展机制项目融资、售碳代理、减排量交付履约保函、清洁发展机制项目开发咨询、碳资产质押授信业务。针对碳买家的产品包：购碳代理、账户监管、短期融资等。

三 低碳保险创新

（一）低碳保险的概念与功能

保险业一直是风险转移的重要手段。"低碳保险"是指从事转移气候变化给经济带来风险的保险公司的业务。具体的"低碳保险"业务有碳交易对象的信用担保、碳中和保险、清洁发展机制碳交付保证、排放交易保险、碳变成可保资产及开发巨灾保险、天气保险产品等。

低碳保险能够为低碳技术的发展提供市场化的保障机制。低碳技术主要集中于创新型制造技术、新型低能耗建筑材料等，其研发投入大、科技含量高、研发成果的运用面临众多不确定性风险。为了规避和减少研发、营运失败对市场经营主体带来的负面效应，可以在低碳技术的研发和运用中引入科技保险、创业保险，通过商业化的保险机制，大力支持先进煤电、核电等重大能源装备制造技术、CO_2捕集、利用与封存技术等低碳技术的发展。通过保险产品的设计及保费的厘定来制约高能耗、高污染、高排碳产业的发展，促进符合低碳经济发展的产业不断扩张，进而促进全社会对于低碳社会达成共识。如通过在车险中对碳排放量超标的车型设定更高的保险费率，将有利于引导小排量和使用清洁能源的汽车消费，从而促进汽车产业向环保方向转型；通过开发相关的森林保险，可以引导植树造林，不断扩大森林面积和森林蓄积量，增加的森林碳汇。此外，还可以通过开发诸如巨灾保险、天气保险，能够分散极端气候变化带来的灾难事故的损失。通过再保险市场，转移碳排放风险，减轻碳排放压力对经济发展可能带来的负面效应。

（二）低碳保险的国际实践

保险业开发整合型的风险管理产品，以规避所有气候风险。作为保险公司业务新的增长点，将低碳保险产品与生产经营相结合，采用不同的推广方式，利用保险产品对生态环境进行承保，从而促进环境的可持续发展。一些国际保险机构已经开展了一系列的低碳保险实践。

瑞士再保险最早于 2008 年推出绿色车险业务，车主可以根据汽车的排量和每年平均行驶的公里数计算出一年的碳排放量，然后通过付费使用瑞士再保险购买的减排证，从而中和自己汽车排放的 CO_2。瑞士再保险公司和慕尼黑再保险公司进一步明确了碳管理的责任范围。如果任何公司的董事或高管没有做出减缓气候变化的努力，他们将不能获得这方面的赔偿保险。这类保险促使企业高管采取有效的碳管理措施。英国保险公司对达到绿色评级 A 类的汽车给予 10% 的保险费率优惠。德国安联保险公司在欧洲推出专门针对全球变暖和可再生能源投资的保险产品。美国保险公司为气候改变推出了新的险种，"碳排放信用保险"。日本东京海上火灾保险公司在亚洲地区种植了 7500 英亩的红树林以减少日益增多的飓风带来的损失。

（三）低碳保险的中国实践

随着众多保险公司将低碳作为公司发展的重点，各类与中国国情相适应的低碳保险产品也不断涌现。

1. 环境污染责任险

早在 2007 年 12 月，国家环保总局下发《关于环境污染责任保险工作的指导意见》后，中国的环境污染责任保险就开始起步。中国人寿保险已在湖北、辽宁、重庆等地开展环境污染责任保险试点工作。2008 年，平安保险作为首家中资保险公司推出平安环境污染责任险，该险种承保被保险人在被保险场所的区域内从事保单载明的业务时，因突发意外事故导致污染损害而造成的第三者损失，保险周期以一年为单位。2009 年，该款保险保费收入约 500 万元。

2. 绿色车险

近年来，中国保险机构进行了绿色车险的探索。2009 年 11 月，天平保险开始尝试开发环保型车险产品，根据行车里程和区域设计产品，给予行车里程少、行车区域固定的客户以更多的保费优惠，意在鼓励多乘公交、引导客户绿色出行等。

3. 碳信用交付担保保险

很多大型清洁能源投资项目可以将自己未用完的碳信用出售给需要更多碳信用的企业，但是由于新能源项目本身在整个运营过程中面临着各类风险，这些风险都可能影响到企业碳信用交付的顺利进行。而建立碳信用交付担保保险则可为项目业主或融资方提供担保和承担风险，将风险转移到保险市场，以保证碳减排额的交付。

4. 气象指数保险

主要是指因天气异常导致企业或个人遭受经济损失后，由保险公司向投保者提供赔偿。即由气象信息用户向保险公司缴纳保费，以企业可能遭受的天气变化为保险标的投保，如果实际出现的天气状况超出保险公司与用户的约定范围，造成了投保方的经济损失，由保险公司向投保方理赔。投保人通过购买保单，将不利天气带来的损失转嫁给保险公司，而保险公司的保费收入则作为保险准备金应付不利天气带来损失时的赔付。气象指数保险作为一种市场化的风险转移机制、社会互助机制和社会管理机制，能起一种"精巧社会稳定器"的作用。自 2007 年 8 月保监会公布了《关于做好保险业应对全球变暖引发极端天气气候事件有关事项的通知》，鼓励保险公司在保险领域开发气象指数保险以来，河南、安徽等省在开展约定气象保险服务中，将专业气象台、保险公司、专业科研所三家按照市场机制联合起来，组织保险。

四　低碳投资创新

（一）低碳投资的概念与功能

"低碳投资"是指投资于气候变化领域资产或开发气候变化相关的金融衍生品的投资银行与资产管理业务。具体的"低碳投资"业务有投资与气候变化相关的产品、开发天气衍生品与巨灾债券、建立碳基金、为碳排放交易体系提供交易服务、投资低碳技术与低碳企业。

低碳投资在低碳经济转型过程中发挥的作用表现为：帮助企业消除低碳生产模式转变过程中所面临的技术、经济和管理障碍，帮助企业提高能源使用效率，减少 CO_2 排放；对具有市场前景的低碳技术进行商业投资，拓宽低碳技术市场；开发新的低碳领域金融衍生产品以规避气候变化带来的风险。

（二）低碳投资的国际实践

设立碳基金投资于气候变化相关领域的资产、产品是低碳投资的一种重要形式。随着全球低碳金融市场的迅猛发展，碳基金的发展非常迅速，已成为国际低碳投资的重要工具。碳基金具有帮助企业和公共部门进行温室气体减排、提高能源使用效率、加强碳管理及投资低碳技术研发的作用。自 2000 年世界银行设立首个碳基金以来，十年间全球已有 87 只基金，累计担保资金从零发展到 890.8 亿欧元。碳基金的资金来源有三种：一是政府承担所有出资。此类基金也被称之为公共基金。非常典型的公共基金有英国碳基金、奥地利碳基金、芬兰碳基金等；二是由政府和私有企业按比例共同出资。此类基金在国际上被称为公私混合基金，这是碳基金最常见的一种资金来源方式。公私混合基金最典型的代表是世界银行参与设立的碳基金，此外还有意大利碳基金、日本碳基金、德国 KFW 等；三是完全由私有企业自行募集资金，一般被称为私人基金，如 Merzbach 夹层碳基金、气候变化资本碳基金 I 和 II 等。碳基金成立之初的资金主要源于政府，私有资本比例较少。但在近十年的发展中，私有企业出资或参与基金数量的增幅和总数都大大超过政府出资组建的基金增长速度与总数。

开发低碳金融衍生品也是低碳投资的重要形式。除了碳交易相关的金融衍生品，主要有天气衍生品与巨灾债券。天气衍生品市场于 1997 年首次出现在北美，第一个交易是 1997 年在科赫能源和安然公司之间完成的。到了 1998 年后期，欧洲和亚太地区也陆续出现了天气衍生品市场。那时的市场一直是场外交易市场，交易双方通过经纪人达成交易。到了 1999 年，芝加哥商业交易所（CME）正式将天气衍生品引入场内进行交易，推出了四个美国城市的 HDD（取暖指数）和 CDD（制冷指数）期货和期货期权合约，交易双方通过交易经纪人进行交易。2001 年，伦敦国际金融期货交易所（LIFFE）推出了伦敦、巴黎和柏林三个城市每日气温汇编指数的合约，并通过其电子交易平台进行交易。巨灾债券属于保险连接证券，其付息或者还本与巨灾事件发生与否相连，即只有当巨灾发生且造成损失满足触发条件时，债券投资者才会损失利息或本金。第一宗的全球性发行于 1996 年由 St. PaulRe 再保险公司进行。1997～2007年，总共发行了 116 个巨灾债券，总交易金额累积为 223 亿美元。

（三）低碳投资的中国实践

由于中国金融市场还不能开发气候变化领域的金融的产品，低碳投资主要是对气候变化领域的资产或产品投资，中国碳基金的发展目前仍处于引进探索阶段。

2007 年 7 月 20 日，中国宣布成立中国绿色碳基金，发起者包括国家林业局、中国石油天然气集团公司、中国绿化基金会、嘉汉林业（中国）投资有限公司、美国大自然保护协会和保护国际。该基金设在中国绿化基金下，属于全国性公募基金，是用于支持中国应对气候变化的活动、促进可持续发展的一个专业造林减排基金。它的设立，为企业、团体和个人志愿参加植树造林以及森林经营保护等活动搭建了一个平台。基金先期由中国石油天然气集团公司注入 3 亿元人民币，用于开展旨在固定大气中 CO_2 的植树造林、森林管理以及能源林基地建设等活动。通过 3 亿元造林减排基金的投入，中国石油预计在今后 10 年内将吸收和固定 500 万～1000 万吨 CO_2，为降低温室气体浓度做出贡献。

目前，中国绿色碳基金北京专项、大连专项、温州专项等相继设立。首批中国绿色碳基金碳汇造林项目资金 2000 万元，确定在北京、黑龙江、甘肃、河北、湖北、浙江、广东 7 个省（市）的 10 个县（区）实施，项目资金来源于中国石油天然气集团公司对中国绿色碳基金的首期注资。八达岭林场碳汇造林项目是全国第 1 个民间公众捐资开展的碳汇造林项目。中国绿色碳基金在中国北方实施的第 1 个示范项目是内蒙古多伦县造林增汇示范项目。据中国碳汇网公布，截至 2008 年 8 月 25 日，中国绿色碳基金个人出资购买碳汇有 375 人，金额 38.5304 万元，企业出资购买碳汇有 6 家，金额 3.01462 亿元。

第三节　构建中国特色的碳排放权交易市场

从 1990 年开始，中国将应对气候变化提到政府工作最重要的议程之一。在经历了 20 多年的能力建设之后，2011 年底正式把建立碳市场作为应对气候变化的重要工具，借助市场机制运作、借助碳金融的力量，降低节能减排的总成本，这是中央政府给地方政府与企业发展低碳经济发出的信号。因此，如何构建中国碳市场运行模式，是急需解决的问题。

一　中国碳市场发展"序曲"

由于中国还没有构建起自己的碳市场，我们把目前一些碳交易的发展称作中国碳市场的"序曲"，包括清洁发展机制的"启蒙"和自愿碳市场的"萌芽"两个篇章。

（一）清洁发展机制的"启蒙"

清洁发展机制是《京都议定书》设立的一种碳抵消体系的碳市场。由于《京都议定书》只规定发达国家的强制减排义务，没有规定发展中国家的义务，而发展中国家的减排成本相比发达国家较低，因此，发展中国家可以通过实施清洁发展机制项目，把所实现的减排量（称为核证减排量）卖给发达国家，用于发达国家完成《京都议定书》规定的减排义务。

目前，中国已经成为核证减排量的最大供应国，并且这种趋势仍在逐步扩大。截至 2012 年 12 月 3 日，在联合国清洁发展机制执行理事会的信息平台上，已签发的核证减排量约为 11.03 亿吨 CO_2，中国约为 6.68 亿吨，占其中的 60.58%（见图 6 - 1）。

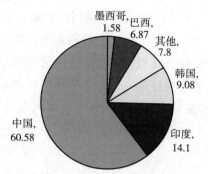

（截至2012年12月3日总量：1,102,905,083 吨CO_2）

图 6 - 1 已签发的核证减排量按国家分布

资料来源：http://cdm.unfccc.int

清洁发展机制客观上对中国碳市场的发展起到了"启蒙"作用，但是从以往的实践看，清洁发展机制不适合作为中国碳市场的发展模式。

第一，清洁发展机制的内在问题制约了中国低碳发展，并导致大量风险。清洁发展机制本身存在大量问题，在中国实施过程中，出现许多问题。由于项目基准线与额外性确定比较困难，联合国清洁发展机制执行理事会经常以项目基准线与额外性的问题不批准中国企业的项目，导致了大量的纠纷，例如，国家发改委与中国 10 个被联合国以"怀疑中国政府有意系统性降低风电项目的上网电价，从而鼓励将风电项目开发为清洁发展机制项目"为由拒绝的风电清洁发展机制项目联合签署声明交到哥本哈根会议。

由于项目审批程序复杂而且不透明，导致了大量交易成本。清洁发展机制的项目都要进行个案审查，审批时间极其冗长，会带来大量交易成本。交易成本具体包括项目搜寻，开发、选择基准线方法学并且估计项目减排量，准备相关技术文件，东道国的批准，利益相关方的咨询和环境影响评价，准备核证减排量购买协定，指定经营实体对项目的审定，注册、监测、核查和核证费用，适应性费用，清洁发展机制的管理费用。据估计，一个大型清洁发展机制项目的交易成本有可能高达 20 万 ~ 25 万美元。

清洁发展机制由于在制度本身没有排放总量的限制以及实施中的问题，也会造成对环境的不良影响。一些中国企业为获取减排量的收益而新建项目，一些企业也会制造一些虚假材料获取减排量的行为，这些行为实际上反而增加了中国实际的碳排放。还有一些企业在环境评估报告没有落实的情况下，私自开始项目建设，导致原先的减排项目成为污染项目。

随着 2012 年《京都议定书》第一遵约期的到期，目前国际气候谈判前景堪忧，《京都议定书》第二遵约期很有可能不能达成国际协议。因此，清洁发展机制作为《京都议定书》的产物，其前途未卜。这将给参与到清洁发展机制的中国企业带来极大的风险。

第二，中国处于清洁发展机制交易的最低端，没有话语权。中国处在整个碳交易产业链的最低端，所创造的核证减排量被发达国家以低廉的价格购买后，通过它们的金融机构包装、开发，作为价格更高的金融产品、衍生产品及担保产品进行交易。核证减排量与最终进入交易的碳配额两者实质都代表每吨 CO_2 减排量，从经济学的市场无套利原理来说，两者的价格应该是相同的，但是现实中两者存在着巨大价差，见图 6-2。

图 6-2 核证减排量（CER）与欧盟配额（EUA）的价差（SPREAD）

资料来源：路透碳价格指数，数据时间为 2007 年 3 月 9 日至 2009 年 3 月 31 日。

而且，虽然国家发改委批准交易的最低限价为 8 欧元/吨，但是实践中还存在许多虚假合同的问题，实际交易价格甚至低于 8 欧元/吨，这就导致中国企业面对更大的核证减排量与欧盟配额等碳配额的价差。

中国市场提供了大量的碳产品，但是由于我们只处于卖方，而且缺乏碳市场的相关人才与基础设施，这导致中国丧失了碳市场的话语权，进而没有定价权。而发达国家却牢牢掌握了碳市场的话语权与定价权，制定着碳市场的游戏规则。发达国家还正在全力吸引中国的金融机构参与到他们所建立的碳市场中，进而赚取中国资本的利润。这就像中国为发达国家提供众多原材料与初级产品，发达国家再出售给中国高端产品一样，他们轻而易举地赚取了"剪刀差"利润！

第三，中国清洁发展机制交易规模相对于排放总量过小，不可能成为减排的主要手段。中国虽然已经成为清洁发展机制的最大项目来源国与最大核证减排量出售国，但是所有的减排额累加只有 4.31 亿吨 CO_2。这个数字相对于中国约 70 亿吨的碳排放总量而言，只是一个零头。虽然清洁发展机制刺激中国新能源的发展，比如水电与风能，但是不足以真正解决中国的碳排放问题，达到中国的低碳发展目标。而且，清洁发展机制必须与国外的上限与交易体系链接才能形成交易，无法成为真正意义的碳市场。

综上所述，清洁发展机制本身高昂的交易成本、不合理的市场定价等种种问题决定了它作为全球性的减排机制，不具备大规模发展的前景。所以，虽然清洁发展机制的确为中国碳市场的构建提供了基础，但是它不能成为中国碳市场的运作机制。

（二）自愿碳市场的"萌芽"

2008 年以来，北京环境交易所、上海能源环境交易所、天津排放权交易所相继建立。目前中国已经有几十家以"碳交易"为内容的交易所。这些交易所开始尝试中国的自愿碳交易，以企业自发的行为来推动中国碳市场，自愿碳市场开始"萌芽"。

北京环境交易所率先完成了第一笔自愿减排量的交易。2009 年 8 月 5 日，天平汽车保险股份有限公司用 277699 元人民币购买了 8026 吨自愿碳减排量，这批指标是 2008 年北京奥运期间的出行者累积下来的。但是这次交易没有基于国际认可的标准，其减排量是某一研究机构认定的。2011 年 3 月 29 日，中国商业地产企业方兴地产有限公司通过北京环境交易所成功购买了 16800 吨首次使用"熊猫标准"签发的自愿碳减排量。

天津排放权交易在国内首先按照国际自愿减排标准进行了一笔自愿减排交易。2009 年 11 月 17 日，上海济丰纸业包装股份有限公司向厦门赫仕环境工程有限公司成功购买了 6266 吨的碳排放量，用于抵消自 2008 年 1 月 1 日至 2009 年 6 月 30 日在上海济丰运营过程中产生的碳排放量。2011 年 6 月 10 日上午，天津排放权交易所又促成了一笔基于英国标准协会的 PAS2060 碳中和标准的企业自愿碳减排交易。为实现国际济丰纸业集团下属的 8 家子公司 2010 年全年碳中和，国际济丰纸业集团购买的 25078 吨自愿碳减排量，全部来自于甘肃黄河柴家峡水电项目，按照自愿碳减排标准（Voluntary Carbon Standard）签发，由荷兰 CVDT 公司负责开发。

北京环境交易所制定的推动自愿碳交易的中国标准，称之为"熊猫标准"（Panda Standard）。2009 年 9 月 23 日，北京环境交易所和法国 Blue Next 交易所宣布，双方共同启动中国第一个自愿碳交易标准——"熊猫标准"的开发。熊猫标准 1.0 版在 2009 年 12 月的哥本哈根气候峰会上发布。这个自愿碳交易标准适用于中国的农林及其他土地利用项目活动（Agriculture, Forestry and Other Land Use, AFOLU）。2011 年 11 月 10 日，北京环境交易所开始在网上公示"熊猫标准"的第一份方法学——竹林碳汇方法学（退化土地上的竹子造林方法学）。

北京环境交易所也在推进企业层面的自愿碳市场的构建。2010 年 1 月 8 日，北京环境交易成立了中国碳中和联盟，开始招募会员企业，为会员提供碳足迹测算与核证、碳中和交易与认证、碳资产管理与咨询等服务。

天津排放权交易主要通过沿着其股东芝加哥交易所的制度与交易方法推动中国的自愿碳交易。2009 年 9 月 8 日，天津排放权交易所发起"中国企业自愿减排联合行动"首次推介会，希望试点建立符合中国国情和企业实际的 CO_2 温室气体测量、报告、核实体系，以及减排和交易体系等。2010 年 6 月 10 日，天津排放权交易所开发的温室气体自愿减排服务平台上线试运行并为首批项目 37.59 万吨自愿减排量提供电子编码和公示服务。

上海环境能源交易所为 2010 年上海世界博览会构建了自愿碳交易机制和交易平台。2009 年 8 月 4 日，上海环境能源交易所对外宣布，已正式启动"绿色世博"自愿碳交易机制和交易平台的构建，准备在世博会会展期间，由各国参观者通过这个平台来购买支付自己行程中的碳排放，实现自愿减排。目前，上海环境能源交易所正在为世博万科馆建造过程的碳排放量的核算与第三方认证机构接洽，进入初步碳排放量审核环节，希望最终核查出排放量后，通过上海环境能源交易所的世博自愿减排平台寻求适当的碳抵消项目，抵消万科馆的碳排放。上海环境能源交易所也开始积极推动一些自愿碳交易的基础性工作。2011 年 3 月起，上海环境能源交易所对首批 9 家上海虹口区的重点工业企业展开碳核算，正式启动了上海企业碳核算试点工作。

从中国的自愿碳交易发展来看，存在不少问题。首先，各类以"碳交易"为名的交易所在中国"遍地开花"。全国还有多家碳交易所在建或列入当地政府规划，遍及全国各区域、各省市，甚至到区县，筹建的碳交易所已经多达100多家①。2011年11月24日，中国政府网公布了《国务院关于清理整顿各类交易场所切实防范金融风险的决定》，对清理整顿各类交易场所作出明确部署。这些所谓"碳交易所"的前景堪忧。其次，现有的自愿碳交易数量极少。北京环境交易所成立3年以来，自愿碳交易量约300万吨；② 天津排放权交易自成立以来，自愿碳交易量为50多万吨。③ 这些交易量在全球自愿碳市场只占零头，比欧盟排放交易市场一天的交易量还小。北京环境交易所推行的中国碳中和联盟与天津排放权交易所推行的中国企业自愿减排联合行动都希望推行自愿的上限与交易体系，但是由于国家没有明确的企业强制减排的限制政策，企业没有真正的经济动力去参与碳市场，因此这些交易所的工作进展极其缓慢。

从国内外的实践来看，自愿碳市场在全球碳市场中比重很小，只占1%左右，而且目前正在运行和提议中的碳市场绝大多数是采用强制交易。从日本与美国发展自愿碳市场的经验来看，虽然自愿碳市场不是一个国家或区域向强制的碳市场发展的必然阶段，但是它可以作为一个很好的向强制碳市场过渡的学习机制。而真正发挥这种学习机制的前提是管制机构能做出建立强制碳市场的明确的政策信号。

中国目前已经在发展自愿碳市场上获得了一定的经验与成绩，企业也开始熟悉碳交易的形式与制度。自愿碳市场可以作为中国建立强制的碳市场的过渡阶段，但是，不能把自愿碳市场作为构建自身碳市场的最终目标，应尽快确定强制碳市场的基本制度设计及实施路线图，给企业一个清晰的政策信号，使企业通过现有的"萌芽期"的中国自愿碳市场尽快学习碳市场的基本规则与运行方式。

中国碳市场的顶层设计

中国政府已经深刻认识到碳市场发挥着市场机制在优化资源配置中的基础性作用，是落实党中央、国务院关于应对气候变化工作总体部署的重要举措，

---

① 温泉：《中国碳交易所进退》，载于《瞭望》，2011年第43期。
② 潘圆：《中国碳市场进入快速发展》，发表于《中国青年报》，2011年11月21日。
③ 齐慧：《排放权交易所探访记》，发表于《经济日报》，2011年10月25日。

是加快转变经济发展方式和调整经济结构的重要选择，是低成本实现 2020 年中国控制温室气体排放目标的重要手段。建立中国的碳市场，需要进行顶层设计。

（一）中国政府建立碳市场的决心

在 2011 年 3 月 16 日发布的《国民经济和社会发展第十二个五年规划纲要》中，中国政府首次正式提出"逐步建立碳排放交易市场"。

2011 年 8 月 31 日，国务院发布《"十二五"节能减排综合性工作方案》，明确提出要"推进排污权和碳排放权交易试点。完善主要污染物排污权有偿使用和交易试点，建立健全排污权交易市场，研究制定排污权有偿使用和交易试点的指导意见。开展碳排放交易试点，建立自愿减排机制，推进碳排放权交易市场建设。"

2011 年 11 月 9 日，国务院总理温家宝主持召开国务院常务会议讨论通过《"十二五"控制温室气体排放工作方案》，明确了中国控制温室气体排放的总体要求和重点任务。会议要求，各地区、各部门要按照"十二五"规划纲要提出的到 2015 年单位国内生产总值 CO_2 排放比 2010 年下降 17% 的目标要求，把积极应对气候变化作为经济社会发展的重大战略，作为加快转变经济发展方式、调整经济结构和推进新的产业革命的重大机遇，落实各项任务。方案对目标任务作了分解，明确了各地区单位生产总值 CO_2 排放下降指标。

2011 年 11 月 14 日，国家发改委在北京召开了国家碳排放交易试点工作启动会议，北京、广东、上海、天津、重庆、湖北和深圳被确定为首批碳排放交易试点省市，并提出 2013 年中国全面启动基于国家碳排放总量控制下的碳排放交易。同时，国家发展改革委办公厅下发了《关于开展碳排放权交易试点工作的通知》，指出开展碳排放权交易试点工作是落实党中央、国务院关于应对气候变化工作总体部署的重要举措，是加快转变经济发展方式和产业结构升级的重要选择，是低成本实现 2020 年中国控制温室气体排放目标的重要手段。各试点地区要高度重视碳排放权交易试点工作，切实加强组织领导，落实建立专职工作队伍，安排试点工作专项资金，抓紧组织编制碳排放权交易实施方案，报国家发展改革委审核后实施。《通知》对各地碳排放权交易试点工作进行了具体部署，要求试点地区高度重视碳排放权交易试点工作，切实加强组织领导，抓紧组织编制碳排放权交易试点实施方案，明确总体思路、工作目标、主要任务、保障措施及进度安排。与此同时，要着手研究制定碳排放权交易试点管理办法，明确试点的基本规则，测算并确定本地区温室气体排放总量控制目标，研究制定温室气体指标分配方案，建立本地区碳排放权交易监管体系和登记注册系统，培育和建设交易平台，做好碳排放权交易试点支撑体系建设，保障试点工作的顺利进行。

国家确定的 7 个试点城市覆盖了中国最具代表性的区域经济水平及形态。各地均选取了重点用能企业或行业，反映出各自不同的经济和能源消费结构。例如，北京市的重点目标，是大型公共建筑，热力行业和制造业。作为人口密集的大城市，这与日本东京的碳交易体系思路相近。广东的重点覆盖目标是当地的四大高排放行业——钢铁、陶瓷、电力、水泥，这是由制造业为基础的经济结构所决定的。

2011 年 11 月 22 日，国务院发表《中国应对气候变化的政策与行动(2011)》白皮书，提出要逐步建立碳排放交易市场。借鉴国际碳排放交易市场建设经验，结合中国国情，逐步推进碳排放交易市场建设。通过规范自愿减排交易和排放权交易试点，完善碳排放交易价格形成机制，逐步建立跨省区的碳排放权交易体系，充分发挥市场机制在优化资源配置上的基础性作用，以最小化成本实现温室气体排放控制目标。

2012 年 9 月 17 日，《金融业发展和改革"十二五"规划》（以下简称《规划》）正式发布。其中多处提及金融业对构建中碳市场的支持，提出把"逐步建立碳排放交易市场，促进低碳金融发展"作为"加快金融业改革开放，促进经济发展方式转变"的"政策着力点"之一；把"推动发展碳排放权期货"作为"鼓励创新，加快建设多层次金融市场体系"的有力措施。

2012 年 11 月 8 日，胡锦涛在党的十八大报告中确立了生态文明建设与经济、政治、文化、社会四大建设并列的高度，作为建设中国特色社会主义的"五位一体"的总布局之一。其中，着重提到要"坚持共同但有区别的责任原则、公平原则、各自能力原则，同国际社会一道积极应对全球气候变化"，并要"积极开展碳排放权交易试点"。

中国政府已经深刻认识到碳市场在通过市场机制在优化资源配置上的基础性作用，认识到碳市场是落实党中央、国务院关于应对气候变化工作总体部署的重要举措，是加快转变经济发展方式和调整经济结构的重要选择，是低成本实现 2020 年中国控制温室气体排放目标的重要手段。但是目前碳排放权交易试点地区存在不同程度的诸多困难，其中不乏共性问题。管理机制、基础数据形成渠道等都尚欠理顺。碳交易和碳市场的实施前提——总量控制，无论在发达地区还是欠发达地区，都不同程度上带来了影响经济增长的担忧。

目前各试点碳交易方案设计都是以碳排放总量目标为前提。因为现在还未出台关于碳排放总量的强制性指标，所以要确定碳交易的法律地位，似乎应当与强制性的能效目标、或指导性的能源总量控制目标联系在一起，这样才能形成一个能够流通的市场平台。而总量控制本身是一大挑战，意味着能耗水平的"封顶"，对能耗与产能产值几乎成正比的大部分省市的经济结构来说，也就意味着经济总量或增量的"封顶"。这与 GDP 带动就业、提升地方经济实力的惯性动力，显然是有抵触的。

因此，尽快做好碳市场的顶层设计是一项迫在眉睫的工作。

中国碳市场的顶层设计就是要政府自上而下的统筹规划碳市场的核心机制，但同时还要创造自下而上的动力，要通过社会各个利益群体的互动，让地方、社会及各个利益相关方都参与进来。只有掌握了我们自己的碳市场的顶层设计，才能获取碳市场的话语权，在全球碳市场的竞争中立于有利地位，促进中国经济的绿色低碳发展。

中国碳市场的顶层设计主要包括三大部分：构建碳市场的基本路径，描绘碳市场的基本步骤，设计碳市场的基本制度。

（二）构建碳市场的基本路径

从中国政府发布的政策来看，中国已经明确要建立基于国家碳排放总量控制下的碳排放交易，即全国性强制碳市场，这首先要充分借鉴国外碳市场的经验与教训。

各国构建全国性强制的碳市场的路径，主要有三种方式。第一种是以欧盟为代表的自上而下的构建方式。首先通过构建碳市场的立法，设计碳市场的基本制度与运行机制，然后按照法律要求，对管制企业进行碳盘查，分配配额，启动碳交易。新西兰、澳大利亚、韩国等国沿着这条途径进行。第二种是以美国为代表的自下而上的构建方式。首先由各个州或地区或企业自发建立区域性的碳市场，然后汇集基本制度与运行机制的实践经验形成立法提案，最后由联邦政府通过立法提案成为法律，建立全国性的碳市场。加拿大即是沿着这条途径进行的。第三种是以日本为代表的自上而下与自下而上混合的构建方式。首先由地方政府或企业自发建立自愿碳市场，等其发展到一定规模后由政府整合形成一个全国性的自愿碳市场。同时，政府还推动进行区域性强制碳市场试点。之后，政府吸取各方面的经验、教训形成立法，建立全国性强制的碳市场。

这三种方式都是基于不同国情发展起来的。第一种方式比较适合已经对碳市场有充分研究的国家，而且政府需要有很强的推行政策实施的能力，优势在于可以尽快地建立强制的碳市场，问题在于被管制企业能否一开始就适应强制的碳市场。第二种方式比较适合地方政府、企业进行碳交易的意愿比较强烈的国家，优势在于能够为全国性碳市场的构建提供有效性，给企业一个学习、适应的过程，问题在于中央政府必须在区域碳市场发展比较成熟时给予明确的构建全国市场的政策信号，否则会出现目前美国经历的因为联邦层面碳市场立法迟迟不能通过导致区域市场发展受阻的状况。第三种方式则结合以上两种方式的优势，问题在于各类体系能否连接成全国性强制的碳市场。

根据中国目前的具体情况与政策导向，比较适合采用自上而下与自下而上混合的构建方式。这是因为，一是中国自愿碳市场有了一定发展，但仍然处于"萌芽"阶段，尚不具备直接构建全国性强制的碳市场的条件，地方政府与企业尚需一个进入的学习、适应阶段。二是国际上已经有比较充分的碳市场的理论与实践经验，中国没有必要再经历漫长的制度设计的研究与讨论的过程，可以发挥"干中学"的作用，边实践边总结经验。三是中国面临巨大的国内外减排压力，需要尽快建立一个碳市场，达到成本有效的减排。四是目前中国还不具备建立一整套完善的强制的碳市场的立法能力，但是构建碳市场是一项紧迫的工作，混合的构建方式有助于一个有效法令的形成。

三 构建碳市场的基本步骤

根据国际碳市场的经验及中国的国情，可以描绘出一幅中国特色碳市场的路线图（见图6-3）。

第一阶段：碳市场学习阶段，2013～2015年。

从政府发布明确的构建全国性强制的碳市场政策信号到碳市场开始或计划运行的阶段称为"学习阶段"，这个阶段的主要工作是管制机构与企业通过自愿市场学习碳市场的基本制度与运行机制，做好向强制的碳市场过渡的准备工作，并建立全国性强制的碳市场的基本制度。已经建立碳市场的各国都经历了这个阶段：欧盟为6年、新西兰为6年、澳大利亚为6年、日本为3年、韩国为5年。综合考虑中国情况，学习阶段不宜过短，应该在3～5年。学习阶段的具体设计（这几个环节是交错进行，同步推进的）如下：

图 6-3 中国碳市场路线图

（1）构建全国性自愿的碳抵消体系，将目前已经开展的各类自愿碳减排标准综合后纳入国家标准，建立国家自愿减排交易登记系统与交易平台，逐步向全国性自愿的碳市场过渡。

（2）首批碳排放交易试点省市进行企业碳排放清单盘查，建立本地区碳排放权交易监管体系和登记系统，构建区域性自愿的碳市场；设计强制的碳市场的基本制度，逐步向区域性强制的碳市场过渡；比较成熟的区域碳市场可以建立连接机制。

（3）具体研究全国性强制的碳市场的排放总量控制量、管制行业、交易对象、遵约期长度、配额分配、盘查、验证、登记、交易、处罚等基本制度；建立全国性强制的碳市场的基本制度；全国性自愿的碳市场逐步完善，准备向强制市场过渡；各个区域性强制的碳市场连接。

（4）开征碳税，为碳市场的合理价格水平提供参照基准。

（5）2015年是"十二五"规划的最后一年，通过全面评估全国性自愿市场与区域性试点强制市场的情况，进一步完善全国性强制碳市场的基本制度与运行机制，进而合并全国性自愿市场与区域性试点强制市场。

（6）制定包括碳市场设计的气候变化或低碳经济相关法律，对内清晰地表达政府政策，提供一个明确的控制碳排放的信号，加速国内各界对这一领域的研究；对外有力表达中国政府承认国际责任的具体行动。

第二阶段：全国体系试运行阶段，2016～2018 年。

全国性强制的碳市场的启动初期称为"试运行阶段"，这一阶段的主要工作是启动全国性强制碳市场，调试形成一套完善的运行机制，适当修正基本制度。已运行的各国碳市场也都经历了这一阶段，通过试运行，为正式运行积累经验。

2016 年碳市场启动后，开始向被管制的企业分配配额，进行交易；政府开始进一步研究对碳市场进行宏观调控的手段，尝试价格控制政策工具，建立与国际市场的连接，研发碳金融产品。2018 年试运行，期末对运行情况做全面评估，通过气候变化或低碳经济相关法律修订案。

第三阶段：全国体系正式运行阶段，2019～2025 年。

通过 3 年的试运行，全国性强制的碳市场的基本制度与运行机制逐步完善，扩大配额拍卖，设立有效的价格控制政策工具，与国际市场有效连接，交易碳金融产品，碳市场更顺利地持续发挥减排作用，促进企业的低碳发展。

四　碳市场的基本制度设计

由于中国碳市场的构建要走一条"自上而下与自下而上混合"的路径，因此碳市场的基本制度设计至关重要。中国碳市场需要构建一系列基本制度，例如制定规划，推动地方立法，排放清单编制和核查等。

第一，要尽快明确排放路线图。按照目前的碳排放速度，不加制约的话，到 2020 年中国 CO_2 排放将可能占世界总排放的 25%～30%。目前中国大城市的人均碳排放已超过世界上许多大城市。在中国的许多城市和省级碳排放规划中，很少做出有转折点的 CO_2 减排路线图。城市和省级的长期（2030 年，2050 年）规划中，能源消费和 CO_2 排放仍是上升趋势，支撑工业、制造业等高能耗产业的发展。这种指导方针，仍是把经济发展与能源和碳排放挂钩，而不是脱钩。这种规划会固化高能耗的发展模式、方式和经济结构，产生对高碳排放发展路径的依赖，使今后的任何改变都要付出更高成本。因此在城市和省级 CO_2 减排规划中，应对气候变化的规划要有较长的时间段（2050 年，至少到 2030 年），并标示出 CO_2 排放上升阶段、排放顶峰和下降阶段。排放的倒

"U"曲线的顶峰应尽早出现。如城市减排规划应在2020～2025年之间出现顶峰，而省级减排规划应在2025～2030年之间，甚至更早的时间段出现顶峰，以应对日益严峻的气候变化的挑战。减排顶峰期出现越迟，以后付出的成本越大。这样的减排规划使总量控制目标趋严，也符合投资者的预期，即碳交易市场的价格走势趋高，从而鼓励减排。当总量控制目标为绝对量减排（顶峰以后），成熟的碳排放交易市场就能充分发挥它的功能。

第二，做好以控制和降低煤炭消费总量为核心的能源规划。严格控制煤炭的消费总量，并令其逐年下降。这些城市人口密度高、空气污染严重，空气中大部分污染物来自煤炭燃烧和汽车燃油尾气排放。城市在严格控制煤炭消费总量的同时还要注重引入清洁能源，尤其是天然气。在制定城市能源规划方面，北京已经成为先驱，煤炭消费总量在"十二五"末期比2010年减少600万吨。中国可再生能源的利用已经有了长足发展，其中太阳能、风能和地热能都得到广泛的应用。政府要制定相关的政策来鼓励清洁能源的发展。在碳指标的总量控制和分配、碳基金的使用上，要鼓励清洁能源（天然气和可再生能源）替代煤炭的项目和行动，并给予较高的权重。

第三，地方立法工作要先行。碳市场建立的首要条件之一，是要有坚强的法律体系作为依据和支柱。碳市场与金融市场、股票和证券市场一样，每时每刻都有大量的交易产生，也随之会发生各种商业纠纷，需要有力的法律为依据，进行裁决与惩罚。有些相关机构，例如监管体系和核查体系，要有明确的管理权限的授权，能够及时处置和处理产生的问题。人大常委，根据碳排放权交易的特点和要求，公布专门的法规和法令，规范、指导和约束各利益攸关方，其中包括有关政府部门和交易中心。地方发改委不能也不应该充当裁判者。

第四，排放源和排放清单要统计全面。应对气候变化的重点不仅仅是能源消费产生的碳排放，还包括土地利用、绿色植被、消除热岛效应、建筑物色调涂层、低碳应用技术、城乡协调措施等。除了CO_2，还应把其他的温室气体也一起加以考虑，尤其是有机垃圾的处理上，所产生的甲烷要应予重视。除了建筑、电力、工业排出的温室气体外，土壤、植被和垃圾占到温室气体总量的35%左右。目前，主要收集和减少的温室气体有CO_2、甲烷CH_4、氧化亚氮N_2O、全氟化物PFCs和六氟化硫SF_6。这些气体都可以折算为等效CO_2。由于中国植被率低和计算统计方法不完善，生物质能的碳汇作用在减排规划中强调，但暂不参与交易。

第五，紧密结合其他政府部门的相关重点项目共同推进。在开展碳排放权交易试点工作时，要了解并紧密结合其他有关部门的重点工作同时进行。显然，碳排放权交易与节能目标、可再生能源目标密切相关。例如在电力部门的碳指标可按电量分解，这样可再生能源发电企业就可以有碳指标出售，增强可再生能源的竞争力，激励可再生能源发展。碳减排有很强的减少其他污染物排放的协同效应，碳排放权也可以与硫化物、氮化物，颗粒物等污染物减排相挂钩，提升碳排放权交易价值，达到共同减排的效果。

在建立以上基本制度的基础上，本书设计了中国碳市场的基本制度运行，如图6－4所示。

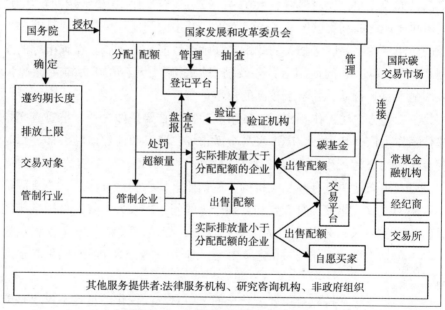

图6－4 中国碳市场基本制度运行

如图6-4所述：国务院根据相关政策规定与中国具体国情，确定遵约期长度、排放上限、交易对象及管制行业等具体碳市场的要素；国家发展和改革委员会是中国碳市场的管制机构，获得国务院的授权，执行对遵约期长度、排放上限、交易对象及管制行业的具体监管；国家发改委根据排放上限的总排放量向管制行业中管制企业分配相应的配额；管制企业要在第三方验证机构的验证下，在国家发改委管理登记平台上登记实际排放量，并根据自身情况选择减排，购买、出售配额，或者接受国家发改委对超额排放的处罚；各类金融机构以不同的身份参与碳市场，碳基金可以向实际排放量大于分配配额的企业出售配额，而常规金融机构的碳金融部门、碳经纪商与碳交易所则为碳市场提供了一个更为活跃的交易平台。比如，清洁发展机制及自愿碳抵消体系在具体规定约束下为市场配额提供补充机制，一些自愿买家会为了社会环境责任或为参与碳市场事先做准备而购买配额；法律服务机构、研究咨询机构、非政府组织等机构为市场的良好运行提供一系列"后勤"保障。

第三篇

主要经济体的发展战略及其行动

第七章

世界主要经济体的低碳发展战略和行动

在全球气候变暖的背景下，发展低碳经济，已经成为全球主要经济体的共识，各国在认识和行动上都纷纷提出了各自的战略和措施。世界经济强国，更是希望在低碳经济发展中抢得领跑位置，在新一轮世界经济增长中处于领先地位。欧盟和日本正在领跑，美国当然不甘落后。

第一节 世界主要经济体的低碳发展战略

在世界主要经济体中，欧盟与日本是低碳经济发展的领跑者，欧盟的立法、经济政策和成熟的碳交易制度，为世界各国的低碳经济发展起了表率作用。资源匮乏的日本，对自然资源雨雪的成功利用和从主观影响国民增加低碳意识等做法，为发展低碳经济提供了崭新的思路，但在福岛核事故之后，日本的低碳战略更显务实了。而美国一方面想尽可能地减轻自身的责任，另一方面又想给别国施加压力。美国希望通过发展低碳经济，在全球应对气候变暖问题上掌控主导权；凭借低碳领域的技术和制度创新优势，加紧实施低碳经济发展战略，构筑世界新一轮产业和技术竞争新格局。2011 年德班及 2012 年多哈联合国气候大会谈判的胶着和艰难，更加印证了世界主要经济体在发展低碳经济方面的竞争和矛盾。

一 欧盟的低碳发展战略

欧盟在低碳经济发展过程中，一直处在领路者的地位。欧盟制定了低碳经济发展目标，并且承诺如果世界各国共同努力的话，自己将会做得更好。作为一个领跑者，欧盟无论是目标还是政策，无论是政府还是企业都向低碳努力。欧盟有长远和具体的目标，并且在发展过程中，通过制定各项政策促进内部低碳经济发展。各成员国也有自己的低碳政策，个体力量和总体力量共同努力，取得了非常好的效果。而且为世界各国的低碳经济发展起了表率作用。

（一）欧盟 2020 战略

2010 年 3 月 3 日欧盟委员会发布了"欧盟 2020 战略"，该战略是继里斯本战略到期后，欧盟即将执行的第二个十年经济发展规划。伴随着哥本哈根会议的召开和全球气候问题的日益严峻，为了促进欧盟经济的可持续发展，欧盟 2020 战略对低碳经济发展的重视程度进一步提高，同时将发展低碳经济看做是引导欧盟走出经济危机，促进经济复苏的重大举措。

1. 欧盟发展低碳经济的目标

"20/20/20"气候能源目标是欧盟低碳经济发展的中期目标，欧盟低碳经济的长期目标是到 2050 年温室气体排放要比 1990 年减少 60%～80%。欧盟统计局最新数据显示，2008 年欧盟（27 国）的温室气体排放量为 49.39738 亿吨 CO_2 当量，与 1990 年相比，降低了 11.02%，要达到 2020 年温室气体排放量在 1990 年基础上减少 20%（或 30%）的目标，尚需降低 8.98%（或者 18.98%）。2008 年欧盟的再生能源使用比例为 10.3%，将可再生能源在最终能源消费中的比例提高到 20%，尚需提高 9.7%。从能源强度（单位 GDP 能耗）来看，2008 年欧盟 27 国每 1000 欧元 GDP 消耗标准油 167.11 千克，美国是 180.60 千克，日本是 90.10 千克。欧盟的能源效率高于美国，但是和日本相比，仍然存有较大差距，欧盟需要采取强力措施以确保在 2020 年实现能源效率提高 20% 的目标，即"20/20/20"气候能源目标综合来看，21 世纪的第二个十年，欧盟要实现低碳经济发展的"20/20/20"气候能源中期目标，尚需加大发展低碳经济的力度。

2. 强调低碳经济发展

欧盟 2020 战略强调低碳经济的发展。明确了气候变化和能源资源压力是欧盟面临的三大挑战之一，将可持续增长置于欧盟的三大战略重点之一，即要提高资源的使用效率、实现更加绿色和更有竞争力的经济体。将"20/20/20"气候能源目标作为衡量欧盟 2020 战略成功与否的主要指标之一，即将温室气体排放量在 1990 年的基础上削减 20%（若其他国家积极减排，则为 30%），将可再生能源在最终能源消费中的比例提高到 20%；将能源效率提高 20%。

并确定了欧盟发展低碳经济的主要措施，即两个"旗舰"动议，分别是"资源效率欧洲"和"全球化时代的工业政策"。"资源效率欧洲"指要减少经济增长对资源的使用，支持向低碳经济的转型，增加可再生能源资源使用以及提高运输部门的现代化水平和能源使用效率。"全球化时代的工业政策"指要优化商业环境，特别是中小企业的商业环境，支持建设稳固和可持续发展的工业基础以应对全球化。

从里斯本战略到欧盟 2020 战略，欧盟依靠知识和科技进步带动经济增长和就业的思路是一脉相承的。随着能源和气候变化压力的日益增强，欧盟越来越重视可持续发展，强调向低碳经济的转型。最初低碳经济的内容只是散见于促进经济增长的技术研发内容之中，后来逐渐成为技术研发的主要内容。金融危机的爆发促使欧盟急需寻找新的经济增长点，以帮助欧盟尽快走出危机，转变经济增长方式，实现经济的可持续发展，于是能够同时实现促进经济增长、减缓气候变化和降低能源消耗的低碳经济发展模式成为了欧盟的必然选择。

长期以来，欧盟一直把数字经济当做拉动经济增长的主要引擎，现在把同时包含数字经济的低碳经济看成欧盟提高国际竞争力，拉动经济增长和就业的驱动力量，这扩展了欧盟发展经济的视野，增添了经济增长赖以依托的支撑点。

"欧盟 2020 战略"反映出欧盟希望通过发展低碳经济实现环境保护和经济发展的双重目标，而技术创新是使两者相互融合的有效手段。欧盟发展低碳经济的主要任务是提高国际竞争力、应对气候变化和实现能源的清洁高效使用。这三个主要任务不是孤立的，而是相互促进，协同发展的。发展低碳技术可以提高国际竞争力和能源的高效使用；能源的高效使用有助于降低温室气体排放，从而减缓气候变化；能源的高效使用和能源结构的调整又有助于就业和经济增长。

（二）发展低碳经济的立法

迄今为止，欧盟总共制定了 300 多个法律文件以实施其环境政策。欧盟的环境政策基本上包括了环境管理的各个主要方面：法律活动、研究和技术开发活动、监督和实施活动以及环境信息协调活动等。

欧盟在能源环保领域一直处在领先地位。早在欧盟前身——欧共体建立之初，就开始关注能源和环保问题。欧盟于 20 世纪 70 年代成立了能源委员会和环保总司，制定共同的能源和环保政策。80 年代初，欧共体开始研究新能源，尤其加大力度研究核能和太阳能，并于 1995 年发表了欧盟能源政策《绿皮书》和《白皮书》，制定了欧盟能源发展总政策。欧盟一直异常关心能源安全和气候变暖问题，并作为能源和环境领域的先锋，走在世界前列。但是，在不同时期，侧重点不同：在70年代，重点是研究和利用对环境无危害的可再生能源。特别是在欧盟已经签署和批准《京都议定书》的情况下，其能源政策与环境保护政策日益紧密地联系在一起。现在，欧盟发展可再生能源政策已被提升到战略的高度。

1986年的《单一欧洲法案》规定了共同体环境保护的原则、目标、决策程序等内容。《单一欧洲法案》的签署给欧共体的环境保护赋予了明确的法律地位。在气候变化问题上，欧盟积极参与1992年里约热内卢联合国国际环境会议，主张限制温室气体排放并主动承担了减排义务，还于1993年制定了欧盟的《可持续发展规划》。欧盟更是极力推动国际谈判，促成了首个具有法律效力的、关于温室气体减排具体协议《京都议定书》的生效。欧盟不仅能在《京都议定书》下减少CO_2排放，而且积极推进清洁发展机制项目，促进全球的可持续发展。半个多世纪以来，欧盟在能源环保议题上发挥着积极的带头作用，并取得了较好成绩。

2003年6月，欧盟委员会通过一项关键法案，主要对温室气体的排放设定限额，并且创立第一个国际碳排放交易市场。法案规定从2005年1月开始，包括炼油业、能源业、冶炼业、钢铁业等多个行业必须经过许可才能排放CO_2。2006年11月，欧盟委员会对欧盟排放交易体系交易第一阶段的运营情况进行报告，将第二阶段国家分配计划纳入议程。从2008年1月1日开始，欧洲排放交易体系进入第二阶段。此后，欧盟委员会又公布了欧洲排放交易体系交易第三阶段的实施建议。

2006年10月，欧盟委员会公布了《能源效率行动计划》，这一计划包括降低机器、建筑物和交通运输造成的能耗，提高能源生产领域的效率等70多项节能措施。计划还建议出台新的强制性标准，推广节能产品。这一计划内容丰富、重点突出，把能源效率融入到总体能源战略和政策中去，并高度重视教育、法律和政策在提高能源效率方面的作用。

2007年1月，欧盟委员会通过一项新的立法协议，要求修订现行的《燃料质量指令》，为用于生产和运输的燃料制定更严格的环保标准。从2009年1月1日起，欧盟市场上出售的所有柴油中的硫含量必须降到每百万单位10以下，碳氢化合物含量必须减少1/3以上。同时，内陆水运船舶和可移动工程机械所使用的轻柴油的含硫量也将大幅降低。从2011年起，燃料供应商必须每年将燃料在炼制、运输和使用过程中排放的温室气体在 2010 年的水平上减少 1%，到 2020 年整体减少排废 10%，即减少 CO_2 排放 5 亿吨。

2008 年 12 月，欧盟经各成员国一致同意，发起了"欧洲经济复苏计划"。该计划涉及的 50 亿欧元中的一半将用来资助低碳项目：10.5 亿欧元用于 7 个碳捕获和储存项目，9.1 亿欧元用于电力联网（协助可再生能源联入欧洲电网），还有 5.65 亿欧元用于北海和波罗的海的海上风能项目。

2009 年 3 月，欧盟委员会宣布将在 2013 年之前投资 1050 亿欧元支持欧盟地区的"绿色经济"，促进就业和经济增长，保持欧盟在"绿色技术"领域的世界领先地位。款项全部用于环保项目以及与其相关的就业项目，其中 540 亿欧元将用于帮助欧盟成员国落实和执行欧盟的环保法规，280 亿欧元将用于改善水质和提高对废弃物的处理和管理水平。

2011 年 11 月 21 日，欧盟委员会宣布，尽管有包括美国在内的众多国家强烈反对，欧盟关于从 2012 年 1 月 1 日开始征收国际航空碳排放费（即所谓航空"碳税"）的政策将如期实施。

日本的低碳发展战略

日本是个能源与自然资源极度稀缺的国家，日本历来极其重视节能技术的开发和新能源的利用以及旧物回收。值得强调的是，日本大多数企业都拥有核心技术，因而日本在世界低碳领域中拥有极强的竞争力；另外日本整个社会都极其崇尚勤俭节约、保护环境，爱护生态理念与行动，坚持节能、低碳、绿色方能可持续发展的思想已经深入人心。

（一）新能源国家战略

2006 年 5 月，日本经济产业省编制并发布以保障日本的能源安全为核心内容的《新国家能源战略》，新战略在分析总结世界能源供需状况基础之上，从建立世界上最先进的能源供求结构、强化资源外交及能源、环境国际合作、充实能源紧急应对措施等方面，提出了今后 25 年日本的能源八大战略及有关配套政策措施，为日本能源发展指明了方向。这个新战略指出，日本的能源面临的主要问题是：国际竞争日趋激烈、突发事件出现新特点、能源安全面临新挑战、环境成本进一步增加、核电长年运营安全问题突出、国际贸易中总体购买力增加有限、影响获得海外资源权益等。同时新战略提出了日本的能源目标，将着力在建立世界最先进的能源供求结构和促进能源供应多样化方面，通过实施能源八大战略减少对石油的依赖，力争到 2030 年，实现石油占一次能源消费的比率从目前的 50% 降低到 40% 以下。日本的八大能源战略及政策措施具体体现为：

1. 节能先进基准计划

目标：制定支撑未来能源中长期节能的技术发展战略，优先设定节能技术领先基准，加大节能推广政策支持力度，建立鼓励节能技术创新的社会体制，显著提高能源效率，到 2030 年能源效率比目前提高 30%。

政策措施：制定面向 2030 年的中长期节能技术战略；在各领域推广节能先进基准计划并提出初期基准目标，优先在制造业、建筑业、运输业，以及居民家庭、通用机械和车辆等领域推广；对热心销售节能产品的零售商，节能有重要贡献的企业、行政机关、教育部门及个人进行表彰和奖励；建立节能投资评价机制；构筑节能型城市和区域。

2. 未来运输用能开发计划

目标：降低汽车燃油消耗，促进生物燃料、天然气液化合成油等新型燃料的应用，推动燃料电池汽车的开发普及，使运输对石油的依存度从目前的 98% 减少到 80% 左右。

政策措施：制定车辆新油耗标准，修订车辆用油品质量性能标准。进一步开展对乙基叔丁基醚的应用风险评价以及燃料乙醇的应用实验，建设必要的基础设施促进其推广使用。支持生物燃料、天然气液化合成油等新型燃料及添加剂的开发和利用。促进天然气液化合成油制造技术的应用，加快生物质基和煤基合成油等未来液体燃料的技术开发。加大柴油车普及力度，将电动汽车、燃料电池汽车作为未来的重点进行开发。

3. 新能源创新计划

目标：提出支持新能源产业自立发展的政策措施，支持以新一代蓄电池为重点的能源技术开发，促进未来能源（科技产业）园区的形成。2030 年前使太阳能发电成本与火力发电相当，生物质能发电等区域自产自销性能源得到有效发展，区域能源自给率得以提高。

政策措施：扩大太阳光能、风力和生物质能发电等进入普及期的新能源市场份额。支持尚在研究、普及阶段新能源技术的中长期发展，培育未来需求和供给的增长点。推进海洋能、宇宙太阳能利用的基础研究。促进太阳光能发电、燃料电池及蓄电池关联产业群的形成。支持新能源风险投资事业发展。

4. 核能立国计划

目标：以确保安全为前提，继续推进供应稳定、基本不产生温室气体的核电建设，2030 年核电比例从目前的 29% 提高到 30% ~ 40%，争取更高。

政策措施：把核电作为未来基础电源，在电力消费需求增长低迷情况下，建设新核电站替代退役核电站，维持核电比例稳中有升。积极推进核燃料循环利用，促进快中子增殖反应堆恢复运作，培育核能人才，推进核能技术开发。但是，2011 年福岛核事故发生后，民间"弃核"呼声高涨，政府在是否脱核这一问题上"骑虎难下"。如果走出核电，将如何保持日本在核能方面的先进性，以及寻找何种能源替代核能，都是令政府"挠头"的难题。

5. 能源资源综合确保战略

积极有效利用政府援助贷款，促进投资交流和人员交往，全面强化与有关资源国关系。制定能源确保战略，整合政府资源，积极支持承担资源开发任务的核心企业，提高石油自主开发比例。争取 2030 年拥有资源开发权的原油占石油进口总量的比例，从目前的 15% 提高到 40%。

政策措施：继续深化与资源国关系。加强对石油天然气开发企业的资金支持，鼓励核心企业获得海外资源开发权，促进能源供应多元化。加强多方对话，增强能源市场的透明度。特别要加强铀矿开发以及燃料乙醇投资项目的支持。通过与资源国技术合作争取获取更多的资源权益。在中国、印度等液化天然气（Liquefied Natural Gas，LNG）需求不断扩大的情况下，继续强化 LNG 供应战略，通过企业合作、技术支持、资金支持等手段，维持国际 LNG 市场的地位。继续开拓煤炭等传统化石能源的清洁利用。

6. 亚洲能源环境合作战略

目标：以能源需求不断增加的中国、印度为重点，以节能为主要合作领域，并在煤炭有效利用及安全生产、新能源及核电等方面，积极与亚洲各国开展能源、环境合作，促进共同发展。

政策措施：与中国、印度等国家积极开展政策对话，推动制定亚洲节能行动计划，支持各国节能制度建设；在工业领域合作基础上，加强运输、电力以及居民生活各领域的节能合作；支持日本高效节能设备在亚洲的推广；加强与有关国际组织、区域组织的合作。从制度建立、技术开发及示范工厂建设、资金援助等多方面支持亚洲各国发展可再生能源。对亚洲各国建立能源储备制度以及紧急应对机制，从技术和制度方面给予必要的协助，探索建立区域能源合作框架的可能性。继续推进亚洲核能区域合作。

7. 强化国家能源应急战略

目标：以建立成品油储备为重点，完善现有以石油为中心的能源储备制度，研究建立天然气应急储备机制，充实完善能源应急对策。

政策措施：重点建设成品油储备，推进 LPG 储备，完善储备制度，提高国家整体储备水平，探讨建立天然气供应应急预案。加强危机应对措施管理，协调紧急情况下各能源品种应对方案的横向协调与合作。

8. 引导未来能源技术战略

目标：研究提出具体未来能源技术战略纲要，明确政府投入方向，引导民间资源积极参与，推动全社会共同努力，使日本在未来能源技术方面，尤其在先进节能技术方面成为世界领先国家。

政策措施：从 2050 年、2100 年超长期视点出发，展望未来能源技术，提出 2030 年应该解决的技术课题，如超燃烧技术、超时空能源利用技术、未来民用和先进交通节能技术、未来节能装备技术等，拟定能源技术开发战略，加大对能源关联技术开发的支持，探讨促进能源技术开发的有效体制。

（二）实现低碳经济行动计划

2008 年 6 月，在获得各种领先低碳技术后，日本制定了《建设最尖端低碳社会》的报告书，报告书中提出了"日本应该果断地与自由排放温室气体的经济增长模式诀别，彻底转变产业革命以来的经济和社会的发展模式和经济架构，在世界上率先构建最先进的低碳社会"。

2008 年，日本经济产业省（相当于中国商务部＋国家发改委）列出了 21 项技术作为日本低碳技术创新的重点。在选择这些技术时，日本经济产业省参照了三大标准：首先是有助于大幅度降低全世界 CO_2 排放的技术；其次是日本可以领先于全世界的技术，最后是对已有的技术进行材料革新和制造工艺的改进，比如成本更低、更低碳的新材料太阳能电池等。

因为除了政府制定政策之外，还需要企业的参加，为了鼓励企业积极参与，日本有一套独特的产学研一体化的创新体系。据统计，2006 年，日本研究开发费用占 GDP 的比例为 3.39%，其中企业的研究开发费占 GDP 的比例为 2.6%，政府仅占 0.55%。和欧美等一些中央政府作为推动技术创新的主要力量不一样的是，在日本民间企业部门才是进行技术创新的主要力量。

为了促进学术界和产业界的研发合作，以及研究成果的转移，日本政府每年都举行多次针对大学、企业联合研发项目的招标活动，来为这些项目提供资金支持。比如在推出 21 项技术创新路线图不久，日本经济产业省就针对大学和企业的联合低碳技术研究开放项目进行公开招标，每一项获选的项目将获得日本政府 5000 万美元的资助资金。另外，日本政府还不惜投资重金来促进这些技术研发成果的商业化，日本环境省就在全国范围内招募"在 3 年之内可以实现商业化的减排技术"；并为这些合格的项目提供丰厚的资金支持。

低碳社会的实现不光需要开发出可以最有效达到减排效果的先进技术，还有另外一个关键因素是得到国民对国家低碳战略的积极参与和大力支持。因为 CO_2 等温室气体的排放者其实不仅包括企业，而且包括在家庭等使用和消耗能源的普通公民。

为此，日本政府提出推动 CO_2 排放的"可视化"方案。为了让消费者"看得见"每天所购买的生活用品和享受的服务中 CO_2 等温室气体的排放量，日本政府从 2009 年开始实施"碳足迹"和"食物运送里程"项目来测定产品和食物从生产制造、运输、消费到最终废弃的整个生命周期中的排放量，这样消费者在选择产品时就有了参考，来做到更低碳地消费和生活，比如尽量选择本地生产的蔬菜，就可以减少运输时汽车排放的 CO_2。

也就是说，日本政府采取这些措施让日本民众可以清楚地知道自己在生活的各个环节里分别排放了多少温室气体，而且如果要减少这些排放需要花费多少费用，希望这些做法可以唤起日本民众的低碳意识和促进民众进行低碳生活方式的变革，从而通过从改变国民意识开始，推动日本走向最先进的低碳社会。

三　美国的低碳发展战略

欧洲和日本在国际上的低碳经济领跑者角色促进了美国从小布什政府到奥巴马政府的对于低碳战略的态度的巨大的转变。对环境和全人类未来发展的低碳战略和市场已经成为发达国家利益集团之间的博弈的战场，美国已经开始加速与欧日低碳经济主导权之争的进程。

（一）布什政府期间美国的低碳战略

1. 加强立法

2005 年《能源政策法》涉及高达 145 亿美元的各种激励措施，对于普通消费者和中小企业，该法设立了许多颇有吸引力的经济奖励条款。如为了鼓励公众使用太阳能，该法规定凡是安装太阳能热水器的房主都可以获得最多2000美元的减税待遇；对生产节能型家电的厂家给予税收优惠。规定到2010年，汽油中必须掺入的生物燃料应是目前的3倍并极大地鼓励对包括核电在内的电力基础设施的投资等。

2006年9月，美国公布了新的气候变化技术计划，力推新一代清洁能源技术的研发与创新，向燃煤发电领域的CCS（CO_2的捕集和封存）技术提供资金，并鼓励可再生能源和核能的应用等。

2007年7月，美国参议院提出《低碳经济法案》。直接以低碳经济为名，提出到2020年美国碳排放量减至2006年水平、2030年减至1990年水平的碳排放总量控制目标。法案还提出建立限额与交易体系，并通过鼓励CCS技术开发等多项具体措施来发展低碳经济。

加州以立法形式承诺，2020年温室气体排放量当前减少25%。东北部七个州、西部五个州各自制定了区域性减排方案。

2. 积极向可再生能源转换

美国企业一直很注重新能源技术的开发和使用，在高功能电池、太阳能等方面取得了很大的成就。20世纪70年代的石油危机使得美国非常注重绿色产业特别是汽车产业的节能降耗。美国汽车产业是其经济支柱，其汽车保有量超过2亿辆。巨大的石油消耗使得美国大约一半的石油消耗量要源于国外进口，因此汽车产业带给美国经济繁荣的同时也带来了能源危机。1976年，美国国会通过了《电动汽车和符合汽车的研究开发和洋车使用法令》，以立法的形式，政府以资助和财政补贴等手段加速发展电动汽车。电动汽车在新车销售中所占比重从1998年的2%逐步上升至2003年的10%。1991年美国通用汽车公司、福特汽车公司、克莱斯勒汽车公司成立了"先进电池联合体"，共同致力于研究电动车所需要的高能电池。当时的美国总统布什称，这一活动比提出一些严格的节能措施更能够节约能源。但是，经过多年的研究，美国的电动汽车行业却始终无法彻底解决价格问题以及电池安全性、配套设施、续航里程等关键技术问题，福特等汽车公司在2003年初宣布中止纯电池的电动汽车研制计划。

3. 发展碳捕获和埋存技术（CCS）

CCS技术是指收集化石燃料燃烧前或燃烧后产生的CO_2，将其封存在地下低质构造中、深海或者通过工业流程将其凝固在无机碳酸盐的过程。这种方法可以减少排放量达85%，是众多碳减排技术中应用前景十分广阔的新兴技术。但目前CCS技术的成本比较昂贵，全球大规模的CCS项目只有两三个。第一个用于温室气体减排目标的 CCS 项目是挪威的 Sleipner 项目，该项目自 1996 年开始从天然气中分离 CO_2，日封存 $CO_2$2700 吨，累计封存 2000 万吨 CO_2。美国能源部从 1997 年开始碳收集的研发，2006 年经费达到 6600 多万美元，2007 年经费近 1 亿美元。其目标是到 2012 年能捕捉 90% 的化石能源转化过程中排放的 CO_2，并达到 99% 的永久储存率，成本增加不超过 10%。目前，CCS 项目主要分布在北美和欧洲，亚洲较少。

（二）奥巴马政府期间美国的低碳战略

奥巴马上任之后，在气候变化问题上与布什政府分道扬镳，扭转前任在气候变化问题上的僵硬政策。美国发展新能源、推动经济转型进入了新的阶段。全球金融危机以来，美国选择以开发新能源、发展低碳经济作为应对危机、重新振兴美国经济的战略取向，其长远目标就是摆脱对外国石油的依赖，促进美国经济的战略转型。奥巴马代表的美国政府提出了在 7800 亿美元经济刺激计划当中，将发展新能源作为摆脱经济衰退、创造就业机会、抢占未来发展制高点的重要战略产业。

1. 确立长远目标

奥巴马认为，应对气候变化与振兴美国经济的工作是一致的。2008 年 11 月 18 日，奥巴马通过录像向在洛杉矶召开的联合国气候会议发表演讲时明确表示，气候变化"将继续削弱我们的经济，威胁我们国家的安全"，"我的总统任期将标志着美国在气候变化方面担当领导的新篇章"。奥巴马新能源计划的主要部分是：未来的 10 年中投资 1500 亿美元开发新的清洁能源，创造 500 万个新的就业机会；到 2012 年使美国的电力有 10% 来自可再生能源，到 2050 年有 25% 来自可再生能源。为了推行其政策，任命华裔物理学家、诺贝尔奖获得者朱棣文担任能源部长。朱棣文长期领导的劳伦斯·伯克利国家实验室是全球替代能源和可再生能源的研究重镇，他也一直呼吁放弃使用化石燃料，以应对全球变暖。

为实现低碳产业结构，美国拟推动全国性的总量管制与排放交易制度，期望至 2050 年实现温室气体较 1990 年减排 80%，并认为通过此制度，可以激励美国国民与企业发展经济有效的气候变化应对方法。拟采取 100% 拍卖排放权方式，将美国企业排放温室气体之外部成本内部化，政府并将部分排放权收入补助新能源发展、能源效率提升改善计划、发展第二代生物质燃料及洁净车辆等。

2. 积极推动立法

2009 年，奥巴马上任之后，在美国国内积极推动气候立法，令众议院通过了《清洁能源安全法案》（ACES）。2009 年 1 月，奥巴马宣布了"美国复兴和再投资计划"，以发展新能源作为投资重点，计划投入 1500 亿美元，用 3 年时间使美国新能源产量增加 1 倍，到 2012 年，将新能源发电占总能源发电的比例提高到 10%，2025 年，将这一比例增至 25%。2009 年 2 月，美国正式出台了《美国复苏与再投资法案》，投资总额达 7870 亿美元，主要用于新能源的开发和利用，包括发展高效电池、智能电网、碳储存、可再生能源（风能和太阳能等）。这一系列法律法规的颁布为美国低碳经济发展提供了较为完善的法律。

2007 年 7 月 11 日，美国参议院提出了《低碳经济法案》，表明低碳经济的发展道路有望成为美国未来的重要战略选择。奥巴马出任总统后，高度重视，提出新能源政策，实施"总量控制和碳排放交易"计划，设立国家建筑物节能目标，预计到 2030 年，所有新建房屋都实现"碳中和"①或"零碳排放"；成立芝加哥气候交易所，开展温室气体减排量交易。2009 年 2 月 15 日，美国出台了《美国复苏与再投资法案》（American Recovery Reinvestment Act），投资总额达到 7870 亿美元。《美国复苏与再投资法案》将发展新能源为重要内容，包括发展高效电池、智能电网、碳储存和碳捕获、可再生能源如风能和太阳能等。在节能方面最主要的是汽车节能。此外，应对气候变暖，美国力求通过一系列节能环保措施大力发展低碳经济。2009 年 3 月 31 日，由美国众议院能源委员会向国会提出了《2009 年美国绿色能源与安全保障法案》（The American Clean Energyand Security Act of 2009）。该法案由绿色能源、能源效率、温室气体减排、向低碳经济转型等 4 个部分组成。《绿色能源与安全保障法案》在"向低碳经济转型"领域的主要内容有：确保美国产业的国际竞争力，绿色就业机会和劳动者转型，出口低碳技术和应对气候变化等四个方面，该法案构成了美国向低碳经济转型的法律框架。2009 年 6 月 28 日，美国众议院通过了《美国清洁能源和安全法案》（American Clean Energy and Security Act）。这是美国第一个应对气候变化的一揽子方案，不仅设定了美国温室气体减排的时间表，还设计了排放权交易，试图通过市场化手段，以最小成本来实

---

① 碳中和（carbon neutral），是指通过计算二氧化碳的排放总量，然后通过植树等方式把这些排放量吸收掉，以达到环保的目的。

现减排目标。

3. 采取经济激励政策

经济激励政策是各国普遍采用的政策，包括税收、补贴、价格和贷款政策等，低碳经济在一些发达国家所取得的成效离不开政府的这些激励措施。

在发展节能环保汽车方面：美国对在 2006～2010 年购买柴油轿车和混合动力汽车的消费者给予最高 3400 美元的税收返还。此外，美国的一些州政府如加州政府还对使用清洁环保汽车实行直接补贴，以及政府也通过征收燃油税使得节能环保汽车的使用者因减少燃油消耗而节省开支。

在发展节能建筑方面：美国为鼓励消费者使用节能设备和购买节能建筑，对新建节能建筑实施减税政策，凡在 IECC 标准基础上再节能 30% 以上和 50% 以上的新建建筑，每套房可以分别减免税 1000 美元和 2000 美元。对在住宅中使用节能玻璃和节能电器的居民减免税收，甚至居民在住宅中更新室内温度调控设备、换节能窗户、通过维修制止室内制冷制热设施的泄漏等也可获得全部开支 10% 的减免税收优惠。美国各州政府还根据当地的实际情况，分别制定了地方节能产品税收减免政策。能源部支持美国绿色建筑协会推行以节能为主旨的《绿色建筑评估体系》，目前是世界各国建筑环保评估标准中最完善、最有影响力的。

为了支持低碳能源的发展，奥巴马上任之初即为能源部 2010 年申请 263 亿美元资金的预算，侧重开发新一代低温室气体排放的可再生和替代能源，从而帮助美国转型为低碳能源经济。2009 年 2 月，美国参众两院通过了刺激美国经济的《2009 年恢复与再投资法》，预算总额为 7890 亿美元，其中有约 500 亿美元用来提高能效和扩大对可再生能源的生产，目标是通过对清洁能源和可再生能源的开发，在未来 10 年中创造至少 46 万个新的就业机会。

奥巴马在气候政策上重点将放在清洁能源上，他认为对气候变化采取坚决果敢的行动是美国未来的就业和经济增长的关键。因此奥巴马关于气候变化所带来的经济挑战的提议主要着眼于主张美国的未来能源结构以清洁能源为主，大力推广清洁能源、改善能效，包括采取让家庭建筑变得更节能，帮助工厂改革节能设施，强制设定工业温室气体排放量上限等措施，并通过创新，加强对储量丰富的煤资源的清洁利用。奥巴马政府已拨款 4 亿美元，投资于能够提高能效、减少温室气体排放的低碳能源技术，以促进其市场化和产业化。美国促进低碳经济的主要及具体做法如下。

相关目标：在 2020 年前将温室气体排放降低到 1990 年水平，并到 2050

年再减少80%，到2025年时让全美国25%的能源来自于风能、核能和清洁煤炭等清洁能源。

在国际方面，美国将再次积极投身有关谈判，与世界上最大的碳排放国的领导人接触，建立一个新的"全球能源论坛"，创建后京都框架，重新开创全球气候变化合作的新时代；建立石油进口国联盟，努力减少石油需求。

在国内方面，把气候变化和美国能源独立性联系起来，强调新能源和低碳经济对美国未来经济竞争力和国际地位的重大影响。启动"总量控制和CO_2排放交易"系统，大力发展新一代的能源技术，确保清洁和买得起的能源的发展和应用，主张未来能源结构是以可再生能源和清洁煤炭为主的清洁煤炭体系，积极改进能效，到2030年让所有在美国的新建筑物实现碳中和。具体做法：通过"清洁技术风险基金"和显著的可再生能源目标来加强对供应侧的管理，加强对零排放和低排放技术的支持；通过用户侧的管理措施帮助家庭为减排CO_2做贡献；通过排放权交易方案为温室气体减排CO_2提供基于市场的激励。

四　英国低碳经济发展策略

英国式低碳经济概念的最早提出者。发展低碳经济不仅是其对人类经济发展方式和经济生活方式的新变革所作出的反应，而且也是英国对本国经济可持续发展的迫切要求。

（一）战略思想的确立

自《京都议定书》后英国就开始把发展低碳经济上升到国家战略的高度，特别是2003年，英国发表了《我们未来的能源——创建低碳经济》的白皮书，首次提出了低碳经济概念，也提出了英国的碳减排目标。2010年，CO_2排放量在1990年水平上减少20%，到2050年减少60%，建立低碳经济社会，从根本上把英国变成一个低碳经济的国家。英国是较早实现工业化的国家之一，而在工业化初期英国也经历了高能耗、高污染、高排放的经济增长方式，几乎耗尽了英国国内的煤、天然气等能源资源，低碳经济发展战略的提出不仅是英国对本国经济可持续发展的迫切要求，也是对人类经济发展方式和经济生活方式的新变革。2007年，英国发布了新的《能源白皮书》，公布了《气候变化法案》的草案，以及《英国气候变化战略框架》，并认为碳革命的影响深远不亚于第一次工业革命。低碳经济成了英国推动科技、经济和环境协调发展的最佳结合点，因此，为尽快使英国走出金融危机所带来的不利影响，2009 年英国发布《英国低碳转型计划》，以及配套的《英国可再生能源战略》、《英国低碳工业战略》和《低碳交通战略》等文件，提出 2020 年将碳排放量在 1990 年的基础上减少 34% 的具体目标，把英国建设成为更干净、更绿色、更繁荣的国家，为实现这一目标，届时英国 40% 的电力供应必须源自风能、核能和其他低碳能源，这带来的产业调整有望为超过 120 万人提供就业机会，"绿色工作"整体改建 700 万户民宅，并支持 150 万户家庭生产自己的清洁能源；削减一半天然气进口量；小轿车平均碳排放量比现在降低 40%。2010 年发布《海洋能源行动计划》等，英国的一系列政府行动都是围绕着减少 CO_2 排放作为焦点的低碳经济，并且其低碳经济的战略已经开始实现转型，逐步由宏观战略规划走向微观具体实施措施。

（二）发展低碳经济的政策体系

英国建立的政策法规体系涵盖了包括碳税收、碳信托基金、碳交易市场、碳金融等各方面的较为全面健全的政策体系，主要包括以下三大体系。

一是税收体系，1997 年以来，英国政府就开始采取一系列与能源和碳排放有关的税收政策。2001 年 4 月，英国政府在其"气候变化计划"提出并实施气候变化税（CCL），这是一项灵活的税收政策，其目的是为了提高能源效率、调整能源结构和促进节能投资，因此在征收气候变化税时又通过调低企业雇员的国民保险金、强化投资补贴项目和碳基金等措施将税收返还企业，以减少企业的负担，依据煤炭、天然气和电能数量征税，对可再生能源、热电联产等免税，促进能源结构调整，鼓励企业提高能源效率。通过燃油税、等级车辆消费税和公司汽车税机制，鼓励个人少开车，多选择其他交通工具，购买环保型的车辆。

二是建立碳信托基金等政府补贴机制。2001 年，在开征气候变化税后，从其气候变化税中每年拨出大约 0.66 亿英镑作为碳信托基金，目前，碳基金的资金来源包括气候变化税、垃圾填埋税和英国贸易与工业部的少量资金。碳基金由一家独立公司运作，主要面对能源成本在 300 万~400 万英镑的高能耗大企业，资金使用主要用于碳减排技术的研究、开发与推广；帮助企业开展碳管理；提高能效，降低市场风险。

三是建立碳排放交易机制（UK Emissions Trading Scheme，UK ETS）。英国

于 2000 年实施"气候变化计划"，并按此计划于 2002 年启动英国温室气体排放交易制度，成为全球最早实施温室气体排放交易机制的国家；在 2005 年欧盟排放体系开始实施时，为了与欧盟政策一致，于 2006 年 12 月 31 日结束，参与制度的企业部分加入欧盟排放交易。英国排放交易制度取得一定的成效，到 2006 年 3 月，累计减排温室气体 700 万吨 CO_2。英国碳排放制度也为政府、企业、交易机构带来了丰富的经验，保证英国在碳贸易方面的竞争优势。

（三）减排目标

英国的京都减排目标是 2008～2012 年在 1990 年的基础上减排 8%，欧盟内部的"减排量分担协议"对英国的要求是 2012 年在 1990 年的水平上减排 12.5%，2003 年英国在《我们未来的能源——创建低碳经济》白皮书上，提出的减排目标：2010 年 CO_2 排放量在 1990 年水平上减少 20%，到 2050 年减少 60%。2008 年在《气候变化法》中提出了具有法律约束力的减排目标，2020 年在 1990 年的基础上减少温室气体排放 26% 以上，2050 年在 1990 年的基础上减少温室气体排放 80% 以上。因此仅从减排目标上看，就可以了解英国对低碳经济的重视程度。

（四）新的经济增长点

全球金融危机后，英国经济复苏缓慢，制造业、金融服务、零售业和建筑业增长缓慢，2008 年实施了制造业的经济振兴计划，短期内也没有取得明显成效。因此为尽快走出经济低谷，英国开始全力发展低碳经济，并把围绕气候变暖和高油价而发展新能源、新技术为主的低碳经济作为新兴的经济增长点。2009 年英国实施《低碳转型计划》后，拨款 4.05 亿英镑用于新能源、绿色技术，主要是风能发电、太阳能发电、水力发电、海浪及潮汐发电等清洁能源，以及碳捕获及储存、传统产业的低碳化改造，英国政府的政策激励吸引了国内外企业对低碳产业的投资，缓解了就业压力，有助于英国走出经济衰退。目前英国发展低碳经济已从国家战略转向具体实施，初步形成了以政府政策为主导，市场运作为基础，企业、公共部门和家庭为主体的"低碳经济"发展体系，突破了"低碳经济"发展的瓶颈，实现了经济增长与环境效益的双赢局面。

第二节　发展低碳经济的国家行动

发展低碳经济的国家行动，是指中央政府为主体，在国家层面推动的与低碳经济发展的理念、规划、计划、所制定的法律和所做的工作相关的行动。本节系统梳理中国在发展低碳经济方面的国家行动，介绍主要发达国家发展低碳经济的国家行动，总结发达国家发展低碳经济的国家行动可以借鉴的经验，展望中国未来发展低碳经济的国家行动。

英国：低碳经济的先行者

2003 年英国政府发布了能源白皮书《我们能源的未来：创建低碳经济》，是最早在政府文件中提出"低碳经济"的。在该文件中提出，英国将在 2050 年把其温室气体排放量在 1990 年的水平上减排 60%。在之前，英国已经采取了一系列的立法和政策来应对气候变化：1995 年制定"家庭能源节约法"，自治团体希望家庭能源消费和 CO_2 的排放量在 2001 年之前必须减少到 30% 以上。2002 年 1 月 1 日，实施《可再生能源强制条件》，要求电力供应商必须购买一定比例的可再生能源销售给客户，以降低英国的化石燃料的使用。

2007 年 6 月，英国公布了《气候变化法案》草案，成为第一个对 CO_2 排放做出法律规定的国家。法案明确承诺，承诺到 2020 年削减 26%～32% 的温室气体排放，到 2050 年，实现温室气体排放量降低 60% 的长远目标。

2009 年 7 月，英国政府正式发布《英国低碳转换计划》，这意味着英国将从国家战略的高度推行"低碳经济"，计划内容涉及能源、工业、交通和住房等多个方面。计划提出，到 2020 年碳排放量在 1990 年基础上减少 34%；40% 的电力来自低碳领域，其中大部分为核电、风电等清洁能源；新生产汽车的 CO_2 排放标准在 2007 年基础上降低 40%。这份文件还首次提出，所有英国政府机构都必须建立自己的"碳预算"，严格控制碳排放量，如果达不到标准则会受到相应处罚。该计划标志着英国正式启动向低碳经济转型，这也是主要发达国家中应对气候变化最为系统的政策白皮书。与此计划同时公布的还有三个配套计划：《英国低碳工业战略》《可再生能源战略》《低碳交通计划》。

美国：争取世界低碳技术和产业发展主导权

在气候变化问题上，美国的步伐缓慢，迟迟不予批准《京都议定书》，因此受到了国际社会的一致批评。但是，美国政府出于国家利益和经济长期发展的考虑，在新能源和低碳经济发展等方面做了大量的工作。

2005 年，提出《能源政策法》，其中涉及高达 145 亿美元的各种激励措施，鼓励公众使用太阳能；鼓励企业生产节能型家电。规定到 2010 年，汽油中必须掺入的生物燃料应是目前的 3 倍，并且特别鼓励对包括核电在内的电力基础设施投资。

2006 年 9 月，公布了新的气候变化技术规划，大力推广新一代清洁能源技术的研发与创新，向燃煤发电领域的 CCS（CO_2 的捕集和封存）技术提供资金，并鼓励可再生能源、核能以及先进的电池技术的应用，通过减少对于石油的依赖来确保国家的能源安全和经济发展。CCS 技术可以减少排放量达 85%，是众多碳减排技术中应用前景十分广阔的新兴技术。但目前 CCS 技术的成本比较昂贵，全世界比较大规模的 CCS 项目比较少。美国能源部从 1997 年开始碳收集的研发，2006 年经费达到 6600 多万美元，2007 年经费近 1 亿美元。其目标是到 2012 年能捕捉 90% 的化石能源转化过程中排放的 CO_2，并达到 99% 的永久储存率，成本增加不超过 10%。

2007 年 7 月，美国参议院提出了《低碳经济法案》，提出到 2020 年美国碳排放量减至 2006 年水平、2030 年减至 1990 年水平的碳排放总量控制目标。法案还提出建立限额与交易体系，并通过鼓励 CCS 技术开发等多项具体措施来发展低碳经济。

2008 年的金融危机加速了美国发展低碳经济的步伐。事实上，在金融危机的影响下，低碳技术与新能源经济已经成为美国经济振兴计划的重要战略选择。

2009 年 2 月，奥巴马签署了《复苏与再投资法案》，实施经济刺激计划，内容包括开发新能源、节能增效和应对气候变化等方面。其中，以开发新能源为核心内容，并且预计在未来 3 年内，美国可再生能源的产量将翻一番。法案还包含严格实施的汽车排放标准、大力促进绿色建筑开发、建设全新的智能电网等内容，这在客观上促进了低碳经济的发展。当然，奥巴马政府以开发新能源为核心的绿色新政并非仅追求经济复苏的短期目标，更着眼于经济发展的未来，通过培育新能源产业，使其成为新的经济增长点，重振美国经济，并且在全球应对气候变化问题上掌控主导权。

美国不仅把投资的重点放在了低碳领域，而且更是凭借其在低碳领域的技术和制度创新优势，制定和实施发展低碳经济的中长期战略规划，试图在新一轮的世界经济增长中获得强有力的竞争优势，从而主导世界低碳技术和产业发展。

2009年3月31日，美国众议院能源委员会向国会提出了《2009年美国绿色能源与安全保障法案》。该法案由能源效率、绿色能源、温室气体减排、向低碳经济转型等四部分组成。向低碳经济转型的主要内容有：确保美国绿色就业机会和劳动者转型，产业的国际竞争力，出口低碳技术和应对气候变化等四个方面，该法案构成了美国向低碳经济转型的法律框架。

2009年6月通过的《美国清洁能源法案》是美国在这个方向上迈出的重要一步。此法案包括排放总量控制目标、配额发放方法和管理、稳定配额交易价格的措施、美国国内（主要是农业和林业项目）国际碳抵消量和碳市场交易机制、对发展中国家的援助、碳交易的治理结构6个方面的内容，构成了美国向低碳经济转型的法律框架，表明美国在气候变化政策基调上的根本性转变。美国以期通过立法推动温室气体减排，发展清洁能源，向低碳经济转型。该法案明确规定投资1900亿美元用于发展新的清洁能源技术和提高能源使用效率，包括可再生能源、碳捕获和储存、电动和其他先进技术交通工具、基础科学研发等。减少化石能源的使用，到2020年，温室气体排放量要在2005年的基础上减少17%，到2050年减少83%；电力生产中至少15%为太阳能、风能、地热等清洁能源，另有5%通过节能措施减少能源消费，两项相加必须达到20%。自2012年起开始实行温室气体总量控制与排放权交易制度，发电、炼油、炼钢等工业部门的温室气体排放配额将逐步减少，超额排放需要购买排放权。然而，《美国清洁能源法案》中也有体现美国的摇摆态度和国家利益至上的原则的规定，即它将气候变化问题与国际贸易联系起来，以减少应对气候变化问题带来的损失。法案规定，美国有权对从不实施温室气体减排限额的国家进口能源密集型产品征收碳关税。这些举措试图通过碳关税这一贸易措施迫使发展中国家在后京都国际气候谈判中承诺采取强有力的减排行动，以此来减轻美国自身的CO_2减排压力。

2009年，美国奥巴马政府提出了以发展新能源为核心的"绿色复兴计划"，该计划拟在两年内建设六大领域的绿色基础设施项目，包括：节能建筑、公共运输系统、智能电网、风电、太阳能发电、第二代生物燃料等。未来10年，政府将投资资助替代能源研究，风能、太阳能和其他替代能源公司，到2025年，美国发电量的25%将来自可再生能源；加大对混合动力汽车、电动车等新能源技术的投资力度，减少石油消费量；大规模改造联邦政府办公楼，推动全国的学校设施升级，对全国公共建筑进行节能改造。

2012年，奥巴马的能源政策新立场是发展油气新能源。他已多次强调页岩气的优势，并专门成立了工作小组，使页岩气开采监管更为高效。联邦能源监管委员会或将批准建造一批液化天然气出口设施，从而为国内生产创造更多需求。

日本：转变发展模式，建设低碳社会

日本在过去30多年一直致力于新能源的开发，太阳能发电世界第一，在风能、海洋能、地热、垃圾发电、燃料电池等新能源领域，也都处于世界领先水平。日本政府表示，要果断地与自由排放温室气体的经济增长模式诀别，彻底转变产业革命以来的发展模式和经济架构，在世界上率先建成最先进的低碳社会。

日本已构建了由能源政策基本法立法为指导，由煤炭立法、石油立法、天然气立法、电力立法、能源利用合理化立法、新能源利用立法、原子能立法等为中心内容，相关部门法实施令等为补充的能源法律制度体系，形成了金字塔式的能源法律体系。

日本低碳经济体系一直以"一体两翼"的模式操作运行，其中"一体"为内阁，负责总揽各方建议和意见并加以整合；"两翼"为经济产业省和环境省，两者分别从"技术创新"和"生活行为"两个侧重点设计制定各自低碳发展规划。

2006年5月，日本经济产业省编制并发布了以保障日本的能源安全为核心内容的《新国家能源战略》，通过强有力的法律手段，全面推动各项节能减排措施的实施：（1）实现世界最先进的能源供需结构；（2）全面加强资源外交与能源环境合作；（3）强化应急能力；（4）制定能源技术战略。《新国家能源战略》提出了今后25年日本的能源发展战略，提出从发展节能技术、降低石油依存度、实施能源消费多样化等六个方面推行新能源战略；发展太阳能、风能、燃料电池以及植物燃料等可再生能源，降低对石油的依赖；推进可再生

能源发电等能源项目的国际合作。《新国家能源战略》为日本能源发展指明了方向。

2007 年，日本环境部提出的低碳规划，提倡物尽其用的节俭精神，通过更简单的生活方式达到高质量的生活，从高消费社会向高质量社会转变。

2008 年 5 月和 6 月，日本国会分别通过了《推进地球温暖化对策法》修正案和《能源合理利用法》修正案。

2008 年 6 月，日本首相福田康夫提出了日本新的防止全球变暖对策——福田蓝图，表示日本减排的长期目标是到 2050 年使本国的温室气体排放量比目前减少 60%～80%，并将充分利用能源和环境方面的高新技术，使日本成为世界上第一个低碳社会。

2008 年 7 月 26 日，日本政府公布了《低碳社会行动计划》，从措施、行动日程、数值目标等方面对"福田蓝图"进行了具体化，提出重点发展太阳能和核能等低碳能源。按照《低碳社会行动计划》的要求，日本要在 2020 年前实现 CO_2 捕捉及封存技术的实际应用，将太阳能发电量提高，并计划在 2020～2030 年将燃料电池系统的价格降至目前的约 1/10。

2008 年 7 月，日本政府选定了 6 个地方城市作为"环境模范城市"。选中的城市中人口超过 70 万的大城市有横滨、九州，人口 10 万的地方中心城市有带广市、富山市，以及人口不到 10 万的小市县村熊本县水俣、北海道下川町等。这些城市都普遍存在着严重的环境问题。这些"环境示范城市"通过多项活动加快向低碳社会转型的步伐，包括发展太阳能、风能项目，开展削减垃圾数量、零排放交通项目等。日本先从低碳城市开始，把区域经济和产业链条上的各个组成部分逐渐发展成为低碳型，通过低碳城市建设，致力于把日本建设成全球第一个低碳社会。所谓低碳城市是指，以低碳经济为发展方向、市民以低碳生活为理念和行为特征、政府公务管理层以低碳社会为建设标本和蓝图的城市模式，重视在经济发展过程中的代价最小化以及人与自然和谐相处、人性的舒缓包容。而低碳社会的建立，有赖于以改善城市功能和交通系统的配套改革以及城市为单位的生活方式的转变。

2009 年，日本政府推出的经济刺激方案中重点强调了发展新能源、节能、绿色经济的主旨，其措施是细化和延伸 2006 年提出的《新国家能源战略》，如发展环保车、提高太阳能普及率、发展生物技术和产业等措施。

2009 年 4 月，日本政府公布《绿色经济与社会变革》政策草案，提出通过实行削减温室气体排放等措施，大力推动低碳经济发展。

2010 年 1 月 31 日，日本政府以书面形式向《联合国气候变化框架公约》秘书处提交了日本的减排目标，承诺到 2020 年将在 1990 年的排放基础上减排 25％。但是，福岛核事故给日本能源带来的挑战使得日本在减排方面变得更加务实和保守，在 2012 年多哈气候大会上，日本表示在《京都议定书》第一期承诺到期后，不参加第二承诺期。[①]

日本非常重视低碳技术在推动低碳经济发展中的作用。日本政府推出一套低碳技术的路线图：首先，在强调政府在基础研究中的责任和作用，并鼓励私人资本对研发的投入，保证技术创新的资金投入。内阁综合科技会议制定每年的资源分配政策，环境省等政府机构以此进行资金的分配。计划今后 5 年将在低碳技术创新方面投入 300 亿美元，开发快中子增殖反应堆循环技术、低化石燃料消耗直升机、生物质能应用技术、高效能船只、气温变化监测与影响评估技术、智能运输系统等。其次，建立官、产、学密切合作的国家研发体系，以便充分发挥各部门科研机构的合力，集中管理，提高技术研发水平和效率。如今，日本的节能环保技术遥遥领先，已经成为全球最大的光伏设备出口国。

四 德国：低碳技术研发先行

德国的能源开发和环境保护技术处于世界前列。从 1977 年至今，德国联邦政府先后出台了 5 期能源研究计划，最新一期计划从 2005 年开始实施，以能源效率和可再生能源为重点，通过"高技术战略"提供资金支持。根据这项战略，德国科技界和经济界将就有机光伏材料、能源存储技术、新型电动汽车和 CO_2 分离与存储技术 4 个重点研究方向建立创新联盟。通过推广热电联产技术、实行建筑节能改造、发展可再生能源（特别是海上风力发电、提高沼气在天然气使用中所占比重）等实现节能减排。通过立法和约束性较强的执行机制制定气候保护与节能减排的具体目标和时间表。

德国政府为支持热电联产技术的发展和应用，制定了《热电联产法》，于 2002 年 4 月生效。德国政府计划到 2020 年将热电联产技术供电比例较目前水平翻一番。

2007 年德国联邦教育与研究部在"高技术战略"框架下制定了气候保护

---

① "多哈气候大会：极为艰难的谈判"，见光明网（http：//int. gmw. cn/2012－11/27/content_ 5810928. htm）。

高技术战略。根据这项战略，未来研究应着力于 4 个重点领域，即气候变化后果、气候预测和气候保护的基础研究、适应气候变化的方法和与气候保护措施相适应的政策机制。

发挥工业经济巨大的节能潜力是德国气候保护的重要目标。德国工业还蕴藏着巨大的提高能效的潜力，如动力装置、照明系统、热量使用和锅炉设备等都有进行节能改造的空间。德国政府计划在 2013 年前与工业界签订协议，规定企业享受的税收优惠与企业是否实行现代化能源管理挂钩。对于中小企业，德国联邦经济部与德国复兴信贷银行已建立节能专项基金，用于促进德国中小企业提高能源效率，基金主要为企业接受专业节能指导和采取节能措施提供资金支持。

政府通过《可再生能源法》确立可再生能源的地位。由于可再生能源发电（除水电）起步晚、规模小、成本高，没有独立的电力传输网络，而现存的电网几乎都为大型电力集团所有，这就导致可再生能源发电难以通过电网输送给用户。为解决这一问题，德国 1991 年出台了《可再生能源发电并网法》，规定了可再生能源发电的并网办法和足以为发电企业带来利润的收购价格。在 2008 年修订的《可再生能源法》中，重点体现促进现有风力设备更新换代和发展海上风力园。应用第一代风力发电技术的发电设施能效较低，因此德国把更新现有发电设备作为下一步发展风能的重点。德国政府认为，未来风能发展的最大潜力在于海上风能，如果能提高能源效率、降低成本，海上风力在未来 30 年的发电量可达到 2 万 ~2.5 万 MW。为此，德国能源署实行了一项海上风力园实验项目，并且已经处于计划和初步实施阶段。近几年，德国的可再生能源发展取得了很大成功。德国可再生能源的发电比重占发电量的近 13%，可再生能源使用占初级能源使用的 4.7%，这两项指标已经超过了德国制定的 2010 年目标水平。

五　欧盟：全面、协调、稳步推进成员国低碳经济发展

欧盟在低碳经济发展过程中，有长远和具体的目标，各成员国也有自己的低碳政策，个体力量和总体力量共同努力，取得了非常好的效果。从排放指标的制定，到科研经费的投入、碳排放机制的安排、节能与环保标准的规定，再到低碳项目的促进等，欧盟稳步推进，推出了全面的政策和措施。

欧盟建立之初，就开始关注环保和能源。20 世纪 70 年代欧盟成立了能源委员会和环保总司，制定共同的能源和环保政策。欧盟为实施其环境政策已经

制定了 300 多个法律文件。其环境政策包括了环境管理的各个要点：研究、法律和技术开发、监督和实施以及环境信息协调活动等。

欧盟一直关心气候变化和能源安全问题，并作为环境和能源领域的先锋，走在世界前列。其在不同时期，侧重点不同：在 20 世纪 70 年代，重点是研究和利用可再生能源；在 20 世纪 80 年代初开始研究新能源，尤其加大力度研究太阳能和核能。1995 年发表了欧盟能源政策白皮书和绿皮书，制定了欧盟能源发展总政策。尤其是在欧盟已经签署和批准《京都议定书》的情况下，其环境保护政策与能源政策日益紧密地联系在一起。目前，欧盟发展可再生能源政策已提升到战略的高度。

1986 年的《单一欧洲法案》制定了共同体环境保护的目标、原则、决策程序等内容。《单一欧洲法案》的签署给欧共体的环境保护赋予了法律地位。1993 年制定了欧盟的《可持续发展规划》。

2006 年 10 月，欧盟委员会公布了《能源效率行动计划》，该计划包括降低建筑物、机器和交通运输能耗，提高能源生产效率等 70 多项节能措施。计划还建议制定新的强制性标准，推广节能产品。计划内容丰富、重点突出，把能源效率融入到总体能源战略和政策中去，并高度重视法律、政策和教育在提高能源效率方面的作用。

2007 年 1 月，欧盟委员会通过一项新的立法协议，准备修订现行的《燃料质量指令》，对用于生产和运输的燃料制定更严格的环保标准。从 2009 年 1 月 1 日起，欧盟市场上的所有柴油中的硫含量必须降到 10mg/L 以下，碳氢化合物含量必须减少 1/3 以上。内陆水运船舶和可移动工程机械所使用的轻柴油的含硫量也将大幅降低。从 2011 年起，燃料供应商必须每年将燃料在运输、炼制和使用过程中排放的温室气体在 2010 年的水平上减少 1%，到 2020 年整体减少 10%，即减少 CO_2 排放 5 亿吨。

2007 年，欧盟委员会在平衡、协调各成员国的基础之上通过了符合欧盟制定的气候变化目标的《欧盟战略能源技术规划》，鼓励新的低碳技术研发。欧盟制定的应对气候变化目标是：到 2020 年，在 1990 年基础上减少 20% 的温室气体排放量；煤、石油、天然气等一次性能源消耗量将减少 20%；生物燃料在交通能源消耗中所占比例将提高到 10%；可再生能源占总能源耗费的比例将提高到 20%。《欧盟战略能源技术规划》包括：欧洲风能启动计划，重点是大型风力涡轮和大型系统的认证；欧洲生物能启动计划，重点是在整个生物能使用策略中，开发新一代生物柴油；欧洲太阳能启动计划，重点是太阳能光伏和太阳能集热发电的大规模验证；欧洲 CO_2 捕集、运送和封存启动计划，重点包括效率、安全和承受性的整个系统要求，验证在工业范围内实施零排放化石燃料发电厂的生存能力；欧洲核裂变启动计划，重点是开发第 IV 代技术欧洲电网启动计划，开发智能电力系统，包括电力储存。

2008 年 2 月，欧盟运输、通信和能源部长理事会在布鲁塞尔通过了欧盟委员会提出的《欧盟能源技术战略计划》，同意在以下方面采取措施：建立欧盟能源科研联盟，以加强大学、研究院所和专业机构在科研领域的合作；在能源工业领域增加财力和人力投入，加强能源科研和创新能力；建立由欧盟委员会和各成员国参加的欧盟战略能源技术小组，协调欧盟和成员国的政策，计划改造和完善欧盟老的能源基地设施，建立欧盟新的能源技术信息系统。该计划鼓励推广包括太阳能、风能和生物能源技术在内的"低碳能源"技术，以促进欧盟未来建立能源可持续利用机制。

2008 年 12 月，欧盟在布鲁塞尔举行峰会并制定了应对气候变化方案。此方案要求到 2020 年欧盟将其温室气体排放量在 1990 年水平上减少 20%，2013 年后电厂和污染性工业等可购买碳排放权。此外方案还规定：到 2015 年汽车 CO_2 排放量将减少 19%；各国设定限排目标，到 2020 年欧盟可再生能源使用量占欧盟各类能源使用总量的 20%；鼓励利用可持续性的生物燃料；到 2020 年能源效率将提高 20%。方案还包括提供 12 个碳储存和储捕获试点项目——利用新技术储存电厂排放的 CO_2 并将它注入地下。试点项目资金将来自于碳交易收益。

2009 年 3 月，欧盟举办了气候变化与能源峰会，欧盟成员国在气候变化以及能源安全等方面达成一致。峰会对欧盟的能源安全和气候变化政策进行了评估，并制定出相应方针，加强欧盟中长期的能源安全，实现欧盟 2020 年的温室气体减排目标，迎接低碳和无碳能源时代的到来。峰会制定的具体方针包括：提高石油和天然气的存储量，加强危机反应机制，促进能源供应的安全；发展欧盟的能源基础设施；促进包括可再生能源在内的能源及其供应多样化；提高能源利用效率；在与有关伙伴国发展关系的过程中，重视欧盟能源利益。与此同时，峰会重申建立一个有效的内部能源市场的重要性。

六 中国发展低碳经济的国家行动

中国发展低碳经济的国家行动，已经形成发展低碳经济的指导思想和中长期发展战略。中国政府宣布到 2020 年，中国的 CO_2 排放强度指标在 2005 年基础上下降40%～45%的长期目标。为了实现该目标，在《中华人民共和国国民经济和社会发展第十二个五年规划纲要》中，明确提出了未来5年应对气候变化的目标和主要任务。

"十二五"规划提出，未来5年，必须完成的与减少CO_2排放量紧密相关的约束性指标：非化石能源占一次能源消费比重提高到11.4%（"十一五"结束时该比重是8.3%）；单位国内生产总值能耗降低16%（"十一五"期间降低了19.1%）；单位国内生产总值CO_2排放（碳强度）降低17%（第一次在国家五年发展规划目标中提出该指标）。

为了完成未来5年各项与减少CO_2排放量紧密相关的约束性指标，"十二五"规划提出了未来5年应对气候变化的主要任务。第一，控制温室气体排放。主要要做的工作是：综合运用调整产业结构和能源结构、节约能源和提高能效、增加森林碳汇等多种手段，大幅度降低能源消耗强度和CO_2排放强度，有效控制温室气体排放。合理控制能源消费总量，严格用能管理，加快制定能源发展规划，明确总量控制目标和分解落实机制。推进植树造林，新增森林面积1250万公顷。加快低碳技术研发应用，控制工业、建筑、交通和农业等领域温室气体排放。探索建立低碳产品标准、标志和认证制度，建立完善温室气体排放统计核算制度，逐步建立碳排放交易市场，推进低碳试点示范。第二，增强适应气候变化能力。主要要做的工作是，制定国家适应气候变化总体战略，加强气候变化科学研究、观测和影响评估。在生产力布局、基础设施、重大项目规划设计和建设中，充分考虑气候变化因素。加强适应气候变化特别是应对极端气候事件能力建设，加快适应技术研发推广，提高农业、林业、水资源等重点领域和沿海、生态脆弱地区适应气候变化水平。加强对极端天气和气候事件的监测、预警和预防，提高防御和减轻自然灾害的能力。第三，广泛开展国际合作。主要要做的工作是：坚持"共同但有区别的责任"原则，积极参与国际谈判，推动建立公平合理的应对气候变化国际制度。加强气候变化领域国际交流和战略政策对话，在科学研究、技术研发和能力建设等方面开展务实合作，推动建立资金、技术转让国际合作平台和管理制度，为发展中国家应对气候变化提供支持和帮助。

可以看到，中国政府在未来应对气候变化、发展低碳经济方面已经形成较为系统的中期发展战略规划，在此基础上，还需要专门制订一个更加有针对性的中期应对气候变化和发展低碳经济的发展计划，细化和具体化"十二五"规划的相关目标和工作。各国在发展低碳经济中，都非常重视把法律法规作为应对气候变化的重要约束手段，通过立法对企业的 CO_2 排放和政府的监管进行强制约束。中国虽然先后制定和修订了节约能源法、可再生能源法、循环经济促进法、清洁生产促进法、森林法、草原法和民用建筑节能条例等一系列法律法规，中国气候变化立法体系虽基本成型，但还不够健全和完善。在未来的发展中，首先要弥补立法空白，完善立法体系，急需制定一部综合性的能源基本法，即《能源法》，加快制定《湿地法》等；其次，增强中国立法的可操作性；再次，强化中国的气候变化立法的法律责任体系；再次，要将国际条约的法律要求及时融入中国的气候变化立法等。

各国发展低碳经济的经验表明，低碳技术创新在发展低碳经济中处于核心地位，从长远发展看，低碳技术将引领全球经济发展方式的转变。中国在未来低碳经济发展中，必须十分重视低碳技术创新。要立足自身实际，加大对于低碳技术研究方面的投入，尽快开发一批适合中国国情的低碳技术。与美国等发达国家不同，中国现在能源利用中的 70% 还是煤炭，仍处于煤炭时代，中国 90% 的二氧化硫（SO_2），85% 的 CO_2 和 73% 的烟尘都是由燃煤排放的。在相当长的时间内，中国以煤炭为主要能源的情形不会发生大的改变，这种能源结构即使到 2050 年也难以完全改变。因此，就中国的实际情况而言，需要提高煤炭的利用效率，减少能源的无用消耗。所以，在未来发展中，中国应将更多的资金和政策支持放在对煤炭的清洁使用技术上。由于新能源是未来能源发展的方向，在发展战略上处于举足轻重的地位，因此，在发展战略规划中要非常重视新能源的发展。从中国实际情况看，我们是世界上为数不多的拥有较完善核能技术的国家之一，这为中国核能技术的开发利用创造了有利条件。中国太阳能、风能、生物质能含量十分丰富，太阳能、风能、生物质能等可再生能源发电技术的开发应该作为中国今后发展重点。为此，政府在未来促进低碳经济发展的行动中，要加大对节能技术、核电技术、可再生能源技术、碳捕集和封存技术等低碳技术研发的投入力度，重点支持建立一批以先进低碳技术为支撑的低碳企业、低碳工业园、低碳示范城市、低碳示范社区，促进低碳技术的研发、转化，产生示范和带动效应。

第八章

中国发展低碳经济的应对之策

发展低碳经济，为国际竞争提供了新的契机，是实现中国可持续发展的重要途径之一。中国能否在未来处于世界发展的前列，很大程度上取决于发展低碳经济的能力。发展低碳经济，相关的发展对策十分重要。为此，笔者从政策角度对中国发展低碳经济的政策保障进行分析和研究，旨在从法律保障、政策支撑角度对中国目前在低碳经济发展方面的现状、问题及出路进行分析，并进一步对目前国际贸易中面临的碳排放转移、碳关税和碳标签对中国的影响及应对之策进行研究。

第一节　中国低碳经济发展的法律保障[①]

切实有效的法律制度是保障一国发展低碳经济的根基。目前世界多数的低碳经济执行良好的国家都构建了与其低碳发展目标相匹配的法律制度，并且仍在不断发展与完善。中国在应对气候变化和发展低碳经济方面的立法现处于起步阶段，主要以能源领域的法律法规为核心，反映了当前低碳经济的法制需求。

一　国际发展低碳经济的法律现状

目前国际上应对气候变化和发展低碳经济的立法形式各异。但国际各主要

---

① 中国人民大学气候变化与低碳经济研究所：《中国低碳经济年度发展报告（2012）》，石油工业出版社 2012 年版。

国家应对气候变化的机构设置、法律制度和措施反映出相关立法的国际性。根据第二届全球气候立法研究提供的研究报告，主要发达国家和发展中国家关于低碳经济发展的立法情况可以表现为表8-1的主要内容。

表8-1　　　　　　　　　　欧盟及其主要成员国的立法情况

国家	法案名称	主要目的	通过时间	变化
欧盟	气候与能源一揽子计划（CARE）	该计划的核心由4个互补法案构成：1. 修订和加强欧盟碳排放权交易方案（ETS）2. 共同责任分担 3. 促进和推广可再生能源利用的一个共同框架 4. 一个用于环保安全储备 CO_2 的法律框架	2008年	2011年颁布新法律规定轻型商用车的执行标准；提出新的能效指令议案。显著进步
英国	气候变化法案	为提高碳管制和促进低碳经济的转型提供了一个长期框架，并且鼓励对低碳商品投资。包括了具体减排目标（到2050年至少要在1990年的基础上减少80%的排放量），并建立了一个五年的碳预算	2008年	通过了第四个2023～2027年的碳预算；2011年能源法显著进步
法国	法国协商一号文件和二号文件	法国协商法律包括全面减排目标政策、可再生能源、能源效率及其研发	2009年、2010年	2011年无明显变化
德国	综合气候变化和能源项目	在2020年将温室气体排放量在1990年的基础上减少40%，计划主要集中在建筑部门	2007年（2008年更新）	2011年加强了可再生能源法力度 显著进步
意大利	气候变化行动计划	综合行动计划，帮助其温室气体减排目标符合《京都议定书》	2007年	2011年无明显变化

表 8 - 2　　　　　　　　　　　欧盟以外的主要发达国家立法情况

国家	法案名称	主要目的	通过时间	变化
美国	无联邦气候变化综合立法措施：13514号行政命令；联邦在环境、能源和经济上的领导；美国复苏和再投资法案	13514号行政命令使得联邦机构应对温室气体排放进行优先管理，并加了具体排放目标和截止日期的报告需求，其重心在运输、整体能源使用和采购政策上。所有联邦机构都必须发展、执行和年度更新可持续发展战略计划 美国复苏和再投资法案批准了一项经济刺激计划，为新能源和现存可再生能源以及能源效率方案提供了186亿美元的资助	2009年	对美国国家海洋和大气局的气候服务基金和能源与气候变化总裁助理职位的削减；承诺大幅削减国家气候资金；剥夺EPA监管权的法律草案明显倒退
加拿大	《京都议定书》实施法案	目的是确保加拿大及时采取有效措施以履行《京都议定书》的义务	2007年	2011年无明显变化
澳大利亚	清洁能源法	到2050年，澳大利亚将减少80%温室气体的排放量。法案的主要内容是碳价，先通过碳税，随后通过碳排放权交易计划	2011年	2011年11月通过清洁能源法显著进步
日本	与应对全球变暖相关的促进措施的法律	建立了全球环境保护部长理事会；细化了《京都议定书》的实现计划；规定了地方政府建立和实施的措施	1998年（2005年修改）	2011年无明显变化
俄罗斯	气候准则	为制定和实施未来的气候政策提供了战略性指导，涵盖了与气候变化相关的问题及其影响。主要内容：加强科学研究以便更好地了解气候系统和评估未来气候的影响和风险；减缓和适应气候变化发展和执行短期和长期措施；与国际社会合作	2009年	2011年无明显变化

表 8 – 3　　　　　　　　　　　部分发展中国家立法情况

国家	法案名称	主要目的	通过时间	变化
中国	2007 年国家气候变化项目	该项目主要关注的 5 个领域 1. 温室气体减缓 2. 适应 3. 科学与技术 4. 公众意识 5. 制度与机制措施	2007 年（2008 年、2009 年进行了修订）	2011 年 3 月发布了"十二五"规划；2011 年 11 月发布了提高碳强度的目标行动计划 显著进步
巴西	气候变化国家政策（NPCC）	政策以《联合国框架公约》中巴西承担的国际义务为基础，并与当前相关政府部门合作（例如关于气候变化的国家方案、国家气候变化基金等）	2009 年	颁布了 12512/2011 法令，为生态系统服务计划提供资金 显著进步
墨西哥①	可再生能源利用和能源过度基金法（LUREFET）	应对气候变化秘书处委员会协调国家关于适应和减缓气候变化的政策；LUREFET 旨在通过促进可再生能源和清洁技术发电，从而减少墨西哥对碳氢化合物发电的依赖。设定能源过渡、能源可持续利用与能源过渡基金的国家战略	2005 年、2008 年	2011 年底各方意见一致的基础上将四个法律草案融合为一个法案，并进行投票表决 显著进步
印度	气候变化国家方案（NPACC）	该方案概况了现行以及将来的减缓和适应气候变化的政策和方案，这个方案设定了 2017 年之前 8 个国家排放行动	2008 年	2011 年无明显变化

① 墨西哥虽然已经加入有"发达国家俱乐部"之称的经济合作与发展组织 OECD，但是从国际气候变化的角度看，墨西哥不在发达国家的谈判阵营。

国家	法案名称	主要目的	通过时间	变化
印度尼西亚	全国理事会气候变化总统规约（NC-CC）	气候变化委员会协调决策，委员会由17个部长组成，总统领导。各部门协调共同进行气候变化适应、减缓、技术转型、基金会、后2012年森林和土地的使用转换	2008年	总统暂停新森林地区的让步 显著进步
南非①	气候政策的视角、战略导向和框架	政策倡导在如下领域采取行动 1. 温室气体减排 2. 加强目前的激励机制 3. 呼吁非商业行为参与 4. 为将来做准备 5. 脆弱性和适应性 6. 利益相关者之间的协调与合作 预期2012年将其制定为法律	2008年	2011年颁布应对气候变化白皮书；2011年底或2012年初进行投票表决 显著进步
朝鲜	低碳行动绿色发展框架法案	规定中长期减排目标、限额交易、碳税、碳标签、碳泄漏、扩展新能源和可再生能源的法律框架	2009年	提出了限额交易的法律，并有望在2011年底通过投票表决 显著进步

从表8-1至表8-3中可以发现，欧盟的相关立法呈现出相对积极的形态，其立法的水平和发展程度都处于领先地位。欧盟的相关立法呈现出相对积极的形态，其立法的水平和发展程度都处于领先地位。发展中国家在应对气候变化和发展低碳经济的立法方面态度较为积极，成效也较为显著。相比之下，"伞形国家"中，美国关于全面应对气候变化立法活动出现倒退，联邦层面的

---

① 国际货币基金组织的世界经济展望报告中，发达经济体（advanced economies）为29个，与经合组织有差异，分别为：美国、德国、法国、意大利、西班牙、荷兰、比利时、奥地利、芬兰、希腊、葡萄牙、爱尔兰、卢森堡、日本、英国、加拿大、韩国、澳大利亚、中国台湾、瑞典、瑞士、中国香港（特别行政区）、丹麦、挪威、以色列、新加坡、新西兰、塞浦路斯、冰岛。鉴于世界气候变化谈判中形成的不同阵营，南非不属于"伞形国家"之列。

低碳经济领域立法活动降温。在目前的各国立法中，欧盟的低碳经济立法制度较有借鉴性，并形成了其独特的特点。

欧盟为应对气候变化，发展低碳经济，并未制定专门的"气候变化指令"（不存在一部统领应对气候变化的法律），而是采用各领域分别进行立法的分散立法模式。这些领域包括能源、温室气体排放权交易、税收、交通、适应气候变化等。欧盟之所以积极进行气候变化立法，是因为在国际法层面，《京都议定书》为其强制性减排立法提供依据，而在欧盟法层面，《欧洲联盟运转条约》作为欧盟的宪法性条约，其对气候变化政策的规定（第191条），则是欧盟气候变化政策及立法的直接依据。欧盟发展低碳经济的法律包括：欧盟加入的有关气候变化的国际公约；欧盟基础条约；欧盟机构制定的相关条例（regulation）、指令（derective）和决定（decision）等。上述法律共同组成了欧盟应对气候变化的立法体系。

（一）欧盟发展低碳经济的立法制度

与气候变化有关的能源立法制度是欧盟应对气候变化立法的核心制度之一。长期以来为了应对气候变化，欧盟的能源政策与立法在可再生能源、提高能源效率、建筑节能，以及其他方面已经形成了较为全面的体系。主要包括以下几方面内容。

第一，促进可再生能源的发展。可再生能源政策与立法在欧盟能源政策与立法方面占有重要地位。为了确保可靠的能源供应，减缓欧盟对外部能源的依赖，欧盟提出要加强可再生能源的发展。欧盟目前促进可再生能源发展的立法主要是：在内部电力市场促进可再生能源电力生产的指令2001/77/EC[①]；在运输领域推广使用生物燃料和其他可再生燃料的指令2003/30/EC[②]。2009年，欧盟颁布了促进可再生能源利用的指令2009/28/EC[③]，这一指令修改了前述两个指令的部分内容，并规定将于2012年1月1日废止前述两个指令。

第二，提高能源效率。提高能源效率可以减少能源消耗，因此可以减少由

[①]　Directive 2001/77/EC of 27 September 2001 on the promotion of electricity produced from renewable energy sources in the internal electricity market, OJ L 283, 27. 10. 2011, p. 33。

[②]　Directive 2003/30/EC of 8 May 2003 on the promotion of the use of biofuels of other renewable fuels for transport, OJ L 123, 17. 5. 2003, p. 42。

[③]　Directive 2009/28/EC of 23 April 2009 on the promotion of the use of energy from renewable sources and amending and subsequently repealing Directives 2001/77/EC and 2003/30/EC. OJ L140, 5. 6. 2009, p. 16。

于能源消耗产生的温室气体。针对提高能源效率，欧盟主要措施包括电器产品的最低能效标准和能效标识制度。电器产品的最低能效标准是由一系列欧盟指令组成的，是生产和进入市场销售的条件之一，满足条件的产品将加贴 CE 标志（conformite europeenne）。如指令 92/42/EEC，使用液体或气体燃料的新型热水器的能效要求①；指令 2000/55/EC，关于荧光灯镇流器的能效要求②。电器产品满足最低能效标准其次，欧盟能效标识制度，通过对产品的能效进行分等级的比较标志，一方面可以促使产品生产和设计商不断提高产品的能源效率，另一方面也可以引导消费者购买能效产品。

第三，建筑节能。欧盟涉及建筑节能的立法也有很多，但最主要的是关于建筑能源性能的指令 2002/91/EC，这一指令建立了建筑节能完整的制度体系。根据指令，从 2006 年 1 月起，成员国要采取必要措施，保证根据建筑能耗的计算方法，确定其最低能效标准。在确定最低标准时，新建筑、既有建筑及不同类型的建筑可以区别对待。按照标准要求，采取间隔期少于 5 年的定期检查制度，并随着建筑技术和建筑材料的发展而进一步提高该标准。对于符合节能标准的建筑物可以颁发能耗性能证书，证书的有效期不应超过 10 年。此外，为了加强建筑节能，指令还规定需要对锅炉和空调系统进行定期检查。需要注意的是，前述指令已被指令 2010/31/EU 所修订废止③。新指令扩大了受规制建筑物的范围并制定了更为严格的建筑物能源效率规定。

（二）欧盟低碳经济立法的特点

欧盟的低碳经济立法具有多元目标模式、广泛的公众参与和多元的监督机制，以及立法的域外效应突出等特点。

第一，立法的多元目标模式。减少温室气体排放并非是欧盟气候变化立法的唯一目标。欧盟应对气候变化立法往往从促进长远经济发展和提升长远竞争力出发，使气候变化立法成为一种应对气候变化、促进经济与社会发展、增强欧盟实力的多元目标性立法。以能源与气候变化为例，欧盟 2009 年通过的"能源与气候一揽子法案"，将气候变化与能源综合考虑，在完成减排目标的同时，既能为能源安全提供保障，又可以增加就业岗位促进社会发展，还能提升欧盟工业的竞争力。

---

① OJ L 167, 22. 6. 1992, p. 17。
② OJ L 236, 18. 9. 1996, p. 36. 已作废。
③ OJ L 279, 1. 11. 2000, pp. 33 - 39。

第二，广泛的公众参与和多元的监督机制。欧盟在气候变化立法过程中高度重视普通公民和非政府组织的参与，在广泛寻求民意的基础上进行气候立法。为了减轻行政监管的压力和弥补行政监管的不足，欧盟在气候变化立法中还特别注重多元监督机制的建立。例如，温室气体排放权交易体系（EU ETS）中企业温室气体排放报告不仅要接受政府机构审查，还应当公布于众，接受公众（尤其是环境非政府组织）的监督。这种将自上而下与自下而上的监督机制相结合的做法，无疑是有利于集思广益、认清问题、把握问题、解决问题的。

第三，立法的域外效应突出。一般认为，一国的管辖权应限于其主权范围内，但是欧盟气候变化立法显然突破了这一点。以 EU ETS 为例，根据欧盟指令规定，从 2012 年 1 月 1 日起，所有起飞自或降落于欧盟机场的空运活动都纳入 EU ETS 中。显然，欧盟已将对航空活动温室气体排放的管辖权扩张到欧盟管辖范围以外。暂且不论这是否侵犯了他国的主权，但全球化背景下，环境保护对国家主权的冲击，以及环境立法的域外影响，确实是一个值得深思的问题。

 中国在国际公约方面的履行机制

中国发展低碳经济的法律大致分为国际公约和国内法律规范两部分。中国参与的国际公约主要有《联合国气候变化框架公约》和《京都议定书》。

（一）气候变化及低碳经济的相关国际公约

1992 年在巴西里约热内卢举行的联合国环境发展大会（全球首脑会议）上通过的《联合国气候变化框架公约》是世界上第一个为全面控制 CO_2 等温室气体排放，以应对全球气候变暖给人类经济和社会带来不利影响的国际公约，也是国际社会在对付全球气候变化问题上进行国际合作的一个基本框架。该公约旨在控制大气中 CO_2、甲烷和其他造成"温室效应"的气体的排放，将温室气体的浓度稳定在使气候系统免遭破坏的水平上。公约对发达国家和发展中国家规定的义务以及履行义务的程序有所区别。公约要求发达国家作为温室气体的排放大户，采取具体措施限制温室气体的排放，并向发展中国家提供资金以支付他们履行公约义务所需的费用。而发展中国家只承担提供温室气体源与温室气体汇的国家清单的义务，制订并执行含有关于温室气体源与汇方面措施的方案,不承担有法律约束力的限控义务。[①]

《公约》规定每年举行一次缔约方大会。1997 年 12 月,第 3 次缔约方大会在日本京都举行,会议通过了《京都议定书》,对 2012 年前主要发达国家减排温室气体的种类、减排时间表和额度等作出了具体规定。根据这份议定书,从 2008 ~ 2012 年间,主要工业发达国家的温室气体排放量要在 1990 年的基础上平均减少 5.2% ,其中欧盟将 6 种温室气体的排放量削减 8% ,美国削减 7% ,日本削减 6% 。议定书建立了旨在减排温室气体的三个灵活合作机制——国际排放贸易机制、联合履行机制和清洁发展机制。[②]

2007 年 12 月,第 13 次缔约方大会在印度尼西亚巴厘岛举行,会议着重讨论"后京都"问题,即《京都议定书》第一承诺期在 2012 年到期后如何进一步降低温室气体的排放。此次缔约方大会通过了"巴厘岛路线图",启动了加强《公约》和《京都议定书》全面实施的谈判进程,致力于在 2009 年年底前完成《京都议定书》第一承诺期 2012 年到期后全球应对气候变化新安排的谈判并签署有关协议。[③]

哥本哈根世界气候大会,即联合国气候变化框架公约第 15 次缔约方会议于 2009 年 12 月 7 日在丹麦首都哥本哈根拉开了帷幕。经过 12 天艰苦的谈判,与会各方终于达成了《哥本哈根协议》。作为哥本哈根气候变化大会最重要的成果,该协议是国际社会为共同应对气候变化所迈出的具有重大意义的一步:体现了各国对气候变化问题的高度重视,维护了《联合国气候变化框架公约》及《京都议定书》的框架,并坚持了"巴厘岛路线图"的授权。该协议在减缓行动的测量、报告和核实方面,维护了发展中国家的权益,并在发达国家提供应对气候变化的资金和技术支持方面取得了积极的进展。

2010 年,第十六次缔约方会议在墨西哥坎昆召开。会议通过了《京都议定书》附件一缔约方进一步承诺特设工作组决议,以及《联合国气候变化框架公约》长期合作行动特设工作组决议。决议指出,经济和社会发展以及减贫是发展中国家最重要的优先事务,发达国家根据自己的历史责任必须带头应对气候变化及其负面影响,并向发展中国家提供长期、可预测的资金、技术以及能力建设

---

① 危敬添:《联合国气候变化框架公约的历史和现状》,载于《中国远洋航务》,2009 年第 11 期。

② Kyoto Protocol,联合国气候变化框架公约官方网站 http://unfccc.int/kyoto_protocol/items/2830.php, 2012 年 1 月 6 日。

③ "WHAT WILL BALI BE ABOUT?" 联合国气候变化框架公约官方网站,http://unfccc.int/files/meetings/cop_13/press/application/pdf/071025__media_info_on_bali.pdf, 2012 年 1 月 6 日。

支持。决议还决定设立绿色气候基金，帮助发展中国家适应气候变化。[1]

2011 年 12 月，第十七次缔约方会议在德班召开。会议就《京都议定书》第二期承诺问题做出了安排，同时启动了绿色基金，在资金问题上也取得了重大进展。会议在《坎昆协议》基础上进一步明确和细化了适应、技术、能力建设和透明度的机制安排。会议还深入讨论了 2020 年后进一步加强公约实施的安排，并明确了相关进程，向国际社会发出积极信号。[2] 2012 年 11 月，《联合国气候变化框架公约》第 18 次缔约方会议暨《京都议定书》第 8 次缔约方会议在卡塔尔多哈开幕。这是联合国气候变化会议首次在海湾地区举行，此次会议主要力争达成三大目标：第一，针对《京都议定书》做出新的承诺，在结束第一承诺期的谈判后，积极致力于落实第二承诺期。第二，朝着全球就 2020 年之后的减排行动达成一致协议的方向继续迈进，在 2015 年之前就此完成谈判，并为未来更长时间的全球行动确定路线图。第三，加快为发展中国家提供技术和资金支持的速度，完成"巴厘岛路线图"开启的进程，并将相关承诺转化为切实行动。但从会议结果来看，发达国家普遍缺乏进一步承诺的政治意愿。日本、加拿大、新西兰、俄罗斯已明确表示不会承诺议定书第二期减排目标。

（二）中国在国际公约中履行的义务

作为《气候变化框架公约》的缔约方，中国政府认真履行了在《联合国气候变化框架公约》下承担的具体义务。早在 1994 年，中国政府就制定和发布了可持续发展战略——《中国 21 世纪议程——中国 21 世纪人口、环境与发展白皮书》，并于 1996 年首次将可持续发展作为经济社会发展的重要指导方针和战略目标，2003 年中国政府又制定了《中国 21 世纪初可持续发展行动纲要》。经国务院批准，《中华人民共和国气候变化初始国家信息通报》已于 2004 年 11 月正式提交《公约》缔约方会议。此外，中国根据《公约》的有关规定，着手制定了《应对气候变化国家方案》，用以指导未来几十年中国应对气候变化的政策措施。[3]

---

[1] "Cancun Agreements" 联合国气候变化框架公约官方网站，http：//unfccc. int/meetings/cancun_ nov_ 2010/items/6005. php，2011 年 12 月 26 日。

[2] "Duban Climate Change Conference" 联合国气候变化框架公约官方网站，http：//unfccc. int/ meetings/durban_ nov_ 2011/meeting/6245/php/view/decisions. php，2011 年 12 月 26 日。

[3] 刘江："气候变化的挑战及中国的应对战略"，见 20 国能源环境部长圆桌会议上的主题发言，http：//www. ccchina. gov. cn/cn/NewsInfo. asp？ NewsId = 3837，2012 年 1 月 2 日。

中国按照国际公约的要求，积极履行的国内国际义务包括：（1）制定符合成本效益的国家方案以及在适当情况下区域的方案。制定、执行、公布和定期更新载有减缓气候变化措施和有利于充分适应气候变化措施的国家方案，以及在适当情况下区域的方案。（2）在有关部门包括能源、运输和工业部门，以及农业、林业和废物管理领域促进合作和发展、应用和传播（包括转让）各种用来控制、减少和防止《蒙特利尔议定书》未予管制的温室气体的人为排放的技术、做法和过程。（3）促进可持续的管理，并促进合作，维护和加强《蒙特利尔议定书》未予管理的汇和库，包括生物质、森林和海洋，以及其他陆地、沿海和海洋生态系统。（4）拟定和详细制定关于沿海地区的管理、水资源和农业，以及关于受到旱灾和沙漠化及洪水影响的地区的综合性规划。（5）在有关的社会、经济和环境的政策和行动中，在可行的范围内将气候变化考虑进去，并采用本国拟定和制定的适当方法，以尽量减少他们为了缓解和适应气候变化而进行的项目或采取的措施对经济、公共健康和环境质量产生的不利影响。（6）促进关于气候系统和气候变化，以及各种应对战略所带来的经济和社会后果的科学、技术、公益、社会经济和法律方面的有关信息充分、公开和迅速地交流。（7）在科学技术研究方面进行合作，促进维持和发展系统的观测系统并发展数据库，以减少与气候相关的不确定性、气候变化的不利影响和各种应对战略的经济和社会后果。（8）促进拟定和实施教育及培训方案，包括加强本国能力建设，特别是加强人才和机构能力，并在国家一级促进公共意识和促进公众获得有关气候变化的信息，鼓励人们参加有关的教育、培训和提高公众意识的工作，并鼓励人们对这个过程最广泛的参与，包括各种非政府组织的参与。

此外，中国政府还将积极应对气候变化作为关系经济社会发展全局的重大议题，纳入经济社会发展中长期规划。2006年中国提出了2010年单位国内生产总值能耗比2005年下降20%左右的约束性指标；2007年在发展中国家中第一个制定并实施了应对气候变化国家方案；2009年确定了到2020年单位国内生产总值温室气体排放比2005年下降40%~45%的行动目标。在立法方面，制定或修订《可再生能源法》、《循环经济促进法》、《节约能源法》、《清洁生产促进法》、《水土保持法》、《海岛保护法》等相关法律，颁布《民用建筑节能条例》、《公共机构节能条例》、《抗旱条例》，出台《固定资产投资节能评估和审查暂行办法》、《高耗能特种设备节能监督管理办法》、《中央企业节能减排监督管理暂行办法》等规章。发布《可再生能源中长期发展规划》、《核电中长期发展规划》、《可再生能源发展"十一五"规划》、《关于加强节能工作的决定》、《关于加快发展循环经济的若干意见》等重要文件。2007 年发布的《"十一五"节能减排综合性工作方案》明确了节能减排的具体目标、重点领域及政策措施，对"十一五"时期开展节能减排工作发挥了重要作用。[①] 2012 年，国家相继发布了《能源发展"十二五"规划》、《煤炭工业发展"十二五"规划》、《可再生能源发展"十二五"规划》、《太阳能发电"十二五"规划》、《页岩气发展规划（2011－2015 年)》、《煤层气（煤矿瓦斯）开发利用"十二五"规划》等。

 中国低碳经济法制现状与前景分析

中国在应对气候变化和发展低碳经济领域的立法正处于早期阶段，主要以能源领域的法律法规为核心，以节约能源为主要内容，反映了当前低碳经济的法制需求。

（一）中国低碳经济法制现状

中国为适应气候变化发展低碳经济取得的立法成果与确立的诸多法律制度按领域主要有：农业领域的农业保护性耕作促进制度；农村建筑节能推广制度（民用建筑节能条例，《建筑节能专项规划》）；国家大工程项目的资金投入制度（重大工程包括：长江上游和黄河上中游地区的生态建设和保护工程，农村水利工程，农村沼气工程，退耕还林工程）；其他农村适应性项目（农村生物质能利用，沼气项目，滴灌项目，测土施肥项目）。水资源领域的流域综合治理制度；小水电能源替代生态保护制度等。海洋领域的海岛、海岸线和沿海地区保护管理制度；海域使用审批制度；海域（海洋特别保护区）保护区制度等。限于篇幅，以下按与低碳经济联系的密切程度展开讨论。

1. 在能源法体系框架下的低碳经济发展法律保障

中国能源法律体系是指调整在能源勘探、开发、利用与保护等活动中形成的社会关系的所有法律规范组成的相互联系、相互补充、内部协调一致的统一整体。从中国现有的诸多能源法律法规来看，与气候变化和低碳经济相关的能

---

① "中国应对气候变化政策与行动白皮书（2011）"，见中国政府官方网站，http://www.gov.cn/jrzg/2011－11/22/content_ 2000047. htm, 2011 年 12 月 28 日。

源法律体系已经建立并日趋完善。中国能源法体系主要由宪法中的能源条款、能源法律、能源行政法规、能源地方性法规、能源部门规章、地方性规章、能源标准、相关法律中的能源规定及中国加入的国际能源条约构成①。主要涉及发电、煤炭及可再生能源等方面。

（1）电力发展规划制度。电力发展规划是中国电力行业未来发展的主要指导方针，特别是其中有关电源结构多元发展的原则，对中国应对气候变化和发展低碳经济具有非常重要的意义。中国能源发展"十二五"规划在重点任务中明确提出，要积极有序发展水电和风能、太阳能等可再生能源；推动高效清洁发展煤电，有序发展天然气发电；推进智能电网建设，推进电力等重点领域改革，理顺其价格形成机制。环境保护规划、计划必须纳入电力发展规划、计划，采取有利于环境保护的经济、技术措施，使电力与环境保护同步规划、同步实施、同步发展。

电力发展规划已经成为中国能源领域一个重要的政策工具。根据电力"十二五"发展规划，2015 年全国常规水电装机预计 2.84 亿 kW 左右，2020 年全国水电装机预计达 3.3 亿 kW 左右。2015 年抽水蓄能电站规划装机容量 4100 万 kW 左右，2020 年 6000 万 kW 左右。十二五期间，中国电力发展的原则是优先开发水电、优化发展煤电、高效发展核电、积极推进新能源发电、适度发展天然气集中发电，以及因地制宜发展分布式发电。电力发展规划对于中国可再生能源的发展起到了非常重要的作用。②

（2）可再生能源和清洁能源发电激励制度和发展规划。可再生能源和清洁能源发电激励制度是指国家为改变中国以煤为主的电源结构，在现有的技术条件下，国家通过土地划拨、税收优惠等积极的财政激励手段鼓励和支持利用可再生能源和清洁能源发电的制度设计。

《电力法》的重要贡献为中国《可再生能源法》、《清洁生产促进法》和《循环经济法》的制定提供了法律依据，也为中国可再生能源，特别是水电，尤其是中小型水电开发、风电和太阳能等可再生能源的发展奠定了法律基础，提供了法律依据。国家发改委据此制定的《可再生能源发电价格和费用分摊管理试行办法》和《可再生能源发电有关管理规定》中通过建立框架性的制定，为未来的细化与具体措施奠定了基础。该制度取得了非常好的执行效果，

---

①② 曹明德等："中国已有相关法律与应对气候变化内容分析"，见《中国已有相关法律与应对气候变化内容分析》课题中期报告，第43、59页。

这与其适度超前的制度设计有关。这不仅为改变中国以煤为主的能源结构，大力发展核电、太阳能、风能和水电等新能源和可再生能源奠定了法律基础和依据，而且还有利于能源结构的多元化。但是由于该制度设计之初主要是针对中国农村地区和农业使用，所以有范围过狭之嫌。随着《可再生能源法》、《清洁生产促进法》和《循环经济法》的颁布，该制度得以在更大的范围内适用。未来中国制定气候应对的法律中也应保留此制度。

2009年12月全国人大常委会通过了《可再生能源法修正案》，修改后的《可再生能源法》为可再生能源的发展构筑了"绿色通道"，确立了可再生能源总量目标制度、[1] 可再生能源并网发电审批和全额收购制度、[2] 可再生能源上网电价与费用分摊制度、[3] 可再生能源发展基金制度、[4] 可再生能源经济激励制度[5]等相关法律制度。例如，中国对近年来大力发展生物质能发电类项目给予补贴。生物质项目上网电价实行政府定价，由国务院价格主管部门分地区制定标杆电价，电价标准由各省（自治区、直辖市）2005年脱硫燃煤机组标杆上网电价加补贴电价组成。补贴电价标准为每千瓦时0.25元。发电项目自投产之日起，15年内享受补贴电价；运行满15年后，取消补贴电价。自2010年起，每年新批准和核准建设的发电项目补贴电价比上一年新批准和核准建设项目的补贴电价递减2%[6]。未来制定低碳经济相关法律，可以将分类电价制度纳入可再生能源和新能源激励制度的规定中[7]。

此外，财政部在2011年12月公布印发《可再生能源发展基金征收使用管理暂行办法》（下称"暂行办法"），自2012年1月1日起实行。暂行办法中称，根据可再生能源开发利用中长期总量目标和开发利用规划，以及可再生能源电价

① 《中华人民共和国可再生能源法》第7条，http://www.gov.cn/flfg/2009-12/26/content_1497462.htm，2010年5月20日。
② 《中华人民共和国可再生能源法》第13、14条，http://www.gov.cn/flfg/2009-12/26/content_1497462.htm，2010年5月20日。
③ 《中华人民共和国可再生能源法》第19、20条，http://www.gov.cn/flfg/2009-12/26/content_1497462.htm，2010年5月20日。
④ 《中华人民共和国可再生能源法》第24条，http://www.gov.cn/flfg/2009-12/26/content_1497462.htm，2010年5月20日。
⑤ 《中华人民共和国可再生能源法》第25、26条，http://www.gov.cn/flfg/2009-12/26/content_1497462.htm，2010年5月20日。
⑥ 《可再生能源发电价格和费用分摊管理试行办法》，第7条。
⑦ 曹明德等："中国已有相关法律与应对气候变化内容分析"，见《中国已有相关法律与应对气候变化内容分析》课题中期报告，第65页。

附加收支情况，征收标准可以适时调整。暂行办法规定，可再生能源发展基金包括国家财政公共预算安排的专项资金和依法向电力用户征收的可再生能源电价附加收入等。可再生能源发展专项资金由中央财政从年度公共预算中予以安排（不含国务院投资主管部门安排的中央预算内基本建设专项资金）。新能源电价附加加倍征收标准定为每千瓦时 0.008 元，成为可再生能源的利好消息①。

为实现 2015 年和 2020 年非化石能源分别占一次能源消费比重 11.4% 和 15% 的目标，加快能源结构调整，培育和打造战略性新兴产业，推进可再生能源产业持续健康发展，2012 年按照《可再生能源法》的要求，根据《国民经济和社会发展第十二个五年规划纲要》、《国家能源发展"十二五"规划》，制订包括了水能、风能、太阳能、生物质能、地热能和海洋能的《可再生能源发展"十二五"规划》，阐述了 2011~2015 年中国可再生能源发展的指导思想、基本原则、发展目标、重点任务、产业布局及保障措施和实施机制。

（3）煤炭制度。中国的煤炭制度包括煤炭资源规划制度、煤炭生产许可制度、煤炭综合开发利用制度及煤炭环境保护制度等。

煤炭资源开发利用规划制度对低碳经济的重要意义在于，煤炭资源的勘探、开发、利用和保护规划，以及中国未来 CO_2 的排放与控制关系密切。从煤炭法目前的规定来看，条款原则性强，缺乏对违反规划的法律责任与制裁措施的规定，没有具体的可操作性，现实中并未得到很好的执行。这种原则性导致现实中煤炭资源的生产开发一直处于无序状态，争夺资源，浪费和破坏煤炭资源的现象十分普遍。因此，煤炭资源规划必须符合中国煤炭业的发展，特别是与中国当前的节能减排和应对气候变化的政策法律相一致。要减少 CO_2 的排放，煤炭资源规划制度应鼓励新的清洁煤技术、煤气层开发利用技术以及其他与应对气候变化相一致的技术的研发与应用②。

在煤炭生产许可制度方面，《煤炭法》、《矿产资源法》、《乡镇煤矿管理条例》、《矿产资源法实施细则》、《煤炭生产许可证管理办法》、《关于预防煤矿生产安全事故的特别规定》、《煤炭生产许可证环境保护年检办法》和《煤炭生产许可证管理办法实施细则》等都对煤炭生产许可证制度作出了规定。对于高碳行业，通过许可证设定企业必须遵守的某些条件能够减少其碳排放③。

---

① 可再生能源电价附加标准上调为每 kwh8 厘，http：//www.zjol.com.cn/epmap/system/2011/12/22/018095263.shtml，2012 年 1 月 6 日。

②③ 曹明德等："中国已有相关法律与应对气候变化内容分析"，见《中国已有相关法律与应对气候变化内容分析》课题中期报告，第 76、87、92、100 页。

针对煤炭开发利用中损失浪费严重、资源利用率低、环境污染等问题，煤炭法还确立了煤炭综合开发利用制度。该制度将国家关于煤炭产品的开发、加工转化和综合利用的方针、政策法律化。鼓励、引导煤矿大力发展煤炭的精加工、深加工以及综合利用，这不仅对于提高社会效益和经济效益有重大作用，而且也是具有战略意义的发展重点。中国作为煤炭第一大国，煤炭在中国一次能源利用中的份额极大，煤炭综合开发利用不仅有利于节约煤炭资源，而且有利于减少 CO_2 的排放，符合发展低碳经济的要求[①]。

煤炭环境保护制度是一项具有适应和减缓气候变化双重功能的法律制度。其主要任务在于：合理开发利用煤炭及与煤共生、伴生的矿产资源，依靠科学技术进步，推行清洁生产，防治矿区生态破坏和环境污染，发展洁净煤技术，提供清洁能源。中国的气候变化与低碳经济立法无法避开对煤炭资源的管理，因此相关的制度设计尤为重要。该制度取得了一定的效果，特别是煤矸石和粉煤灰的综合利用方面，但在环境影响评价、生态补偿机制方面效果并不理想。煤炭法的两次修订也未使得生态补偿制度得到法律的认可，故有待今后改进[②]。

（4）节约能源法律制度。中国的节约能源法中与低碳经济发展相关的制度包括节能标准体系制度、高耗能项目产品设备工艺淘汰制度、节能目标责任制和节能考核评价制度。

节能标准体系制度是节能法律制度的基础，是一项减缓气候变化的法律制度。《节约能源法》、《民用建筑节能条例》、《公共机构节能条例》、《能源效率标识管理办法》、《民用建筑节能管理规定》和《道路运输车辆燃料消耗量检测和监督管理办法》等都对节能标准体系制度作出了规定。该制度的意义在于国家通过建立节能标准体系规范企业的能源使用、能源产品的生产、进出口和使用、能源效率的提高以及建设节能建筑物等的行为，从而相应减少 CO_2 的排放[③]。2011 年，全国交通运输行业有 122 个节能减排项目获得共 2.5 亿元专项资金支持，拉动投资达到 80.6 亿元。经测算，已经补助的 122 个项目，除无法准确计算节能减排量的交通运输服务与能力建设类项目外，所形成的年度节能减排量达到 31.5 万吨标准煤和替代燃料 22.4 万吨标准油，减少 CO_2 排

---

①② 曹明德等："中国已有相关法律与应对气候变化内容分析"，见《中国已有相关法律与应对气候变化内容分析》课题中期报告，第 76、87、92、100 页。

③ 曹明德等："中国已有相关法律与应对气候变化内容分析"，见《中国已有相关法律与应对气候变化内容分析》课题中期报告，第 109 页。

放量达到 113.8 万吨①。

此外，由于中国不同的地区、不同所有制的企业之间在经济发展水平、技术工艺水平方面存在很大差异，不少地方盲目上马许多技术落后、耗能过高、严重浪费能源的工业项目，不仅浪费了大量宝贵的能源资源，而且排放了大量的 CO_2。这种以牺牲能源资源和生态环境为代价的粗放式经济发展模式与中国科学发展观与可持续发展战略相悖。《节约能源法》、《民用建筑节能条例》、《公共机构节能条例》、《中央企业节能减排监督管理暂行办法》、《民用建筑节能管理规定》和《节约用电管理办法》等对高耗能项目、产品、设备和工艺淘汰制度作出了规定。目前该制度执行良好，中国已经出台了众多的高耗能项目、产品、设备和工艺淘汰名录。如第一、第二、第三批《煤矿设备目录》；第一、第二批《高耗能机电设备淘汰名录》等。"十二五"时期机械工业节能减排目标已初步确定，机械工业万元工业增加值综合能耗由 2009 年的 0.42 吨标准煤下降到 2015 年的 0.31 吨标准煤，年均下降 5.9%。在煤炭行业，截至 2011 年 11 月，中国累计关停小火电 7210 万 kW，电力工业结构得以优化。30 万 kW 及以上机组比重，已从 2005 年的不到一半提高到 70% 左右；每千瓦小时供电煤耗从 370 克下降到 340 克。两者累计节约原煤超过 3 亿吨②。

最后，节能目标责任制和节能考核评价制度是一项具有中国特色的法律制度，这在《节约能源法》、《民用建筑节能条例》、《公共机构节能条例》、《中央企业节能减排监督管理暂行办法》、《中央企业节能减排考核细则》和《重点用能单位节能管理办法》等文件中有所规定。除上述法律制度，节约能源法还对节能技术创新、能效标识、建设项目节能评估审查、节能产品认证、重点用能单位节能、建筑节能、交通运输节能、公共机构节能和节能经济激励制度进行了规定。这些法律制度均取得了一定的成效并在逐渐完善中，对中国应对气候变化和发展低碳经济起到了推动作用③。

2. 清洁生产促进法

清洁生产促进法中与发展低碳经济相关的法律制度主要有：清洁生产制定

① 乔雪峰："全国交通运输行业 122 个节能减排项目或 2.5 亿支持"，http://finance.people.com.cn/GB/16392372.html，2012 年 1 月 6 日。

② "上大压小：千万吨级以上煤炭企业产量占全国 58%"，http://finance.ifeng.com/news/special/energyhuanshuai/20110113/3199132.shtml，2012 年 1 月 6 日。

③ 曹明德等："中国已有相关法律与应对气候变化内容分析"，《中国已有相关法律与应对气候变化内容分析》课题中期报告，第 119 页。

和推广政策、规划制度、循环经济促进制度、清洁产品环境标志制度、清洁生产教育宣传制度、环境信息公开制度、产品包装、回收制度，以及清洁生产审核制度。2011 年 5 月，国家发改委、环境保护部会同有关部门决定，围绕实现节能减排和降低 CO_2 排放强度约束性指标，进一步完善法律法规，加强规划指导，健全标准体系，强化政策支持，加快技术创新，发挥市场作用，形成有效的激励和约束机制，加快构建企业为主、政府指导、市场驱动、全民参与的清洁生产工作格局；通过抓好清洁生产审核、清洁生产评价，在重点区域、重点领域实施清洁生产重大工程，带动企业实施清洁生产改造，实现经济社会效益提高、科技研发能力增强、资源能源消耗降低、污染物排放减少的综合效益。

3. 积极发展循环经济，促进温室气体减排

中国政府高度重视发展循环经济，积极推进资源利用减量化、再利用、资源化，从源头和生产过程减少温室气体排放。为此，中国政府制定了《清洁生产促进法》[①]、《固体废物污染环境防治法》[②]、《循环经济促进法》[③]、《城市生活垃圾管理办法》[④]、《废弃电器电子产品回收处理管理条例》（2011 年 1月 1 日起施行）[⑤] 等法律法规，建立起较完备的循环经济法律体系；建立了循环经济规划制度、抑制资源浪费和污染物排放的总量调控制度、循环经济评价考核制度、以生产者为主的责任延伸制度等法律制度。

4. 构建碳金融法律体系

碳金融法是调整减少温室气体排放的金融监管关系和交易关系的法律规范的总称。目前金融法以及财税法中有关的成文法律法规较少，大多是以规范性法律文件形式制定的通知、指导意见及政策。2005 年 10 月，中国颁布了《清洁发展机制项目管理办法》，规定国家从清洁发展机制项目减排量转让收入中收取一定比例的费用，用于应对气候变化的工作。2006 年 8 月，国务院批准

① 《中华人民共和国清洁生产促进法》，http：//www. gov. cn/gongbao/content/2002/content_ 61640. htm，2012 年 1 月 6 日。

② 《中华人民共和国固体废物污染环境防治法》，http：//www. gov. cn/gongbao/content/2005/content_ 63310. htm，2011 年 12 月 30 日。

③ 《中华人民共和国循环经济促进法》，http：//www. gov. cn/flfg/2008 - 08/29/content_ 1084355. htm，2012 年 1 月 6 日。

④ 《城市生活垃圾管理办法》，http：//www. gov. cn/ziliao/flfg/2007 - 06/05/content_ 636413. htm，2012 年 1 月 6 日。

⑤ 《废弃电器电子产品回收处理管理条例》，http：//www. gov. cn/zwgk/2009 - 03/04/content_ 1250419. htm，2012 年 1 月 6 日。

成立中国清洁发展机制基金。2010 年 9 月 14 日，国务院批准了《中国清洁发展机制基金管理办法》。《中国清洁发展机制基金管理办法》中确立的环境协议制度、申报许可制度、优惠措施制度等法律制度对于适应国际气候变化的趋势，以及自我创新、发展低碳经济具有重大意义①。

（二）中国发展低碳经济的法制前景

气候变化是一个长期性和全球性的环境问题，对人类的经济社会乃至政治都有着深刻的影响，是我们全人类面临的重大挑战。中国始终以一个负责任的大国的态度采取有效措施，发展低碳经济，积极应对气候变化问题。中国低碳经济法制的发展会随着国家应对气候变化的形势紧迫而更高效和务实。对中国而言，从现实国情、能源结构及科技发展水平来看，目前发展低碳经济仍面临着诸多挑战。为此，提出如下发展低碳经济的法制建设的建议：

第一，构建符合中国国情低碳经济法制，注意维护核心利益。气候变化问题虽是全球性问题，但由于各国的实际情况并不相同，因此中国应对气候变化的法制建设，特别需要紧密结合中国的国情，而不能简单地照搬照抄发达国家的经验。国家环境利益中的核心利益必须坚决维护，这个核心利益主要表现为近年来各国尤其是美国强调的国家环境安全的利益。在中国，国家环境安全主要表现为防止自然灾害等环境问题所造成的社会动荡，而与气候变化关联最紧密的自然灾害主要表现为碳循环异常导致的水循环异常进而导致的旱涝灾害及水土流失问题。

第二，完善中国的气候变化立法体系。首先，尽快完善以大气污染防治法为核心的相关法规体系。关于应对气候变化的立法模式，我们并不主张制定新的专门性的"应对气候变化法"，而是主张在既有的法律框架下，通过完善大气污染防治法来构建中国应对气候变化的法律体系。这不仅是因为这样的立法模式，可以节约立法资源；而且其他发达国家的立法与实践经验，为中国提供了充分的例证。其次，尽快出台一部综合性的能源基本法，即能源法。笔者虽不主张创制专门性的"应对气候变化法"，但是建议制定能源法来统率能源立法。这主要是基于两点考虑：一是从能源的重要性上来看，合理的能源消费结构与使用方式，不仅会帮助中国降低温室气体的排放、减轻中国在温室气体减

---

① 曹明德等："中国已有相关法律与应对气候变化内容分析"，见《中国已有相关法律与应对气候变化内容分析》课题中期报告，第 470 页。

排上的国际压力，而且有利于中国实现向低碳经济发展模式的转变，还有助于提升中国的能源国家安全；二是从能源立法结构上看，中国虽已出台《节约能源法》、《可再生能源法》、《煤炭法》等单行法，但是这些单行法都不是综合性的能源基本法，只是对能源问题的某些方面加以规定，并未涵盖所有的能源问题。此外，从上述能源单行法调整范围的角度出发，也存在立法规定不够详细、缺乏足够操作性等问题。

第三，建立健全与发展低碳经济相关的主要法律制度。首先，通过创制"碳排放的总量管制与交易"制度，来发挥市场在调节温室气体排放中的作用。该制度主要分为两大部分的内容：一是关于碳排放的总量管制。为了碳排放总量管制与交易制度的有效执行，应在全国范围内要求企业减量排放温室气体并完成以下碳排放减排目标，即到 2020 年全国单位国内生产总值 CO_2 排放比 2005 年下降 40% ~45%；二是关于碳排放的交易。欲排放温室气体的企业必须先获得排放许可证。由于企业的生产能力、生产水平不同等因素影响，使得不同的企业对排放额度的需求不同，即有的企业需额度多、有的企业需额度少。而政府发放的排放许可证额度是有限的，如果企业超额排放，将遭受高额的罚款。因此，一方面超额排放的企业，为了规避被罚款的风险，就会在市场上向其他企业寻求剩余的额度；另一方面有剩余额度的企业也乐意通过出售一部分富余的额度来赚取利润，因此碳排放市场最终就在买卖双方的推动下形成了。

第四，加大科技投入，加快应对气候变化相关技术的研发。科技的进步和创新，在人类应对气候变化的过程中发挥着至关重要的作用。因此，中国的法律要为应对气候变化相关技术研发及其所需资金提供制度性保障[①]。

总的来说，在未来的低碳经济立法中，中国需要"双管齐下"，即确认和固化以往成功的制度，同时推动新的法律制度。具体而言，对于低碳转型的规划和计划制度、温室气体目标控制责任制、碳排放标准制度、低碳产品补贴制度、阶梯价格制度、地方低碳防治促进制度、落后高碳产能淘汰制度等现存较为成功的制度，需要进一步确认和固化，以强化其作用和影响力。目前需要通过立法来进行积极推动的法律制度包括碳税和碳排放权交易制度，建设项目、规划和政策战略的气候环评制度，温室气体排放检测、报告和核准制度，低碳

---

① 周珂、李博："中国低碳经济的法制保障"，http：//www. legaldaily. com. cn/bm/content/2010 - 03/31/content_ 2099260. htm？ node = 20740, 2012 年 1 月 6 日。

消费促进制度，低碳金融制度，林业碳汇交易或补偿制度，促进存量型社会建设制度，低碳技术发展促进制度，低碳标签和标识制度，碳减排政策制定和执行的外部参与和监督制度。

第二节　中国低碳经济发展的政策支持[①]

为了应对气候变化和发展低碳经济，中国制定政策的密度和广度在全球范围都是空前的，在发展中国家起到了表率作用。中国已基本奠定了以建设资源节约型和环境友好型社会为基本目标，以节能和发展可再生能源为两大支柱的政策体系。低碳经济发展的政策框架体系基本形成，政策手段日益丰富，政策与关联领域政策的融合度逐渐加强，政策的实施效果凸显，政策与立法的良性互动初现端倪。

 中国低碳经济发展的政策新动向

中国低碳经济政策体系包括循环经济促进法律政策、清洁生产法律政策、产业结构转型促进政策、低碳省区和低碳城市等子政策系统，其覆盖的领域包括农业、制造业、电力行业、交通运输、建筑、消费等。这些领域的相关政策制定及新动向对低碳经济发展有着重要而深远的影响。

（一）探索和推进低碳经济发展的政策新动向
1. 加快构建资源节约型、环境友好型工业体系
中国按照淘汰落后生产能力、改造升级传统产业、加快发展战略性新兴产业的思路，充分利用现有工业基础，坚持调整优化存量与积极有效发展增量相结合、应对当前发展与培育未来产业竞争力相结合，加快构建产业结构优化、产业链完备、科技含量高、资源消耗低、污染排放少、可持续发展的工业体系，从主要依靠规模扩张、过度消耗能源资源的粗放发展向注重效率、注重发展质量和效益的可持续发展转变。针对节能降耗、环境保护等薄弱环节，继续

[①] 本节在中国人民大学气候变化与低碳经济研究所：《中国低碳经济年度发展报告（2012）》（石油工业出版社，2012 年）中的相关内容基础上进行研究。

加大企业技术改造力度。在钢铁、化工、有色、建材等重点行业组织开展"两型"企业和工业园区建设试点工作，探索重点行业资源节约型、环境友好型发展模式。

2. 调整经济结构，促进产业结构优化升级

中国的政策保障体现为几个方面。首先，抑制高耗能、高排放行业过快增长。"十二五"规划中指出要"严格控制高耗能、高排放和产能过剩行业新上项目，进一步提高行业准入门槛，强化节能、环保、土地、安全等指标约束，依法严格节能评估审查、环境影响评价、建设用地审查，严格贷款审批。建立健全项目审批、核准、备案责任制，严肃查处越权审批、分拆审批、未批先建、边批边建等行为，依法追究有关人员责任。严格控制高耗能、高排放产品出口。中西部地区承接产业转移必须坚持高标准，严禁污染产业和落后生产能力转入"。其次，加快淘汰落后产能。抓紧制定重点行业"十二五"淘汰落后产能实施方案，将任务按年度分解落实到各地区。完善落后产能退出机制，指导、督促淘汰落后产能企业做好职工安置工作。再次，推动传统产业改造升级。加快运用高新技术和先进适用技术改造提升传统产业，促进信息化和工业化深度融合，重点支持对产业升级带动作用大的重点项目和重污染企业搬迁改造。严格落实《产业结构调整指导目录》，调整《加工贸易禁止类商品目录》，提高加工贸易准入门槛，促进加工贸易转型升级。合理引导企业兼并重组，提高产业集中度。另外，调整能源结构。在做好生态保护和移民安置的基础上发展水电，在确保安全的基础上发展核电，加快发展天然气，因地制宜大力发展风能、太阳能、生物质能、地热能等可再生能源。安装规划，到2015年中国的非化石能源占一次能源消费总量比重将需达到11.4%。最后，提高服务业和战略性新兴产业在国民经济中的比重。到2015年服务业增加值和战略性新兴产业增加值占国内生产总值比重分别达到47%和8%左右。

3. 发展循环经济，促进温室气体减排

首先，制定促进填埋气体回收利用的激励政策，发布《城市生活垃圾处理及污染防治技术政策》及《生活垃圾卫生填埋技术规范》等行业标准，推动垃圾填埋气体的收集利用，减少甲烷等温室气体的排放。研究推广先进的垃圾焚烧、垃圾填埋气体回收利用技术，发布相关技术规范，完善垃圾收运体系，开展生活垃圾分类收集，提高垃圾的资源综合利用率，推动垃圾处理产业化发展，加强垃圾处理企业运行监管。其次，推进资源综合利用，国家先后制定和发布了关于资源节约综合利用和环境保护的260项技术，为循环经济的发展提供了技术支持。最后，实施支持循环经济发展的投融资政策措施。为加大对发展循环经济的投融资政策支持力度，促进循环经济形成较大规模，加快调整经济结构，转变经济发展方式，建设资源节约型和环境友好型社会，国家发改委、中国人民银行和证监会等部门制定了《支持循环经济发展的投资融资政策措施意见》（以下简称《意见》），《意见》指出应全面改进和提升支持循环经济发展的金融服务。同时，《意见》还通过多渠道拓展促进循环经济发展的直接融资途径和加大利用国外资金对循环经济发展的支持力度等措施支持循环经济的发展。

4. 加快节能减排技术开发和推广应用

"十二五"规划指出要加快节能减排共性和关键技术研发。在国家、部门和地方相关科技计划和专项中，加大对节能减排科技研发的支持力度，完善技术创新体系；加大节能减排技术产业化示范。实施节能减排重大技术与装备产业化工程，重点支持稀土永磁无铁芯电机、半导体照明、低品位余热利用、地热和浅层地温能应用、生物脱氮除磷、烧结机烟气脱硫脱硝一体化、高浓度有机废水处理、污泥和垃圾渗滤液处理处置、废弃电器电子产品资源化、金属无害化处理等关键技术与设备产业化，加快产业化基地建设；加快节能减排技术推广应用，建立节能减排技术遴选、评定及推广机制。重点推广能量梯级利用、低温余热发电、先进煤气化、高压变频调速、干熄焦、蓄热式加热炉、吸收式热泵供暖、冰蓄冷、高效换热器，以及干法和半干法烟气脱硫、膜生物反应器、选择性催化还原氮氧化物控制等节能减排技术。加强与有关国际组织、政府在节能环保领域的交流与合作，积极引进、消化、吸收国外先进节能环保技术，加大推广力度。

5. 大力培育战略性新兴产业

积极跟踪世界科技创新的最新成果，调整优化原材料工业，做强装备制造业，改造提升消费品工业，提高信息产业核心竞争力。着重从核心技术突破、产业链完善、商业模式创新、市场培育等多方面下工夫，大力发展节能环保的新一代信息技术、新材料、高端装备制造、新能源汽车等战略性新兴产业。切实把节能减排约束性指标转化成对节能环保低碳产业的市场需求拉动力量，全面推进节能环保低碳技术、装备、产品、服务发展，促进节能环保低碳产业发展。

（二）对政府行为约束政策的新动向

对政府行为约束政策的新动向主要体现在强化节能减排目标责任、节能减排管理及依靠节能减排市场体系三个方面。

1. 在强化节能减排目标责任

"十二五"规划中指出首先要合理分解节能减排指标。综合考虑经济发展水平、产业结构、节能潜力、环境容量及国家产业布局等因素，将全国节能减排目标合理分解到各地区、各行业。各地区要将国家下达的节能减排指标层层分解落实，明确下一级政府、有关部门、重点用能单位和重点排污单位的责任。其次，需要健全节能减排统计、监测和考核体系。加强能源生产、流通、消费统计，建立和完善建筑、交通运输、公共机构能耗统计制度以及分地区单位国内生产总值能耗指标季度统计制度，完善统计核算与监测方法，提高能源统计的准确性和及时性。修订完善减排统计监测和核查核算办法，统一标准和分析方法，实现监测数据共享。加强氨氮、氮氧化物排放统计监测，建立农业源和机动车排放统计监测指标体系。完善节能减排考核办法，继续做好全国和各地区单位国内生产总值能耗、主要污染物排放指标公报工作。再次，加强目标责任评价考核。把地区目标考核与行业目标评价相结合，把落实五年目标与完成年度目标相结合，把年度目标考核与进度跟踪相结合。省级人民政府每年要向国务院报告节能减排目标完成情况，有关部门每年要向国务院报告节能减排措施落实情况。国务院每年组织开展省级人民政府节能减排目标责任评价考核，考核结果向社会公告。最后，强化考核结果运用，将节能减排目标完成情况和政策措施落实情况作为领导班子和领导干部综合考核评价的重要内容，纳入政府绩效和国有企业业绩管理，实行问责制和"一票否决"制，并对成绩突出的地区、单位和个人给予表彰奖励。

2. 加强节能减排管理方面，合理控制能源消费总量

建立能源消费总量控制目标分解落实机制，制订实施方案，把总量控制目标分解落实到地方政府，实行目标责任管理，加大考核和监督力度。强化重点用能单位节能管理。落实目标责任，实行能源审计制度，开展能效水平对标活动，建立健全企业能源管理体系，扩大能源管理试点；实行能源利用状况报告制度，加快实施节能改造，提高能源管理水平。地方节能主管部门每年组织对进入万家企业节能低碳行动的企业节能目标完成情况进行考核，公告考核结果。对未完成年度节能任务的企业，强制进行能源审计，限期整改。中央企业要接受所在地区节能主管部门的监管，争当行业节能减排的排头兵。加强工业节能减排，推动建筑节能，推进交通运输节能减排，并促进农业和农村的节能减排，推动商业和民用节能加强公共机构节能减排。

3. 节能减排将会更多地依靠市场和税收优惠

中国将通过推行"领跑者"标准制度、施行合同能源管理，以及加强节能发电的调度这三条路径来实现用市场化机制促成"十二五"时期减排目标。"十二五"期间，将构建完善有利于节能减排的税收体系，其中消费税的征收范围和税率结构都将有所调整。而节能减排的限制类政策中，根据出口退税政策的调整思路，高污染、高能耗、资源型产品的退税将逐步取消，最终实现零退税。对加工贸易的管理，也即是加工贸易禁止类目录或限制类目录的设置也会与取消出口退税商品清单相结合。中国的税收优惠政策已经由过去以区域政策为主向以产业政策为主倾斜，而节能减排的财税政策是产业政策的重要组成部分。归纳下来，近年来的节能减排税收政策主要分为鼓励类和限制类，通过税收激励措施鼓励能源的节约，或者是通过惩罚性的税收措施限制高污染、高能耗等产业的发展。

 中国低碳经济发展的政策框架设计构想

中国促进低碳经济发展的政策已经取得令人瞩目的成就，低碳经济发展的政策框架体系基本形成，政策手段日益丰富，政策与关联领域政策的融合度逐渐加强，政策的实施效果凸显，政策与立法的良性互动初现端倪。同时也要看到不足，为政府制定促进低碳经济发展的更全面、高效的政策提供相应的框架设计构想。中国低碳经济发展的政策框架设计应同时注重政策策略、政策工具、政策领域以及政策执行及监督体系几个模块。

（一）政策策略

中国发展低碳经济在政策上要按照有条不紊、重点突出、前后呼应的策略开展。

首先，将碳减排技术提高到与提高能源效率和改善能源结构相同的战略地位。从世界各国的温室气体减排政策策略观察，提高能源效率和改善能源结构是实现温室气体减排目标的两大战略。中国近年来的节能减排政策和可再生能源发展政策很好地贯彻了这一战略。同时，随着中国人均温室气体排放额的增加和总量的增加，也面临着降低温室气体排放强度的巨大压力。所以，为了奠定良好的制度和政策框架，中国需要建立起温室气体排放成本内部化的制度（主要是碳税和碳排放交易），需要在低碳技术的促进和发展上加大力度。现实的能源状况决定了煤炭在相当时期内占据能源消费的重要角色，因此，煤炭利用的低碳化技术对中国未来的温室气体减排具有重要战略意义。

推动中国长期的温室气体减排和低碳经济发展，需要将碳减排技术提高到与提高能源效率和改善能源结构相同的战略地位。提高能源效率和改善能源结构的政策与低碳技术促进政策相关并存在交叉，但提高和改善能源结构的政策不能包括全部低碳技术促进政策。为了促进低碳技术的发展，中国需要建立体现温室气体减排成本的制度体系，并需要建立专门的基金（特别是在煤炭利用中的碳吸收和碳封存技术方面）。

其次，贯彻温室气体减排和其他经济社会政策的整合和一体化。按 2006年 3 月欧盟委员会发布的能源政策绿皮书，减少温室气体排放量是可持续发展、竞争力和安全这三大目标的中心。中国可以借鉴欧盟的政策战略，把温室气体减排和其他经济社会政策进行整合，把温室气体减排与其他公共政策目标联动，通过一体化的规制策略，以实现最佳的政策效果。例如，对中国来说，地区和个人之间收入和发展的不平衡是需要解决的一个社会公共政策问题，所以节能减排指标的地区分配应贯彻确保生存排放，限制奢侈排放的原则，向欠发达地区倾斜。在针对个人消费领域的规制方面，应当根据碳足迹的测算，对碳足迹高的奢侈品征收高的环境税，而确保保障基本需求的碳排放。再如，对高能量、高脂肪的食品消费的快速增长的规制措施可以缓解中国健康风险和成本增加的社会问题，而且也可在温室气体减排上做出贡献。提高建筑质量、长远规划、谨慎拆迁的政策不仅可以避免许多社会矛盾和社会问题，而且可以避免因重复建设而导致的问题气体排放增长。

最后，增加将温室气体排放社会成本内部化的基本政策和制度。在温室气体排放政策中，将温室气体排放社会成本内部化的基本政策对长期的温室气体减排和低碳技术的发展具有至关重要的意义，然而到目前为止，中国尚无这方面的基本政策和制度。

（二）政策手段

虽然中国已经构筑了较为体系化的温室气体减排宏观政策体系，但是实践功能较强的具体政策措施却严重滞后，主要表现为制度未体系化。中国的温室气体减排措施仅涉及行政调控手段的节能目标责任考核，温室气体排放标准，能效标识和限额等行政型调控措施，以及税费等市场型调控措施，但在自愿减排、温室气体自愿报告和公私合作的社会性调控措施仍处于空白状态。

因此，在政策手段上，一方面要引入温室气体规制的经济手段和社会手段；另一方面要注重对传统的命令控制式手段进行改造，把命令控制式政策手段与自愿性政策手段、命令控制式政策手段与经济手段进行组合，使命令控制式手段具有更多弹性和灵活性的同时又不损害其效能。这种组合的方式很多，例如允许地区和重点企业之间交易节能和减排指标，允许一个企业在其全部产品平均达标的前提下某些产品超标等。[①]

（三）政策领域

温室气体的减排政策是一个涉及社会各行业和各领域的综合性政策，温室气体减排目标的实现，特别是远期目标能够顺利实现，需要在各个重要的领域都积极推行相关的政策。中国目前的政策涉及工业、农业、交通、建筑等各个领域，应该说各个行业和领域都出台了相应的政策。但是，仍然有一些重要领域的政策措施还处于缺位状态，例如在低碳社会领域的政策不到位，林业碳汇交易或补偿制度的阙如等。

温室气体减排不仅是一个生产领域和经济领域的问题，更是一个消费领域和社会领域的问题。中国几年来奢侈品消费增速显著，2011 年已经成为第一大奢侈品消费大国。许多奢侈品同时也是高碳排放商品，因此，中国有必要在消费领域出台更有体系的规制政策。

在社会发展理念上，中国需要学习欧洲建设可持续社会的模式：在基础设施和建筑修建上能够考虑长远，使资源消耗较高的"住"成为几代人可持续利用的长寿型资源。

存量型社会这不仅有利于提高福利水平，而且可以避免中国目前的基础设施和建筑修建模式所带来大量的资源消耗和温室气体排放增长。

（四）政策执行和监督体系

政策的执行必须有组织保障并建立相应的监督体系。在组织保障方面，中国已在中央层面建立了节能减排气候变化应对领导小组，并在国家发展改委内部建立了专门司职气候变化应对的机构。但在地方层面的组织建设存在不配套和不规范的情况。

---

① 曹明德等："中国已有相关法律与应对气候变化内容分析"，见《中国已有相关法律与应对气候变化内容分析》课题中期报告，第 20 页。

理论上，确保政策执行的监督体系主要包括外部的监督体系和内部的监督体系两方面。近年来，在推行节能减排相关政策过程中，中国已形成一系列相对成熟和成功的制度体系，例如，限批制度、挂牌督办制度、考核及问责制度、节能减排行政建议及约谈制度等，这些成功的内控制度和体系也可运用于温室气体减排和发展低碳经济。然而，与内部的监督体系和制度相比，中国对环境法规政策执行的外部监督体系和制度并不完善。外部监督制度包括信息公开制度、人大监督制度、公开听证制度、公益诉讼制度等，为了促进低碳经济的政策有效实施，应当通过立法规定政府温室气体减排信息方面的公开制度、政府向人大报告温室气体减排情况制度、重大项目立项的公开听证制度以及允许公民或合法环保团体就行政不作为提起公益诉讼的制度等，以建立相关政策执行监督的完善体系。[①]

第三节　中国对外贸易中的碳排放转移问题

2009 年，中国超过美国成为世界第一碳排放大国。中国经济和出口贸易的持续较快增长，赶超德国成为世界第一出口大国。中国在为世界各国生产大量产品的同时，将生产过程中产生的碳排放留在了本国，这在很大程度上是高耗能、高污染产品的生产由美国、日本及欧洲发达国家向中国转移（亦即碳排放转移）的结果。在世界经济一体化和气候变化交织的背景下，近年来，碳排放转移逐渐成为国际贸易中的热点问题。

 碳排放转移的本质及特点

中国所生产的商品相当部分销往了美、日、欧等发达国家和地区，而期间所形成的碳排放计算在了中国的碳排放量中。也就是说，发达国家和地区是这些廉价商品的最终消费者，而中国却是碳排放生产国，由此，中国必须面对日趋严重的外部绿色贸易壁垒和内部环境治理压力。因而，有必要对碳排放转移的本质及特点进行深入分析。

---

① 曹明德等："中国已有相关法律与应对气候变化内容分析"，见《中国已有相关法律与应对气候变化内容分析》课题中期报告，第 21 页。

（一）碳排放转移的本质

所谓碳排放转移，是指在国际贸易中进口国将应在本国境内生产商品的隐含碳量通过进口的方式转移给了出口国，而自身无须对所排放的 CO_2 负责的现象。

为理解碳排放转移内涵，先引入"隐含碳"概念。《联合国气候变化框架公约》（UNFCCC）将隐含碳定义为：商品由原料的取得、制造加工、运输，到成为消费者手中商品全过程所排放的 CO_2。

碳排放转移的原因是，伴随着商品的国际间流动，其隐含碳进行着国际转移。从进口国的角度看，其在进口商品的同时会将生产这些商品所产生的全部 CO_2 拒于国门之外。这就涉及碳排放污染责任的认定问题。"污染者负责原则"是目前国际上关于污染责任分担所采用的原则。即污染和破坏环境造成的损失由排放污染物和造成破坏的组织或个人承担。在此原则下，有减排义务的发达国家为了在国内减少排放，往往会采取碳排放转移的方式将高耗能和高污染产业向发展中国家转移。

1997年12月，在日本京都举行的《联合国气候变化框架公约》第三次缔约方大会上，149个国家和地区的代表通过了旨在限制发达国家温室气体排放量以抑制全球变暖的《京都议定书》。《京都议定书》是《联合国气候变化框架公约》的补充，强制要求发达国家减排，并具有法律约束力。根据《京都议定书》，发达国家率先承担减排义务，而发展中国家没有硬性减排任务，实行自主减排。于是，有强制减排义务的发达国家纷纷利用"污染者负责原则"向发展中国家转移减排压力。具体表现为，许多发达国家将其高耗能、高污染的产业转移到以中国为代表的处于世界产业分工低端的发展中国家，并从发展中国家进口其所需要的高耗能产品。这样，一些本应在发达国家排放的 CO_2 便转到了发展中国家，以实现自己的减排任务。从近些年中国外商投资相对集中于棉印染、毛染、丝印染、制革、毛皮鞣制等制造业且多数为污染密集型或轻度污染产业的情况看，作为"世界工厂"的中国已经从其他国家和地区承接了相当数量的碳排放转移。

2010年，英国气候变化问题专家、联合国政府间气候变化专门委员会前任主席、英国环境部现任首席科学顾问罗伯特·沃森坦言，发达国家应该更加坦诚地计算自己的实际碳排放量。他以英国为例说明，尽管多年来政府一直宣称由于采取了各种减排措施，发生在英国国内的碳排放量已大幅下降，但如果算入进口商品引发的排放，英国的碳排放量实际上升了约12%，而目前国际气候谈判中并没有充分考虑这个"碳排放转移"问题。

国外学者研究提出，中国对外贸易引起的碳排放占到国内排放总量的20%左右。可见，发达国家的消费需求是引起中国贸易隐含碳出口增加的重要原因。发达国家一方面越来越多地在中国制造产品，而另一方面又在减排问题上指责中国，这对于中国这样的发展中国家是不公平的。

由于涉及所有国际贸易参与国的国家利益，国际贸易中的碳排放转移问题，自然成为国际社会气候谈判中的焦点问题。目前国际社会在分配碳排放责任的时候却并没有考虑碳排放转移这一问题。表面上看，主要是因为缺乏国际通行的核算隐含碳排放量的标准体系，从而导致碳排放责任不能在各国政府间被准确公平地分配。但从根本上看，其主要原因在于，发达国家因在减排方面得益于国际贸易间的碳排放转移现象，加上其在国际社会享有较高的话语权，因而，不愿意去深究碳排放转移问题。当然，其中也有适时推出绿色贸易壁垒方面的考虑。

（二）碳排放转移的特点

1. 碳排放转移与国际贸易并存

应该讲，碳排放转移是同对外贸易与生俱来的一个问题，但真正引起国际社会广泛关注则是最近十几年的事情，这很大程度上与环境保护的发展有关。

2. 碳排放转移方向与国际贸易中商品的流向相反

如果商品是由 A 国出口到 B 国的话，碳排放则由 B 国转移到 A 国，二者流向相反。特别典型的情形是，中国、印度、巴西等发展中国家向美日欧等发达国家和地区的出口以劳动密集型和资源密集型商品为主，这些商品在生产过程中产生的 CO_2 都排放在了本国，也就是说，这些商品的碳排放由美日欧等发达的消费国转向了生产商品的发展中国家。

国内学者张晓平（2009）的研究结果表明，中国出口商品内涵的 CO_2 排放量从 2000 年的 9.6 亿吨增加到 2006 年的 19.1 亿吨，每年占全国总排放的比重基本为30%～35%。扣除进口商品使中国避免在本土排放的 CO_2，货物进出口贸易使净转移到中国的 CO_2 排放量至少从 2.3 亿吨增加到 7.2 亿吨，中美贸易顺差、中国与欧盟贸易顺差是产生净转移的主要原因。[1]

---

[1] 张晓平：《中国对外贸易产生的 CO_2 排放区位转移分析》，载于《地理学报》，2009 年第 2 期。

李丁等（2009）以水泥行业为例对出口贸易中的隐含碳进行计算，结果显示：2006年，中国的出口水泥贸易中隐含了超过千万吨的CO_2排放，因为是在中国进行的生产，所以按照相关国际条约的规定，这部分消耗实际上还需要由中国来承担，其价值大约占到水泥出口贸易额的15.8%，远远超过一般水泥出口的平均利润率水平。[1] 余慧超、王礼茂（2010）对中美商品贸易间的碳排放转移作了相关研究，采用投入产出分析方法，结合经济、能源与贸易3个系统，建立了基于国际商品贸易的碳排放转移模型，并分别测算了1997年与2002年中美商品贸易中各相应部门的碳排放转移量。研究表明：（1）1997年与2002年，基于中美商品贸易的中国产业部门通过出口转移到美国的载碳量分别达到4010.13万吨与5056.21万吨，分别占中国相应产业部门载碳总量的6.61%与8.33%；而美国产业部门出口到中国商品的载碳量仅为290.65万吨与335.61万吨，相应的仅占美国产业部门载碳总量的0.53%与0.66%；（2）1997年与2002年，中美商品贸易的碳转移总量分别达3719.75万吨与4719.60万吨，其中化学工业、金属冶炼及其压延加工业是主要的碳转移部门；（3）1997年与2002年，通过国际商品贸易，美国分别有相当于其相应部门碳排放总量的6.77%与9.32%的碳被泄漏到了中国，中国为美国的碳减排作出了很大的潜在贡献。[2]

国外研究人员Shui和Harriss（2006）采用投入产出法进行分析的结果显示，中国目前碳排放量中的7%～14%是为了满足美国消费者的需求而产生的；如果将这些为满足美国消费者的需求而出口的商品放在美国本土生产，则美国的碳排放量将增加3%～6%；中美贸易为全球增加了高达7.2亿吨的碳排放量。[3] 中国能源消耗及CO_2等温室气体排放的快速增长，国内投资和消费需求膨胀只是其中的一个原因，国外消费需求所引起的中国出口的迅速增加也起到了重要的加速作用。

3. 碳排放转移的认定意味着国家间相关责任与利益分配关系的重新调整

在对外贸易的碳排放认定问题上，谁担责即意味谁花钱，重新划定责任即

---

① 李丁、汪云林、牛文元：《出口贸易中的隐含碳计算——以水泥行业为例》，载于《生态经济》，2009年第2期。

② 余慧超、王礼茂，Carbon emission transfer by international trade: taking the case of Sino – U. S. merchandise trade as an example, Journal of Resources and Ecology, 1（1）: 155 – 163, 2010.

③ Bin Shui, Robert C Harriss, The role of embodiment in US – China trade, Energy Policy, 34（18）: 4063 – 4068, 2006.

意味着相关利益的调整。由于谁生产谁就直接制造了碳排放，所以，"生产者负责原则"（即"污染者负责原则"）是一个最易被相关各方认同的原则，也是目前国际社会气候谈判中仍然使用的判断污染责任归属问题的基本原则。但从无消费即无生产的角度看，从穷人替富人承担相关责任的角度看，这个责任确定原则是有失公允的。随着相关研究的不断深入，由商品生产国和最终消费国共同承担相关责任的观点越来越被国际社会所认同。如果现行"生产者负责原则"被"生产者与消费者共同负责原则"所取代，这便意味着，必须在对碳排放转移的数量进行科学核定的基础上，提出国与国之间分担相关责任的具体办法。

早期学者对碳排放转移的研究多数不谈其责任是否应该由发达国家承担的问题。近年来，从各国学者的研究中可以发现，尽管采用的测算方法或者研究的切入点不尽相同，但发展中国家是隐含碳净出口国的结论是一致的。如Weber等（2008）的研究发现，发达国家的消费需求是引起中国贸易隐含碳出口增加的重要原因。1987~2002年中国出口的隐含碳排放占总排放的比例增加了9%，2005年中国约1/3的总排放是出口需求。而如果从消费端核算，2006年中国 CO_2 排放将由以生产端核算的55亿吨下降为38.4亿吨，且2001~2006年的年均排放增长速度将由12.5%下降为8.7%。[1]

中国近年来作为"世界工厂"已经从世界各地承接了大量的碳排放转移，只有明确碳排放转移的内涵，尽快制定合理且便于操作的核算碳排放转移的体系模型，才能让发达国家承认进而承担相应的排放责任，最终通过双方共同的努力解决这一全球性的环境气候问题。

（二）　碳排放转移对中国贸易的总体影响

国际贸易中的碳排放转移不仅减轻了发达国家的减排义务，还为发达国家在"生产者负责原则"下向发展中国家实施新型绿色壁垒提供了依据。在此情况下，中国对外贸易面临日益繁杂的低碳壁垒，有关出口企业的国际竞争力受到严重影响。

---

① Christopher L Weber, Glen P Peters, Da B Guan, The contribution of Chinese exports to climate change, Energy Policy, 36 (9)：3572 – 3577, 2008.

（一）贸易壁垒日趋严重

中国加入 WTO 以来，对外贸易规模快速增长且一直处于贸易顺差状态。传统对外贸易发展模式是出口导向型，出口商品以劳动密集型为主，具有"高投入、高消耗、低效益"的特点。作为建立在低水平、高能耗、高污染的加工贸易基础上的出口大国，中国不可避免地成为世界碳排放贸易大国。

在"生产者负责原则"下，发达国家作为高能耗商品的最终消费者，在充分享受有关商品碳转移"福利"的同时，还以保护环境的名义，向提供进口商品国家采取各种贸易限制措施。

2009 年，美国众议院通过《美国清洁能源安全法案》，从 2020 年起美国将对包括中国在内的未实施碳减排限额国家的产品征收惩罚性碳关税①，包括钢铁、水泥、玻璃和纸张等商品。同年，法国政府在欧盟成员国环境部长非正式会议上提出，从 2010 年 1 月 1 日开始，对来自环保立法不及欧盟严格的发展中国家的进口产品征收碳关税，税率为每吨 CO_2 排放收取 17 欧元，此后还将逐步递增。这种新型绿色贸易壁垒给包括中国在内的发展中国家造成了很大的压力。

目前，中国集中了大量高污染的能源密集型产业，如玻璃、钢铁、化纤、机电等，而这些高耗能产品又大多外销，极易成为碳关税的课税对象。高能耗产品即所谓"高碳产品"在中国对外出口总额中占了很大一部分，包括电解铜、电解铝、各类机电产品、化工产品、钢铁产品、家电产品等各类产品。另外，能源工业以及大量能源密集型和资源密集型工业构成中国经济的强力支柱，而且机电产品、钢铁、水泥、化肥等一些高碳产品在中国出口贸易中占一半以上比重，这些所谓的"高碳产品"大部分属于 5 ~ 8 类。关于国际贸易分类参见表 8 - 4。

---

① 所谓碳关税，从狭义上来说，是指对进口的高耗能产品征收特别的 CO_2 排放关税，其主要征税对象是铝、钢铁、水泥、玻璃等碳密集型产品，它是"以商品碳排放为税基的关税形式"。这种在环境保护和公平贸易华丽外衣下的碳关税，实质上是绿色贸易壁垒全新的表现形式，是发达国家贸易保护主义的再度延伸。

表 8 – 4 联合国标准国际贸易分类

类别	产品	类别	产品
0 类	食品及活动物	5 类	化学成品及相关产品
1 类	饮料及烟类	6 类	按原料分类的制成品
2 类	非食用原料（燃料除外）	7 类	机械及运输设备
3 类	矿物燃料、润滑油及有关原料	8 类	杂项产品
4 类	动植物油脂及蜡	9 类	未分类产品

注：0～4 类可认为是初级产品和自然资源密集型产品；5～9 类为工业制成品。

通过对 1991～2011 年《中国统计年鉴》的分析可以发现，这段时期初级产品和工业制成品的出口依据含碳量排列所呈现出的主要特点是：在初级产品中，占出口份额较大的是第 0 类产品（食品及活动物）和第 3 类产品（矿物燃料、润滑油及相关原料），在这两类产品中，第 3 类产品属于高耗能产品，占初级产业出口总额的 32%；工业制成品出口方面，在这一期间出口比重较大的商品是第 6 类产品（轻纺产品、橡胶制品、矿冶产品及其制品）、第 7 类产品（机械及运输设备）、第 8 类产品（杂项制品），这三类产品占了工业制成品总出口额的 94%，而这三类产品均属于高耗能产品。

欧美市场一直是中国出口贸易的主要市场。然而，中国对美国、欧盟出口的商品以机电产品、家具玩具和纺织品及原料为主，这些出口产品大多是高耗能、高含碳而低附加值的产品，极易成为碳关税的课税对象，一旦开征碳关税，出口市场必然缩小。另外出口产品成本的提高也会降低出口企业的外贸积极性，出口贸易额同样面临下滑的可能性。来自世界银行的报道指出，碳关税一旦全面实施，中国产品在国际市场上将面临 26% 的关税，出口量将因此下滑 21%。按照 2010 年中国出口总额 15779.3 亿美元计算，碳关税壁垒全面实施后，中国出口额将减少约 3155 亿美元。与此同时，对中国高碳产业的出口贸易来说，贸易摩擦数量将不断上升，贸易摩擦种类将不断增多，贸易摩擦金额也会不断增大。2009 年 10 月 26 日《美国清洁能源安全法案》通过后的短短 11 天时间内，美国就连续对中国钢铬栅板、钢绞线、无缝管、金属丝网托盘、油井管、铜版纸、焦磷酸钾、磷酸二氢钾和磷酸氢二钾等高碳排放产品发起贸易救济调查和征收惩罚性关税。因此，在发达国家大力宣扬"环境保护主义"的背景下，中国高碳产业将成为贸易摩擦的靶子。并且发达国家对中国"碳关税"征收的易得性，将产生碳关税征收的数量、产品和地区的扩散效应，使中国高碳产业成为世界各国实行碳关税征收的主攻目标，严重影响中国高碳产业产品的出口和主导产业的发展。

从根本上来说，碳关税并不能解决目前全球变暖的问题，反而会对发展中国家经济发展造成严重损害。2007年诺贝尔和平奖获得者、联合国政府间气候变化专门委员会主席帕乔里认为，目前气候变化是非常明显的，对于中国来说，将会面临着一系列气候变化所产生的影响，同时，中国还面临着在减少气候变化所带来的成本方面以及减缓技术方面的一些挑战。Евгений Шварц 认为，"人类面对全球气候变暖的威胁，必须要发展人类的科学技术水平，减少碳的排放成为了重中之重。低碳税好像一个武器，它可以刺激企业工厂更新机械设备，以此来减少碳的排放。但是，同时它带来的不仅是好的一方面，还有弊端。例如，发达国家可以以此来限制发展中国家的贸易出口问题，从而导致发展中国家的经济衰退。"[①]

发达国家利用其资金、技术、产业等方面的优势，通过发展本国清洁产业或以碳排放转移的方式做出"高调"姿态，居高临下地向发展中国家提出以环境保护为借口的碳关税壁垒政策。其动机在于：一方面，发达国家希望通过碳关税政策保护本国经济，制衡包括中国在内的发展中国家。中、俄、印等新兴工业化国家正处在以重化工为主的工业化初中期阶段。美国提出碳关税议案的目标非常明确，就是要借此对中国、印度等未承担约束性温室气体减排目标的主要发展中国家产品征收高额惩罚性关税，实施贸易制裁，以此削弱中国、印度、巴西等发展中大国的制造业出口竞争力。另一方面，发达国家深刻地意识到在未来低碳发展的过程中，有关气候问题的各种标准与准则将会成为国际气候谈判的焦点，能否在谈判中拥有足够的话语权与主动权将直接影响着发达国家未来的霸权地位，而碳关税可以让它们在推卸环境污染责任的同时，为自己冠上"环保先锋"的美名。

显然，这种让发展中国家被动排放 CO_2 且交纳碳关税的做法是不公平的。中国作为一个尚处于工业化阶段的国家，在加工贸易为主导的对外贸易格局中，出口商品的碳排放含量相当高，在发达国家逐步对以中国为主的发展中国家实施低碳壁垒的过程中已然面临着诸多壁垒。另外，随着发达国家向发展中国家转移高碳产业以及进口高碳商品的不断增加，中国出口商品所含的碳排放

---

① Иветта Герасимчук，Илья Соколов Евгений Шварц. Кто заплатит за природу（谁为自然环境买单），[EB/OL]，[Электрон. ресурс]，Режим доступ. http：//www. vedomosti. ru/opinion/news/1358856/stoimost_ prirody.

量会进一步增加，所面临的低碳贸易壁垒也会日益严重。

（二）出口企业国际竞争力下降

国际碳排放转移所带来的日益凸显的低碳壁垒问题，严重影响到中国出口企业的国际竞争力。表现在由于生产成本和产品价格提高而丧失在国际市场上的价格优势，从而在国际市场的竞争中处于相对劣势地位。中国虽然是贸易大国，但仍然是处在工业化中期的发展中国家，在低碳科技水平方面明显落后于发达国家。所以，长期以来，一些加工型企业的价格优势实际上主要来自廉价劳动力，而这种价格优势将被低碳壁垒严重削弱，甚至彻底丧失其国际竞争力。

就目前而言，低碳壁垒最主要的形式是碳关税。发达国家迫使中国等发展中国家支付碳关税，无疑会增加这些国家高碳企业出口的成本。受低碳壁垒影响，环境标准将不断提高，环境成本将逐步内化，大量财力、物力的投入将直接导致生产成本和产品价格上涨。这样一来，中国出口商品将失去在国际贸易中原有的生产成本优势，甚至处于劣势地位，从而导致产品竞争力和在国际贸易中的获利能力不断减弱，市场份额不断降低。

沈可挺（2010）指出，若以每吨碳 30～60 美元的碳关税税率测算，相当于每出口万元产值将加征 6%～14% 甚至 12%～28% 的关税，而每吨碳 60 美元的碳关税税率已经接近甚至超过部分出口产品遭遇的反倾销税。[1] 张建平（2009）指出，碳关税对发展中国家是不公平的，征收碳关税将对发展中国家经济造成极大的打击。对于发展中国家而言，严格的减排标准是一种技术性歧视。同时，碳关税更不利于世界经济的复苏，并有可能引发新一轮的国际贸易战。并且碳关税将使中国出口产品的竞争力下降，使中国企业特别是出口导向型企业陷入困境。[2]

以碳关税为例，低碳壁垒对中国出口企业国际竞争力的影响主要有三：一是中国大部分出口企业的现代化水平不高，关键设备和生产技术更新较缓，能源利用效率低，节能减排技术缺乏。所以，中国高碳产品必然比发达国家低碳的同类产品面临更多的税负。二是中国出口产品结构以高耗能产品为主，这与其他部分国家以低耗能产品为主导的出口结构形成鲜明对比，高耗能产品

---

① 沈可挺：《碳关税争端及其对中国制造业的影响》，载于《中国工业经济》，2010 年第 1 期。

② 张建平：《撕开'碳关税'华丽的外衣》，见 http://news.dayoo.com/szbz/news/67737/67738/200907/24/67738_10077205.html。

承担的税负必然高于低耗能产品。三是即使中国单位产品的碳排放控制在国际平均水平，但如果出口目的国生产相同产品的耗能较低，也会使中国出口商品承担更高的税负。因而，低碳壁垒将逐步减少中国出口企业的价格优势，严重影响中国出口产品的国际市场份额，极大削弱中国出口企业的国际竞争力。

中国企业国际竞争力下降不仅表现在价格优势的丧失，还有其他形式低碳壁垒带来的影响。如碳标签等，会使进口商选择产品时首先考虑供货商在生产过程中对污染物排放的控制情况，尤其是一些大型跨国公司为了保持其社会形象，也往往会被迫取消对中国公司的订单，特别是当这些产品是用于政府项目或有社会效应的大型项目时。在此情况下，中国工业生产和出口的高隐含碳排放的商品订单将会减少，出口贸易规模会随之萎缩。

中国《国民经济和社会发展第十二个五年规划纲要》提出，优化对外贸易结构，加快转变外贸发展方式，推动外贸发展从规模扩张向质量效益提高转变、从成本优势向综合竞争优势转变。因此，降低出口商品的载能量和碳排放量，大力发展低碳贸易，推动中国出口商品结构逐步由资源密集型、劳动密集型为主向技术密集型、知识密集型转变，实现由"数量型"到"质量型"出口增长方式的转变是改变中国外贸增长方式的内在要求。

三 中国应采取的相关对策

（一）重视碳排放转移问题

只有重视碳排放转移问题，明确责任分配，才能合理地制定发达国家与发展中国家各自的碳减排目标，履行各国应承担的责任，实现减排的真正意义，最终实现人类的可持续发展。同时，明确碳排放责任，可防止发达国家以产品以实施碳减排限额为由向发展中国家设置贸易出口壁垒。

（二）呼吁发达国家在碳减排方面承担主要责任

主要基于三点考虑：一是发达国家在工业化进程中曾对世界环境造成过长期性破坏，理应给予适当补偿；二是发达国家必须为其实施的碳排放转移承担相应的责任；三是地球是人类共同的家园，治理环境、实现人类的可持续发展是国际社会的共同责任。依照按能负担的原则，发达国家应当多作贡献。具体来讲，发达国家可向发展中国家提供节能减排技术支持和资金援助等。

（三）呼吁确立"生产国与消费国共同负担原则"

应当承认的是，现有污染者负责或者说生产者负责的原则并非毫无道理。但没有消费便没有生产，强调消费者也承担相应责任也是必须的和合理的。有学者提出，对一国温室气体的核算不应该只局限于国家边界之内，而应该从对商品或服务的消费角度来重新界定排放责任。为此，应确立"消费者负责原则"，即由消费者为产品生产过程中产生的全部温室气体排放负责。一方面可以减缓发展中国家的减排压力，另一方面可以避免发达国家向发展中国家进行碳排放转移。然而，笔者认为这种观点可能有失偏颇。其一，它不利于从生产的源头上防治污染；其二，所谓碳排放转移主要是国际分工与竞争的自然结果，"消费者负责原则"并不会对此产生决定性影响。

因此，从实际出发，在碳排放问题上，确立生产国与消费国共同负担的新原则，应当是一种合理且能为国际社会普遍接受的选择。它对推进节能减排、维持国际社会的公平正义，都具有十分重要的意义。

（四）对内综合施治以应对外部碳转移压力

在经济全球化的进程中，发达国家凭借资金、技术优势，占据产业价值链的制高点，而将高排放量的产业或是产业的低端制造环节转移到发展中国家，这是不可避免的。即便在一国之内，发达地区与欠发达地区的关系也是如此。但是，就综合国力已有较大发展的中国而言，不应长期停留在产业价值链的低端求生存。面对日益严重的碳排放压力，除了对外积极呼吁确立新的国际规则外，还应对内统筹安排、综合施治。

第一，以"十二五"规划的实施为龙头，进一步强化市场准入管理，实现对外商投资型碳转移的有效控制。同时，采取相应的财税、金融、土地、价格等政策，有效促进绿色经济、低碳经济发展。

第二，以技术革新和产业升级为重点，实现对现有"高污染、高消耗、高排放"产业的合理改造。要用国家财政投入带动社会资金投入的方式，积极开发利用低碳技术，以突破能源资源对经济发展的瓶颈制约，从根本上改善生态环境，缓解经济社会发展与人类资源环境的矛盾。

第三，进一步完善均等化财政转移支付制度，使地方政府，特别是落后地区政府从体制机制上摆脱对高排放产业税源的依赖。

第四，调整国民收入分配政策，有效扩大内需，以减轻对国际市场的过度依赖。要通过统筹城乡发展、统筹东中西部发展以及调整社会收入分配结构、扩大中等收入人群、提高低收入者收入等办法，努力开辟中国国内市场。不仅有利于适当减轻中国在碳排放问题上的压力，也有利于减少与他国的贸易摩擦。

第五，不断优化出口产品结构，积极应对国际绿色贸易壁垒。一是对一些高污染、高能耗、低附加值产品，要采取严格的限制性措施，降低或取消出口退税甚至加征出口关税；二是对绿色高新产品出口，要通过税收、金融优惠等措施，给予鼓励；三是对所占比重较大的中度污染型产品出口，要根据中国社会经济发展需要和国际贸易发展态势，采取灵活适度的调节政策。即在保证中国社会经济持续稳定发展的前提下，适当调整出口退税水平，以避免政策"急刹车"带来过多的负面影响。

第四节　碳关税对中国贸易的影响及应对之策

在世界经济一体化的大背景下，发展低碳经济的应对之策不需要考虑国家社会的相关政策和行动。2012年1月1日欧盟开始征收国际航空碳排放费（即航空"碳税"），这是"碳关税"的第一个实体存在形式，给中国航空企业带来很大的影响。据中国航空运输协会初步测算，开征第一年，进出欧盟的中国航空公司将因此增加成本8亿元人民币，并且这一数字会逐年递增至2020年的30亿元，此间9年累计支出约176亿元。随着国际上发达国家对碳关税的呼声渐兴，中国出口企业将与航空企业一起面临严峻的低碳考验。

碳关税的内涵

碳关税（carbon tariff）这一概念是在倡导低碳经济、提倡碳减排的背景下提出的，在国际层面上主要是以多国组织会议并且签订书面协议的形式来推动的。

2006年11月6～17日，第12届联合国气候变化大会在肯尼亚内罗毕召开，会上法国前总理多米尼克德维尔潘建议，应对没有签署"后2012气候变化国际公约"（即所谓的后《京都议定书》）国家的工业产品出口征收额外关税（extra tariff）。该建议遭到欧盟委员会的反对，认为其与WTO规则存有潜在冲突，这里的额外关税其实就是碳关税的雏形。2007年1月，法国前总统希拉克要求美国签署《京都议定书》和《后京都议定书》时，警告美国如果不签署该协议，则会对从不签署《京都议定书》的国家进口的产品征收碳关税，此处的碳关税就是现在学术界普遍使用的概念。此后，碳关税的概念越来越频繁出现在发达国家的国际经济政策中。2007年11月，法国现任总统萨科奇重申了碳关税的提议，主要是为了保护欧盟排放交易体制（EUETS）下面临沉重执行成本的欧盟企业。2009年6月，萨科奇再次将碳关税的讨论升级，建议若哥本哈根气候变化大会没有达成一致协议，则考虑将碳关税作为一种机制来控制温室气体排放，为欧洲公司与来自尚未进行CO_2减排国家的公司竞争建立一个"公平的环境"。2009年3月17日，为保护美国制造业，美国新任能源部长朱棣文提议征收CO_2关税。2009年6月26日，美国众议院以219：212的微弱优势通过《美国2009年清洁能源与安全法案》，该法案是内含"碳关税"的国家综合气候和能源法。2012年1月1日，欧洲开始执行航空碳排放税，这是欧盟在2008年11月19日通过的法案中规定的，法案规定将国际航空领域纳入欧盟碳排放交易体系（ETS）。在中国、印度等多数发展中国家看来，碳关税的提出和实行实际上就是发达国家对发展国家的一种变相贸易壁垒及不平等交换。

（一）碳关税的内涵

学术界并没有达成一致意见。综合起来，主要有以下几种观点：

第一，狭义碳关税。狭义的碳关税是传统意义上的关税。持这一观点的学者认为，所谓"碳关税"，是指对进口的高耗能产品征收特别的CO_2排放关税，其主要征税对象是铝、钢铁、水泥、玻璃等碳密集型产品，认为"碳关税"是"以商品碳排放为税基的关税形式"，并认为这种在环境保护和公平贸易华丽外衣下的"碳关税"，实质上是绿色贸易壁垒全新的表现形式，是发达国家贸易保护主义的再度延伸。从根本上来说，碳关税并不能解决目前全球变暖的问题，反而会对发展中国家经济发展造成严重损害，并且很可能产生碳排放转移[①]问题。

---

① 发达国家凭借技术、标准和软件的垄断，占据价值链的制高点，而将高排放量的产业或是产业的低端制造环节转移到发展中国家，从而转移CO_2的排放。

第二，广义碳关税。广义的碳关税是边境调节措施。持这一观点的学者认为，"碳关税"虽然名为"关税"，但并不是传统意义上的关税，而是一种有别于一般关税的边境调节措施①。因为其目的不是像一般关税那样对进口产品施加一种额外的负担，而是为了保证国内外产品承担相同的碳排放成本，从而确保国内产品国际竞争力并防止碳泄漏问题的发生。他们认为"碳关税"政策，是"虽然不以关税方式出现，但同样可以达到影响国际贸易流向的实际作用"的相关涉碳政策。同时，持这种观点的学者还认为，"碳关税"是实施排放交易机制或碳税制度的国家"根据进口产品在生产过程中所排放的 CO_2 总量，或者根据进口产品来源地国家所排放的 CO_2 排放总量或所削减的 CO_2 总量"来对相关产品采取的一种关税的边境调节措施。

第三，"碳关税"的本质上是碳排放交易制度、碳税等国内碳减排措施的延伸与拓展。因此，相关国家在理论上都有可能对进口自未实施减排措施的国家的产品征收这种"关税"。当一国"基于国内的碳排放交易制度而要求进口产品购买与国内产品同样的碳排放许可"时，"碳关税"表现为碳排放许可的形式；当一国"基于国内的碳税制度而对进口产品征收与国内产品同样的碳税"时，"碳关税"表现为碳税的形式。有学者进一步主张，凡是进口国基于进口产品的碳排放要求进口商承担的税费，都可称为碳关税，不管其采取何种形式。

世界贸易组织（World Trade Organization）和联合国环境规划署（United Nations Environment Programme）在其 2009 年 6 月联合发布的《贸易与气候变化》（Trade and Climate Change）报告中则将边境调整措施分为三大类：第一类是针对国内碳税或者能源税的边境税调整（border tax adjustments）；第二类是针对排放交易机制的边境调整（border adjustments）；第三类是其他边境措施（border measures），如反环境倾销税。②

综合以上分析，我们认为，"碳关税"是指任何基于碳排放而对进口产品征收一定特别费用的措施；其征收基础可能是该进口产品本身在生产过程中的 CO_2 排放量，也可能是该出口国的 CO_2 排放总量或者减排努力；其表现形式可

---

① 边境调节措施（Border Adjustment Measures）是指任何全部或部分采纳目的地原则征税的财政措施，它使一国出口产品与那些在进口国国内市场销售的相似国内产品相比，能够全部或部分地免除其在出口国已经征收过的税费，同时，进口国对销售给消费者的进口产品，征收与对国内相似产品所征的税负一样的税收。

② 该报告主要通过文献研究和调查各国政策的方法分析了贸易和气候变化的联系，首次阐释自由贸易与气候变化的关系。

能是传统意义上的关税，也可能是国内税、配额、排放许可等，具体表现为哪一种则取决于各国相关立法的具体规定。

（二）碳关税提出的原因

国内学者主要从发达国家的角度进行分析，认为碳关税是发达国家借环境保护之名行发展经济之实。如李平、李淑云、沈得芳[1]等人认为美国征收碳关税具有战略意义，即美国希望通过碳关税来抢占国际上新能源和环保市场，让其全球环境治理的功能得到进一步发挥，同时希望从碳关税和环保设备的普及中获得额外的收入，并进一步在世界范围内控制全球气候变暖的话语权。沈可挺[2]对美国征收碳关税的深层次原因进行了分析，指出征收碳关税虽有保护全球环境的目的，但更多的是侧重于保护本国产业的竞争力和推动本国积累的环保技术商业化，同时发达国家通过向发展中国家提供技术和资金也可解决工业革命时期遗留的大量温室气体。

（三）碳关税对中国的影响

不同的学者有各自的观点。2007 年诺贝尔和平奖获得者、联合国政府间气候变化专门委员会主席帕乔里认为，目前气候变化是非常明显的，对于中国来说，将会面临着一系列气候变化所产生的影响，同时，中国还面临着在减少气候变化所带来的成本方面以及减缓技术方面的一些挑战。张建平[3]指出碳关税对发展中国家是不公平的，征收碳关税将对发展中国家经济造成极大的打击。对于发展中国家而言，严格的减排标准是一种技术性歧视。同时，碳关税更不利于世界经济的复苏，并有可能引发新一轮的国际贸易战。并且碳关税将使中国出口产品竞争力下降，使中国企业特别是出口导向型企业陷入困境。

此外还有很多学者对碳关税的理论机制和中国应对碳关税的措施进行了研究，为中国可否实施碳关税提供了必要的理论和实证基础的支撑。

---

[1] 李平、李淑云、沈得芳：《碳关税问题研究：背景征收标准及应对措施》，载于《国际金融研究》，2010 年第 9 期。

[2] 沈可挺：《碳关税争端及其对中国制造业的影响》，载于《中国工业经济》2010 年第 1 期。

[3] 张建平：《撕开'碳关税'华丽的外衣》，见大洋网，http：//news. dayoo. com/szbz/news/67737/67738/200907/24/67738_ 10077205. html。

碳关税的公平性及合规性

正因为碳关税是一个涉及商品进出口贸易和进出口国家的国际性问题，所以，不同国家基于其不同的利益，围绕是否应当开征碳关税问题产生了巨大争议。大多数碳关税的支持者都是发达国家的学者和政府官员，他们支持的理由主要涉及以下几个方面。一部分支持者认为，碳关税能真实反映贸易品的环境成本，继而体现商品的真实成本和真正的国家优势。还有一部分支持者则认为，碳关税有利于迫使低碳技术在发展中国家在工业中的应用和扩展，以此促进这些国家的技术进步。另外，碳关税可以增进税收征收国的税收收入，这可以用来帮助发展中国家发展低碳经济。可见，在碳关税的支持者眼中，碳关税已经成为他们与广大发展中国家国际减排谈判的重要武器，也是当前发达国家和发展中国家贸易不平等交换的最新形式。

与发达国家的支持意见相反，大多数发展中国家政府和学者都对碳关税实施持反对态度。他们的理由主要基于以下几个方面。第一，碳关税与世界贸易组织的非歧视原则以及反对贸易保护主义的精神有冲突，也违背了《京都议定书》确定的发达国家和发展中国家在气候变化领域"共同而有区别责任"原则，这会成为引发新一轮全球贸易战的导火线。第二，碳关税本身就是一种不公平的单边税收。国际产业转移使得大多数能源密集型和污染密集型产业转移到环境成本、人工成本和资源成本更低的发展中国家，但从最终消费端角度来看，相当一部分在发展中国家生产的产品最终被发达国家所消费。因此，发达国家作为产品进口国和资本输出国必须承担环境责任，碳关税的实施显然是人为的不平等协议。第三，碳关税会使被征收对象国家的出口受阻，由此影响经济增长率和就业率，这实际上就是牺牲了被征收国家的发展权。第四，碳关税在技术上很难计算，实际实施具有难度。下面我们将从公平性和合规性角度探讨碳关税。

（一）碳关税的合规性

是否应当开征碳关税首先应该看这种行为是否符合现行国际规则，这是判断是否应当开征碳关税的首要标准。碳关税问题既涉及国际贸易，也涉及环境保护。因此，合规性可以从碳关税是否符合 WTO 多边贸易规则、是否合乎《京都议定书》多边环境协定两方面来分析。

1. 碳关税与 WTO 规则的相符性

从《关税与贸易总协定》确立以来，多边贸易协定的宗旨就是通过国与国之间的谈判来减让关税，以促进国际贸易自由化的深入。征收碳关税不仅违背世贸组织的宗旨，还违背非歧视原则的要求，容易引发贸易战。

WTO 的核心原则之一是非歧视原则，包括国民待遇原则和最惠国待遇原则两个方面。GATT 第 1 条"普遍最惠国待遇"触及碳关税的核心。根据该条规定，任何缔约方给予来自或运往任何其他国家任何产品的利益、优惠、特权或豁免应立即无条件地给予来自或运往所有其他缔约方领土的同类产品。以美国气候法案为例，其碳关税条款（法案第 766～768 节）的核心是，按照出口国是否参加了美国作为缔约方的减排协定、是否负有至少与美国同等的国际减排义务、特定产业部门的年度能源或温室气体浓度、发展程度、占全球碳排放量的比重，以及特定产品出口所占比重等标准，确定是否对某一国家进口产品征收碳关税，迫使其他国家参与气候谈判或承诺高水平的减排标准。其直接和必然的结果是，不同 WTO 成员的同类产品在进口到美国时享受不同的待遇，这直接违反了 GATT 第 1 条"普遍最惠国待遇"的原则。另外，当碳关税构成一种特殊关税时，一旦对特定产品所征关税超过减让表规定的水平，就构成对 GATT 第 2 条的直接违反。依据 GATT 第 2 条，一成员对进口产品征收的普通关税，不得超过该成员减让表规定的关税水平。因此，碳关税只要违反上述其中任何一项，即可认定违反 WTO 规则，除非成功援引 GATT 第 20 条"一般例外"作为抗辩理由。在列举的各项例外中，与气候措施相关的是（b）项"为保护人类、动物或植物的生命或健康所必需的措施"，并且满足第 20 条序言的要求，即"不在情形相同的国家之间构成任意或不合理歧视的手段，或构成对国际贸易的变相限制"。这为其实施的关税限制措施寻求免责，可将"碳泄漏"不仅直接关系到人类、动植物的生命或健康，还关系到可用竭自然资源（清洁空气可视为一种自然资源）的保护问题作为申辩理由。但是，碳关税很难满足第 20 条（b）项"必需"一词的要求。因为虽然气候变化非常重要，但仍存在着对贸易限制更小但对保护气候有同等贡献的措施，例如借助各国之间的谈判或者发达国家与发展中国家低碳技术的合作和援助等，世界各国并没有一致公认碳关税是"必需"的手段。事实上，碳关税的贸易限制作用很大，这成为少数发达国家人为对发展中国家商品出口设定的贸易壁垒，并不符合 GATT 第 20 条序言中有关非歧视的规定。迄今为止，世贸组织对成员国实施单边贸易保护措施，一般持谨慎态度。虽然诉诸世贸组织争端解决机制的国家越来越多，但通过援引 GATT 第 20 条的规定，能成功为自己实施环境保护措施申请免责的国家并不多。①

2. 碳关税与多边环境规则的相符性

1994 年 3 月，《联合国气候变化框架公约》（以下简称《公约》）正式生效，这是国际社会致力于处理气候变化的首份公约，但并没有规定强制性的温室气体减排义务。为了加强《公约》的法律约束力，各缔约方于 1997 年签署了一份补充协议《京都议定书》。根据《京都议定书》的规定，缔约方在初期阶段的总体温室气体排放降幅不应低于 5%。然而，在实践中，《京都议定书》却带来两个问题。第一，"竞争力"损失问题。目前，发达国家采取的温室气体减排政策主要有两大类：一是能源税或碳税，二是实施碳减排交易制度或限量与交易制度。无论哪种方式都会增加该国相关产品的生产成本，进而引发其竞争力的损失。因此，以美国为代表的部分发达国家拒绝履行《京都议定书》所规定的应尽义务，而非缔约方（主要是发展中国家）又暂无硬性减排任务，这对于那些履行《京都议定书》协议的国家而言，实施强制性的温室气体减排政策，必然会产生"竞争力损失"问题。第二，"碳泄漏"问题。如果某些国家或地区减少的温室气体排放量被其他国家或地区增加的温室气体排放量所抵消，全球温室气体的减排目标就难以实现。在不是所有的国家都同时征收碳税或实施碳排放交易制度的情况下，企业会从征收碳税的国家转移到不征收碳税的国家。因此，如果欧盟、美国对于从发展中国家进口的商品征收碳关税，则违反多边环境协定的基本原则和规则。因为，1992年《里约环境与发展宣言》明确指出："各国负有共同的但是又有差别的责任"、"一些国家所实施的标准对别的国家特别是发展中国家可能是不适当的"。同样的，《联合国气候变化框架公约》在序言和第 3 条第 1 款等多处首次明确使用"共同而有区别责任"的概念，强调"发达国家缔约方应当率先对付气候变化及其不利影响"。显然，发达国家对发展中国家单方面实施"碳关税"，名义上是促使温室气体减排的全球参与，实质上是违背了既有的多边环境规则。②

---

① 俞海山、郑凌燕：《碳关税的合规性及合理性分析》，载于《财贸经济》，2011 年第 12 期。
② 俞海山、郑凌燕：《碳关税的合规性及合理性分析》，载于《财贸经济》，2011 年第 12 期。

（二）碳关税实施的公平性[①]

关于碳关税的实施是否是公平的，需要追溯导致出口国碳排放产生的根源。由于不平等的国际分工以及技术进步水平差异，发达国家在生产结构、消费结构以及环境管制等方面都与不发达国家产生巨大差距。发达国家与不发达国家表面貌似的等价交换背后，实际上却存在着明显的碳不平等交换，这也是碳关税实施的不公平性所在。

综观西方发达国家产业发展历史，不难发现其产业结构升级与产业能耗和污染一般呈逆向同步变动趋势，产业结构越高级，其产品的能耗性和污染性越小。在从手工业生产向机械化生产转化的工业化初期，产业的发展对原材料消费需求十分高涨，因此其耗能性和污染性也随之上升。随着工业技术的不断发展，发达国家产业的发展逐渐由以往的资源依赖型转变为技术依赖型。而不发达国家的相似产业发展却大多以粗放式路径为主在技术投入和能源的有效利用方面与发达国家具有明显差距。生产技术差异使得发达国家将劳动密集型、资源密集型、加工环节或低技术资本密集型等传统产业逐步转移到不发达国家，而这些产业大多是能耗型、污染型产业。

此外，20 世纪 70 年代以来，随着发达国家产业结构的升级，其国内环境规则对产业的约束性也随之不断提升。出于制度约束、产业发展目标和利润最大化的考虑，发达国家的跨国公司通过对外投资的方式，将传统的能源污染密集型工业转移到资源丰富、环境管制较低的国家。一些学者通过研究证实，20 世纪 60 年代以来，日本已将 60% 以上的高污染产业转移到东南亚国家和拉美国家，美国也将 39% 以上的高污染、高消耗的产业转移到其他国家。马艳、李真（2010）通过对中国、印度、巴西和墨西哥四个发展中国家的国际直接投资（FDI）流入与制造业出口产品能耗和 CO_2 排放的数据比较发现：在这四个国家中，FDI 流入量均与制造业出口产品能耗、制造业出口产品 CO_2 排放量呈显著的正向相关关系。这表明，发达国家的国际产业转移在一定程度上增加了发展中国家贸易产品的资源和环境成本，大大地降低了发展中国家的净福利水平。以中国为例，中国制造带来的大气污染造成的损失目前已占到 GDP 的 3% ~7%。据商务部抽样调查，中国在 2002 年有 71% 的出口企业、39% 的出

[①]　本部分详细内容参见马艳、李真：《国际贸易中的"碳"不平等交换理论与实证分析》，载于《学术月刊》，2010 年第 7 期。

口产品因发达国家的技术壁垒而受阻，造成损失 170 多亿美元。

因此，不平等的国际产业转移和集聚格局，使得发达国家专门从事清洁产品、技术密集型产品、服务密集型等产品，而不发达国家则成为高耗能、高污染型产品的"世界工厂"。前者享受了产业转移带来的收入上升、环境质量改善等好处，而后者则成为"污染避难所"。从世界范围来看，全球的污染和能耗并非下降了，只是转移了。西方研究机构曾经指出 14% 的中国废气是由生产出口到美国的货物所造成的；每一件在中国生产出口到英国的物品，其废气排放量比在英国生产要多 1/3。西方国家对中国产品的依赖，变相地把废气排放量转嫁到中国。可见，发达国家多增加进口发展中国家碳排放量高的产品，就可以减少自身的碳排放量，而增加发展中国家的碳排放量。而此时如果仍对发展中国家实施所谓"碳关税"，无疑是一种极不公平的表现。

从制度角度来看，碳关税的实施也是发达国家自导自演，用强权施加在发展中国家身上的人为税种，缺乏公平性考虑。目前，国际上最先进的低碳生产技术都集中掌握在少数发达国家手中，这些国家凭借技术优势自然成为国际碳排放标准制度的制定者。碳关税的制定表面上旨在控制世界碳排放总量，优化国际气候与环境，其本质则是对广大欠发达国家经济利益的变相占有。少数发达国家在经历先前一个多世纪的经济发展之后，已基本完成传统产业升级，迈入低耗节能的新经济时代；而广大欠发达国家和地区历史上处于发达国家的殖民地或半殖民地，现代经济起步较晚。同时，不平等的国际产业转移无形中控制了不发达国家经济发展方向，限制了其技术进步和产业升级，使得发达国家和发展中国家的经济发展进度处于一个极不平等的状态中。在这种背景下，由少数发达国家制定并加以实施的碳税政策只会有利于少数发达国家，并成为了他们在全球化经济条件下国际剥削和不平等交换的新手段。

（三）碳关税背后的国家利益博弈

从《京都议定书》生效之路的波折到碳关税的提出，无不透露着碳关税背后各国的政治和经济利益，蕴含了复杂的国家博弈，隐藏着世界各国间权力和利益的斗争。

有学者认为（张昕宇，2010），"碳关税"问题的缘起，根源于正在欧美蓬勃兴起的"碳政治"理念。"碳政治"理念的形成于 20 世纪 60 年代的以欧洲为代表的青年政治运动，这场青年政治运动培养了整整一代年轻的政治活跃分子，他们为后来的环境运动提供了主要的领导干部和政治的组织网络。其后，这场青年政治运动逐渐演变为环境运动，在欧洲左翼绿党、环境先驱国家和欧盟等不同环境运动角色的推动下，欧盟将欧洲的环境运动在气候变化领域转化为"世界化"的 CO_2 排放安排，并成功地取得了全球"碳政治"的领导权，形成了对全球有着深刻影响的"环境政治"。在各种环境问题中，由于气候本身的流动性和不可分割性，关乎各国生存与发展，引起了全球的共同关注，从而使得这场由欧洲推动的环境政治在全球层面演变为碳政治，促成了各国基于其特定价值观的"碳政治"理念的形成。[①]

环境政治虽然是 20 世纪 60 年代全球左翼政治运动的遗产，但是以"碳政治"为基础的"碳关税"的国际博弈，必定会成为不同国家利益之间的较量。

首先，碳关税的征收有利于发达国家在全球气候变化谈判中处于有利地位，着手后京都时代世界政治经济战略布局。

其次，推行碳关税，有利于提高本国竞争力，制衡包括中国在内的发展中国家。随着全球化的发展，中国、印度、巴西等新兴经济体迅速发展，不断冲击着法国等西方发达国家的市场。这些新兴经济体正处在以重化工为主的工业化初中期阶段，对碳排放的需求量很大。而发达国家近十几年的对外贸易严重逆差，加之美国的次债危机和欧债危机的连续影响，使得发达国家国内失业增加，破产企业和失业人口越来越多。因此，发达国家提出碳关税议案的目标非常明确，即：借此对中国、印度等未承担约束性温室气体减排目标的主要发展中国家产品征收高额惩罚性关税，实施贸易制裁，以此削弱这些发展中大国的制造业出口竞争力。发达国家通过对碳排放较高产品征收关税，可同时活动税收和进口利益双重收益。征收碳关税可以获得高额财政收入，减少贸易赤字。此外，征收碳关税将使被征收国家产品出口量减少，进而导致该类产品国际市场价格降低，从而发达国家可以能以更低价格进口，获得更大贸易利益。

最后，发达国家利用其资金、技术、产业等方面的优势，通过发展本国清洁产业或以碳排放转移的方式做出"高调"姿态，居高临下的向发展中国家提出以环境保护为借口的碳关税政策，从而遏制发展中大国的崛起，实现对国际经济局势的绝对控制。欧盟早在 20 世纪后期就投入大量资金开发与利用新能源、新环保技术，在一些相关技术域已经处于世界领先地位。可以说，欧洲

---

① 张昕宇：《"碳关税"的国际政治经济学解析——碳政治理念下的国家利益博弈》，载于《前沿》，2010 年第 16 期。

各国在推动本国工业向低碳经济转型的过程中，已经具备了雄厚的技术条件。欧盟深刻地意识到在未来低碳发展的过程中，有关气候问题的各种标准与准则将会成为国际气候谈判的焦点，能否在谈判中拥有足够的话语权与主动权将直接影响着发达国家未来的霸权地位，而碳关税可以让他们在推卸环境污染责任的同时，为自己冠上"环保先锋"的美名，从而重塑欧洲在国际经济和政治中的霸主地位。

与欧盟基于新能源技术的利益诉求相比，美国碳关税提案背后的国家利益更为多元化。奥巴马执政后，美国政府开始重视气候变化和新能源竞争。首先，美国政府提出征收"碳关税"的宏观政策目标可以概括为三个方面，即：创造就业、保护本国产业和强化美国全球经济领导地位。美国政府的低碳发展战略意图非常明确：要推动未来经济复苏，就需要打造一个巨大的新产业来拉动美国经济再次崛起，而绿色能源产业集群正是最好的选择。如果美国能在低碳经济领域成为世界领头羊，那么美国仍将能够在未来多年继续稳坐世界"老大"的宝座。因此，推行"碳关税"无疑是美国基于中长期发展而打出的一张"战略牌"。其次，奥巴马政府推行"碳关税"法案也是出于美国能源利益的考虑。长期以来，美国都是世界上第一大能源消费国和进口国，过高的油价、对石油进口的过度依赖已经严重威胁到美国的国家安全和全球战略。碳关税的实施将会削弱石油出口国利益，将使得石油国家利益联合体遭遇严重打击而被迫放弃高油价的利益，从而完成美国对世界经济力量的重组。最后，美国的碳关税法案对未达到美国碳排放标准的外国产品征收高额惩罚性关税，可以名正言顺地将别国贸易财富纳入自己的国库，同时还要让他国背负污染环境的恶名。[①]

由此可见，以环保名义提出的碳关税问题，根植于欧美两大阵营正在蓬勃兴起的碳政治战略博弈，是美国的次债危机和欧债危机之后陷入经济困境的发达国家自救的一张战略王牌。美、欧等发达国家企图借助其经济、贸易、科技实力，在减排的环保名义下，通过碳关税的市场化手段，一方面推行贸易保护主义，保护国内市场，打压新兴市场国家的出口和竞争力，减轻财政与经常账户赤字，另一方面也为自己的新能源产业拓展全球市场，削弱俄罗斯、中亚国家和中东国家的能源势力，从而在全球新一轮的竞争中抢得先机。碳关税在本

---

① 张昕宇：《"碳关税"的国际政治经济学解析——碳政治理念下的国家利益博弈》，载于《前沿》，2010 年第 16 期。

质上是一个国际政治经济问题，其背后隐藏着复杂的战略利益分配关系。

总的来说，在今天的国际社会，各个大大小小的主权国家构建起了全球国际政治版图，一种政治理念，如果要转化为国家的实际行动并进而演变成为现实的国际政治关系，就必须要在国家的经济利益层面找到其契合点，使国内的各个利益集团在博弈中达成妥协，从而转化为国家的一致行动。贸易的政治经济学认为，政府在政策选择中不可避免地卷入到不同利益集团的博弈之中，各利益集团希望贸易政策能够满足和实现自己的利益。而哪个利益集团和政府部门拥有更多的权力资源和对选举举足轻重的力量，决定着碳关税贸易壁垒就更倾向于哪一方的利益。对于发展中国家来讲，产业结构升级与绿色贸易固然是未来经济发展的必经之路，但前提是扎实的基础设施建设与稳定的社会经济发展。如果发展中国家以经济发展为代价，一味地满足发达国家的不合理要求，只会在未来政治经济的较量中愈加被动，被发达国家玩弄于股掌之间。正因为如此，中国、印度等发展中国家都在碳关税提出的第一时间迅速而坚定地提出了反对意见，这不仅是对一项贸易政策的反对，更是对本国经济与政治安全的保护。

四 碳关税对中国经济的影响

碳关税作为绿色掩盖下的新贸易壁垒，对中国经济产生的影响复杂且多面。碳关税对中国出口贸易和外贸企业就业会产生显著的负面影响，但是，从长期角度分析，碳关税对于环境保护和促进国内产业升级和技术创新有一定的促进作用。

（一）碳关税对中国出口的影响

1. 中国出口贸易及排放现状

自改革开放以来，经济增长三大引擎中的出口对中国经济高速增长贡献巨大。1980～2010年，中国工业制成品出口额占 GDP 比重已经从 5.4% 增长至24.1%。伴随工业制成品出口规模的快速提升，中国产品的出口结构也已发生显著变化。初级产品在此期间增长缓慢，占总出口额的比重逐年下降，已从1980年的 50.3% 下降至 2010年的 5.2%；机械及运输设备的出口增长迅猛，其出口占比从1980年的 4.7% 增至 2010年的 49.5%，已成为中国最大的出口产品类别。① 这些数据说明，中国已成为世界上最重要的制造业基地。中国作为"世界工厂"虽然带来了出口收入的大幅增长，但是就目前的情况来看，中国出口增长带有明显的高能耗、高排放和低效率的特征。按照陈诗一（2009）的测算，改革开放后，中国工业总产值年均增长11.2%，工业能耗和CO_2排放量年均分别增长6%和6.3%，工业GDP约占全国GDP的40.1%，但工业能耗却占全国能耗的67.9%，工业排放的CO_2占全国总排放量的83.1%。②

造成这种情况的主要原因有以下几个方面：

第一，当前国际分工模式的主要特点是拥有先进科学技术的发达国家逐渐成为世界研发中心，掌握着最领先的科技水平和研发能力，在当代世界贸易中居主导地位，出口商品从以技术、知识密集型产品为主，占据垂直专业化分工体系的高增值生产环节的。与此相反，广大的欠发达或不发达国家，由于历史上多为发达国家的殖民地或半殖民地，生产力低下，劳动力资源丰富。为了获取低劳动力成本优势，发达国家将自然要素密集型、环境消耗型（污染型）或劳动密集型等发达国家不愿在本国生产的商品或产业转移至不发达国家，借助不发达国家廉价的劳动力、自然资源和环境生产产品，再将制成品低价输入国内，以高价在世界市场上出售，以赚巨额利润。因此，不发达国家主要是以较低的劳动力成本为比较优势参与国际垂直专业化分工，以资本密集型和资源密集型等附加值较低的产品出口为主，只能获取微薄收益。③

第二，发达国家内部的环境标准的约束性加强也是发达国家通过贸易和对外投资的方式将传统的能源污染密集型工业转移到资源丰富、环境管制较低的国家或地区的重要原因之一。一些学者通过研究证实，20世纪60年代以来，日本已将60%以上的高污染产业转移到东南亚国家和拉美国家，美国也将39%以上的高污染、高消耗的产业转移到其他国家。在外国对中国的产业转移中，外商在纺织印染业、皮革毛皮羽绒及制品业、橡胶塑料工业、金属制品业中的电镀行业，医药制造和机电工业中的部分行业，以及电力工业中的火力发电业等行业中的相对规模超出了外资企业的平均规模水平，一些污染密集型的

---

① 以上数据均根据中国统计年鉴数据计算而得。

② 陈诗一：《能源消耗、二氧化碳排放与中国工业的可持续发展》，载于《经济研究》，2009年第4期。

③ 李真：《经济全球化条件下中国贸易利益影响因素分析——基于技术进步和国际制度视角的考察》，载于《马克思主义研究》，2010年第1期。

边际产业正向中国进行转移。[1] 西方研究机构也曾经指出：14%的中国废气由生产出口到美国的货品所造成的，每一件在中国生产出口到英国的物品，其废气排放量比在英国生产要多1/3。西方国家对中国产品的依赖。[2]

第三，不发达国家的相似产业发展大多以粗放式路径为主，在技术投入和能源的有效利用方面与发达国家具有明显差距。以铸造业为例，这个产业是制造业的基础产业，也是能耗和污染都较高的产业。据国外机构的统计，中国铸件企业的数量达26000家，但铸件企业的年均产量远远低于只有几百家或一两千家铸造企业的德、美、法、日、韩、意等国。但由于中国大多数铸造企业技术工艺水平低下，自主创新能力弱，因此，中国铸造业的资源环境成本与发达国家相比较高。从平均生产每吨铸件的能耗来看，日本为334公斤标煤/吨，德国为356公斤标煤/吨，美国为364公斤标煤/吨，英国为536公斤标煤/吨，而中国则为830公斤标煤/吨。[3]

2. 碳关税对中国出口贸易的影响

基于上述中国出口贸易及碳排放的现状可知，如果发达国家实施碳关税，损失最大的当属中国的能源密集型产业，包括石油、化工、钢铁、水泥、机电、交通、电力、建材等。这表现在以下几个方面。

首先，出口产品成本将大幅提高。发达国家迫使中国等发展中国家支付碳关税，无疑会增加这些国家高碳企业出口的成本。受"低碳壁垒"影响，环境标准将不断提高，环境成本将逐步内化，大量财力物力的投入将直接导致生产成本和产品价格上涨。中国出口商品将失去在国际贸易中原有的生产成本优势，甚至处于劣势地位，从而导致产品竞争力和在国际贸易中的获利能力不断减弱，市场份额不断降低。据中国社会科学院的研究，以"碳关税"额10美元/吨计算，中国电力、钢铁、有色、石化、建材、化工、轻工和纺织等八大高碳产业的税负共计108.5亿元（以2002年贸易为基准），占贸易额的1.28%。据相关估计结果显示，通信电子设备制造、电气机械器材制造、纺织业、服装皮革羽绒制品加工业以及化学工业等出口占比相对较高的几个行业，每万元产出的隐含碳排放量分别处在2.5~5.5吨碳的水平。以每吨碳30~60

---

① 李真：《国际产业转移机理与衍生效应研究：一个基于贸易角度的政治经济学模型分析》，载于《当代经济研究》，2011年第6期。

② 金碚：《中国工业化的资源路线与资源供求》，载于《中国工业经济》，2008年第2期。

③ 马艳、李真：《国际贸易中的"碳"不平等交换理论与实证分析》，载于《学术月刊》，2010年第7期。

美元的碳关税税率测算，相当于每出口万元产值将加征6%～14%甚至12%～28%的关税，这已经接近甚至超过部分出口产品遭遇的反倾销税（沈可挺，2010）。[①]

其次，出口贸易额会有较大幅度的下降。欧美市场一直是中国出口贸易的主要市场。然而，中国对美国、欧盟出口的商品以机电产品、家具玩具和纺织品及原料为主，这些出口产品大多是高耗能、高含碳而低附加值的产品，极易成为碳关税的课税对象，一旦开征碳关税，出口市场必然缩小。另外出口产品成本的提高也会降低出口企业的外贸积极性，出口贸易额同样面临下滑的可能性。来自世界银行的报道指出，碳关税一旦全面实施，中国产品在国际市场上将面临26%的关税，出口量将因此下滑21%[②]。按照2010年中国出口总额15779.3亿美元计算，碳关税壁垒全面实施后，中国出口额将减少约3155亿美元。另外，沈可挺和李钢（2010）构建了包含41个部门的动态CGE模型测算碳关税对中国工业生产、出口、就业的可能影响，结果表明，每吨碳30美元或60美元的关税率可能使中国工业部门的总产量下降0.62%～1.22%，使工业品出口量下降3.53%和6.95%，同时使工业部门的就业岗位数减少1.22%和2.39%，并且以上冲击可能在5～7年甚至更长的时期内产生持续影响。在30美元碳关税率的情境下，电气机械器材制造业和仪器仪表办公机械制造业的出口降幅分别为3.97%和3.85%；在60美元碳关税率的情境下出口降幅则分别达7.79%和7.66%。[③]

最后，高碳产业遭遇贸易摩擦增多，出口环境恶化。碳关税是一种新的贸易壁垒，它由发达国家提出，也是根据发达国家国内经济发展状况和自身技术优势来制定的，它并没有考虑中印等发展中国家的利益，高碳排放的发展中国家作为规则的服从者只能按照国际标准来约束自身行为。一旦碳关税开征，对中国高碳产业的出口贸易来说，贸易摩擦数量将不断上升，贸易摩擦种类将不断增多，贸易摩擦金额也会不断增大。自2009年10月26日《美国清洁能源安全法案》通过以后的短短11天时间内，美国连续对中国钢铬栅板、钢绞线、无缝管、金属丝网托盘、油井管、铜版纸、焦磷酸钾、磷酸二氢钾和磷酸氢二钾等9种高碳排放产品发起贸易救济调查和征收惩罚性关税。因此，在发达国

[①] 沈可挺：《碳关税争端及其对中国制造业的影响》，载于《中国工业经济》，2010年第1期。

[②] 周馨怡：《碳关税来袭》，发表于《21世纪经济报道》，2010年1月7日，http：//www.21cbh.com/HTML/2010－1－7/160936.html。

[③] 沈可挺：《碳关税争端及其对中国制造业的影响》，载于《中国工业经济》，2010年第1期。

家大力宣扬"环境保护主义"的背景下，中国高碳产业将成为贸易摩擦的靶子。并且发达国家对中国"碳关税"征收的易得性，将产生碳关税征收的数量、产品和地区的扩散效应，使中国高碳产业成为世界各国实行"碳关税"征收的主攻目标，严重影响中国高碳产业产品的出口和主导产业的发展。

（二）碳关税对中国相关产业和整体经济的影响

碳关税不仅影响到高碳产业及出口的发展，还会给一系列相关产业的发展造成阻碍。中国产业发展模式不可能在短期内随着碳关税的征收而迅速调整和优化，一旦碳关税开始征收，势必破坏到中国产业链，从而给国内整体经济的发展带来危害。

1. 相关产业将受沉重打击

一国的产业发展呈现出明显的阶段性特征，目前中国正处于工业化中期阶段，即重化工业阶段，此阶段是一国经济发展由传统社会向现代社会发展的关键性阶段，而美、欧等发达国家已经跨越了这一阶段，随着近年来美、欧不断将高能耗、高污染、高排放产业向发展中国家转移，美、欧征收碳关税无疑将对中国相关产业造成沉重打击。张业军、王海宁等（2009）认为，美国对进口企业的碳排量征税将会对中国的制造类出口企业提出更高的要求，形成新的挤压和倒逼机制。由于中国制造业起步较晚，科技含量不高，征收碳关税将导致成本增加，市场空间会进一步变窄。刘方斌（2009）认为，征收碳关税对中国各产业的发展而言，总体的效果是弊大于利，并且在一定程度上抵消了中国政府应对国际金融危机的扩张性财政政策的效果。由于中国包括石油和化工行业在内的高含碳产业受到冲击较大，从短期看，碳关税必然导致这些行业困境加剧。[①]

2. 整体经济波动性加剧

中国长期对出口贸易极度依存的弊端将随着碳关税的征收而逐渐凸显，由此导致经济社会不稳定。从 2005 年开始，中国外贸依存度一直高居 60% 以上，远高于发达国家同期水平。然而，一国经济在高速增长的同时若伴随着较高的外贸依存度，会使该国经济容易受到外部风险的冲击。因此，碳关税一旦开征，出口对中国整体经济的拉动作用将会减弱，经济发展速度将会放缓，失业人口数量增加，经济发展的不稳定将会增强。

---

① 殷贵林：《碳关税对中国经济的影响及应对措施文献综述》，载于《对外经贸》，2012 年第 10 期。

3. 严重影响国内就业

中国大部分出口结构仍然以劳动密集型产业为主，这为解决中国就业问题做出显著贡献。随着碳关税的实施，中国出口产业受损，由此导致经济发展速度减缓，制造业工人特别是劳动密集型产业部门的失业会显著增加。张业军、吕勇（2009）认为，由于征收碳税，能源成为一种更昂贵的生产要素，这将导致生产成本增加，企业将会相应减少生产。按照 10 美元/吨的标准征收碳税，征税后国内生产总值短期将下降 0.9%。假设资本要素价格不变，就业率将下降 0.8%，大约为 460 万失业工人。黄应来、黄颖川（2009）认为，碳关税的征收除直接影响产业发展外，还将对中国就业、劳动报酬以及居民福利造成负面效应。碳关税的征收无疑将极大地增加中国相关产品的生产成本，削弱中国产品在国际市场上的竞争力，从而影响到相关产业的国内就业。这一点可以从欧美对中国的太阳能产品征收高额反倾销税，导致中国光伏企业大面积倒闭，大量产业工人失业中得到印证。[①]

（三）碳关税的契机

"碳关税"虽然会改变中国企业要素投入组合，导致中国传统出口产业和相关部门劳动力受损，但是从长期来看，"碳关税"也对中国出口行业的重组和再造、产业结构优化以及转变经济增长方式形成了"倒逼"，提供了契机。

1. 促进中国外需与内需的合理协调

目前，中国经济增长主要依靠投资和出口两大引擎，国内消费的贡献率相对较低，这对国内的产业结构均衡以及经济可持续发展产生阻碍。中国制造业起步较晚，出口产品的技术含量较低，高能耗导致出口成本增加，尤其是在欧美碳标签和碳关税实施之后，中国出口市场空间会进一步受限。因此，"碳关税"的实施对中国制造业出口形成新的挤压和倒逼机制。在国内尚未实施碳税的情况下，这种传导机制会促使出口企业的资本向内需转移，拉动国内消费，这对于改变中国过于依赖外部市场，进一步培育内需有一定的推动作用。

2. 有利于产业结构升级

中国的高碳产业基本上都是集中在第二产业，因此碳关税的推出不仅有利于改善第二产业和第三产业在国内生产总值中的比例，还能对调整第二产业内

---

① 殷贵林：《碳关税对中国经济的影响及应对措施文献综述》，载于《对外经贸》，2012 年第 10 期。

部结构有显著的推动作用。中国以往的资源低价、环境无价政策，使得企业在资源和环境使用方面负外部性显著，而且由于资源滥用和环境破坏的低成本和巨大的赢利空间导致高能耗产业不断扩张。据国家统计年鉴数据，中国现在每百万美元 GDP 所消耗的能源数量是美国的 3 倍，德国的 5 倍，日本的近 6 倍。2006 年中国 GDP 总量占世界总量的 5.5% 左右，但为此消耗的标准煤、钢材和水泥，分别约占全世界消耗量的 15%、30% 和 54%。高投入、高消耗必然带来高污染和低效益，中国现在经济增长成本高于世界平均水平 25%。[①] 在"碳关税"实施之后，传统低效率、高能耗、生产工艺落后的产业及企业的竞争力大幅下降，环境和能源成本提高；而高效率、低能耗的产业竞争力不断加强，这对于调整产业和经济结构、产品和技术更新换代，特别是新型清洁能源产业的发展，乃至整个低碳经济的发展具有一定的助推作用。[②] 因此，外国"碳关税"的实施将对中国经济转型和升级产生适度的外部压力和强大动力，最终实现经济发展向资源节约、环境友好的增长方式和消费模式转变。

总之，中国传统的出口企业具有劳动密集型的特点，为了应对碳关税，企业势必会加大技术创新，由以前的廉价劳动力优势向技术、知识为核心竞争力转变，这样会大大减少出口规模和对劳动力的需求。有些企业在开拓国际市场的进程中，由于前期受到技术等限制，产品不能及时达到碳关税实施国提出的 CO_2 认证标准，致使其被排除在国际市场之外，甚至面临倒闭的困境，这也将对中国经济发展产生不利影响。但是，我们同时也应看到，在保护环境层面上，碳关税壁垒对中国贸易也会起到促进作用。由以上可以看出，碳关税壁垒会促使企业为了达到排碳标准，在生产过程中将会不断加大技术创新，调整产品结构，国际贸易商品结构逐渐转向技术、知识密集型，这将会抑制高碳密集产品的生产，减少 CO_2 排放，促进中国绿色产业乃至整个低碳经济的发展。

（四）碳关税对中国贸易政策的影响

中国现有的贸易政策是"有管理的贸易自由化"，即进一步扩大对外开放的同时适度适时地实行贸易保护政策，分阶段逐步实行贸易自由化。但是可以看到，中国的对外贸易政策正在出现积极变化，中国不再追求过大的贸易顺差，而是进出口之间相互协调，二者并重发展。实现贸易平衡将是中国外贸政

---

① ②　潘辉：《碳关税对中国出口贸易的影响及应对策略》，载于《中国人口·资源与环境》，2012 年第 2 期。

策的基本取向，因为外贸要健康和可持续发展，就必须保持贸易的基本平衡。根据中国商务部的信息，为了改善全球发展不平衡现状，中国正在制定相关政策，计划用三到五年时间将贸易顺差占国内生产总值的比例从2009年的5.8%降至4%。其实，中国已经开始行动，这从2010年贸易顺差减少及贸易顺差占国民生产总值比重开始下降可见一斑。当然，中国要参与全球经济增长再平衡，不能依靠压制出口或单方面扩大进口，而是需要透过改善贸易结构来实现这一目标。这点与应对碳关税的实施对中国贸易的影响要求趋同。另外，中国的"十二五"规划提出，优化对外贸易结构，加快转变外贸发展方式，推动外贸发展从规模扩张向质量效益提高转变、从成本优势向综合竞争优势转变。因此，降低出口商品的载能量和碳排放量，大力发展低碳贸易，推动中国出口商品结构逐步由资源密集型、劳动密集型为主向技术密集型、知识密集型转变，实现由"数量型"到"质量型"出口增长方式的转变是改变中国外贸增长方式的内在要求。

在碳关税降低中国出口量、增大贸易摩擦、加重社会经济的不稳定性的情况下，中国在制定经济发展战略和贸易政策过程中，应该把主要精力放在以下几个方面：第一，利用大国优势，培育自主创新能力，力争在能源等重大技术革新上取得突破；第二，完善国内市场制度，实现重要体制上的制度创新，尤其是要完善产权保护制度和法律法规体系；第三，扩大内需，建立国内统一大市场，实现国内自由充分的竞争格局；第四，利用WTO等组织授予发展中国家的优惠规则，在开放中保护和扶植国内幼稚产业，同时研究设计反制性的碳关税政策；第五，承担大国义务，争取更多国际规则的制定权。

总之，中国贸易政策的未来发展要符合碳关税对经济环境的诉求，协调经济社会的平衡稳定增长。

五　中国对待碳关税的应对之策

2009年以来，中国已跃居世界第一出口大国。面对碳关税这一全新的贸易壁垒，中国政府、行业、企业需共同努力、积极应对关税新挑战。

（一）加强国际磋商和谈判

由于贸易壁垒并不是解决环境问题的最佳办法，而且一国的贸易保护措施也容易遭到其他国家实行贸易报复等，由此带来国际贸易中更激烈的冲突。只有通过各国多边的环境合作，才能从根本上消除由于环境问题给国际贸易带来的障碍。中国作为最大的发展中国家需要联合其他发展中国家，在 WTO 框架内积极推动国际中关于环境保护方面的谈判。在目前国际环境协议中，还没有关于产品中的碳含量等界定的明确标准，但随对气候变化的重视，以及国际中对气候问题探讨的不断深入，针对产品碳含量和生产过程中碳排放等的国际标准和准则会相继出现。中国要切实参与到相关国际准则的制定中，使国际标准充分考虑到包括中国在内的广大发展中国家的实际经济水平，减少中国在今后贸易中的被动性，也为中国的产品出口争取有利的国际环境。在国际谈判时，中国需要注意以下几方面原则。

第一，应当坚持"共同而有区别的责任的原则"。关于全球气候谈判的事宜是从 20 世纪 90 年代开始的，而少数发达国家早在五六十年代之前就完成了现代工业化，而在这段时间发达国家对气候、环境、资源的影响是最大的。之后，他们或通过国内产业升级，或通过国际产业转移等方式，将"气候责任"转移到广大正处于发展起步阶段的发展中国家，这显然是有失公允的。此外，由于发展中国家一般都具有发展处于初级或中级阶段、人口密度较大等特点，因此在"碳消耗"和"碳排放"总量上并不占优势。因此，在对外经贸交往和国际气候谈判中，中国应当联合其他发展中国家根据"共同但有区别的责任"这一共识，制定相关政策和措施，充分发挥多边贸易和协商机制的作用，避免出现个别国家在环境保护的名义下，维护本国利益而制定限制贸易的措施，损害了广大发展中国家的利益。

第二，强调"最终消费原则"而不是"最终生产原则"。樊纲等（2010）计算了两个情景下1950～2005年的世界各国累积消费排放量，发现中国累积国内实际排放占世界累积碳排放总量的比重虽然高达 10.19%，但是中国的累积消费排放仅占世界累积消费排放总量的 6.84%～8.76%，这意味着约有 14%～33% 的国内实际排放是由他国消费所致，而大部分发达国家如英国、法国和意大利的累积消费排放均大于其累积国内实际排放。基于生产为了消费、为了增进福利的经济思想，樊纲认为是最终消费而不是生产才是导致温室气体大量排放、气候变化加剧的根本原因，而发达国家为了维持高消费而在全球配置资源、投入更多能源进行生产更进一步加剧了该现象。[①] 因此，面对发达国家对

---

① 樊纲、苏铭、曹静：《最终消费与碳减排责任的经济学分析》，载于《经济研究》，2010 年第 1 期。

中国征收的"碳关税"困境下，我们还应在国际谈判和磋商中强调以消费排放作为公平分担原则的重要性。

（二）完备宏观经济支持政策

在宏观层面上，中国政府应对碳关税问题应从围绕引导生产模式转变、改变现有贸易方式和国内征收碳税几方面展开。

第一，制定完备宏观经济政策并采取多项手段积极促使中国产业结构调整优化和引导生产模式转变。中国的传统生产方式多具有三特点，即高耗能、高排放、高污染。生产模式和产业机构的优化，对中国的经济发展进入良性循环轨道，提升中国产品的核心竞争力至关重要。为此，中国政府需从以下几个方面加以着手。首先，通过减税政策，引导企业进行技术革新和低碳环保生产，为转变企业发展模式和绿色产业的崛起提供资金和鼓励，不断疏通出口制造业的低碳生产渠道。其次，通过降低出口企业融资门槛的金融政策，为低碳产业提供全面的金融服务，消除企业发展低碳技术的融资困难。企业进行节能减排改革和新的生产技术的提升，都需要大规模的资金支持，完备的金融支持将是企业保持创新动力和提升科技能力的最重要保障。再次，增加对新能源、减排技术的研究开发投入，提高传统的高能耗、高排放产业的进入门槛，控制高耗能、高排放行业过快增长，加快淘汰落后生产能力，制定扶持低碳产业发展的产业政策。另外，加大对服务业投资和鼓励力度，加大新型能源利用的技术研发和推广力度。最后，还需加强出口企业对环境破坏和资源滥用的惩罚力度，迫使其改变以往粗放式发展路径，以此限制和逐步淘汰高污染高能耗产业，实现全面优化。

第二，改变现有贸易方式。长期以来，中国主要出口产品集中在制造业和加工贸易方面。一旦欧美等国开征碳关税，中国这种依赖劳动力密集型产品出口的方式将面临严峻挑战。为此，应加快发展中国的高新科技产业和现代服务业，利用高新技术改造传统的钢铁、水泥等高碳行业，降低中国国民生产总值中的碳强度。降低传统高碳行业的出口比重，进一步改善中国出口商品结构，实现产业结构调整和出口企业转型升级。今后中国的贸易发展方向应转向以服务贸易为重心的对外贸易，服务贸易具有高附加值、低污染等特点，但是中国的服务业起步较晚，发展相对落后，因此今后还有很长一段路要走。但如果能够提升服务贸易在对外贸易中的比重，不断壮大中国服务行业的人员规模、提高人员素质，在面对美国可能要征收的碳关税时，就可以有效降低其对中国经济和就业的影响。

第三，着手在国内整体范围内征收碳税试点。WTO 中有一个规则，即不能对同一件商品进行双重征税，因此中国可考虑在国内征收碳税。这样，就能避免在出口别国时再次被征收碳关税。在国内征收碳税也是对高耗能产业进行的一种约束，增加其生产成本，迫使提高生产技术，转变生产方式等。但是考虑到征收碳税会降低中国出口产品的竞争力，中国可以借鉴欧洲国家的做法，降低企业所得税和企业支付劳保的费率，这样企业的综合成本就并没有提高。为了不给企业造成过大的成本压力，中国在设计碳税时可以在短期内选择低税率、对经济负面影响较小的单方面国家碳税，而对于国家关键行业和核心企业，可采取一定的补偿措施，并且根据各部门的能源需求价格弹性和能源效率水平，有选择地实施差别税率。当企业技术提高之后，可以考虑逐步提高碳税税率，完善碳税税制，以逐步适应国际水平。碳税的收入用于投入节能新技术的研发、低排放新能源的开发等，对于能够不断实现创新、减少排放的企业进行补贴优惠等措施，以达到碳税征收的预期激励效果。在国内征收碳税，短期来看会提高企业成本，对于产品出口到国际市场造成不利影响。但从中长期来看，有利于企业提高生产技术，转变生产方式，也有利于中国的产业结构升级。

（三）鼓励行业联盟和企业行动

第一，中国在行业层面上关注拟定低碳标准和加强行业联盟两个方面。首先，要形成一套完整的碳排放体系，尽早确定低碳标准。产品的碳排放不仅涉及生产过程，同时还包括零部件的运输、加工，以及产品在运至销售地的途中。形成产品在各个过程中的碳排放体系，对于指导今后产品的碳减排将具有重要的指导意义。例如，美国是中国最大的出口国别市场，机电产品、钢铁、水泥、化肥等高碳产品在中国出口中占一半以上的比重。为积极应对美国在2020 年要征收的碳关税，中国这些行业要充分发挥自身优势，建立起符合自己行业的低碳标准体系，这对于提升中国出口相关产业在国际市场上的核心竞争力将有重要影响。目前国际上还没有统一的碳排放量标准，因此形成一套完整的碳排放体系在今后国际的贸易谈判中也会处于有利地位，同时为应对可能出现的碳关税，也可以找出对中国产品出口有利的衡量方法，缓解中国产品出口的贸易压力。其次，要扩大行业内的合作，加强行业联盟。一般来说，增加行业内的联系，不仅有利于整个行业制定共同的对外贸易政策，而且在生产技术提高等方面也利于实现技术外溢效应。相互之间经验的交流会加快整个行业寻找新型替代材料和投入中使用新型能源的进程，也会增加对于出口市场的选择、产品的定价等的主动权。加强行业内联盟还有利于产生规模效应。企业生产中的技术创新投入相对单个企业来说会比较高，不利于企业资金的有效使用和短期内企业效益的提高，而加强行业联盟可以克服资金规模小、所耗时间较长的缺点。此外，加强行业内的联盟还可以增强该行业在整个产业链中的比重，这对提升行业的话语权和利润的分配会产生重要作用。

第二，中国企业需要通过改进生产技术、优化能源要素和开拓市场来加以应对碳关税的负面作用。增强企业科技创新能力和品牌意识。未来的低碳时代要求企业实现生产经营方式的转型与升级。其中，最重要的环节便是提高资源投入的使用效率，降低生产过程中的碳排放，减少生产中的污染。因此，企业必须重视科研投入和技术创新，逐步减少国外核心技术的依赖度，加速培养高素质高能力的管理人才，打造高水平的国际品牌。但是，自主研发技术一般耗费时间太长，需要较高程度的资金支持，对于企业来说成本较大。为加快改进生产流程的步伐，企业还可以选择和具有技术领先优势的部门进行合作，在技术引进的同时也要注重技术对中国企业生产可能造成的影响，使其符合发展的长期利益。

（四）优化能源要素和产品市场

分析各国碳税的计税依据可知，碳税往往是对煤、石油、天然气等化石燃料按含碳量设计税率进行征收，只有少数国家直接对 CO_2 的排放进行征税。因此，优化能源要素，大力发展新型能源与可再生能源，对于减少碳排放，降低企业税收成本，增强中国出口产品竞争力极其重要。在优化能源要素方面，要逐步降低企业生产中传统的煤、石油等的比重，增加企业生产对于新能源的利用，减少对化石能源的过度依赖，增加清洁能源的使用。通过大力支持风电、核电、太阳能等规模化发展，开展节能与新能源产业示范推广试点，加快实施重点节能工程，加快淘汰落后产能，这将对中国应对碳排放以及国际气候变化的谈判产生积极影响。从国际新能源市场格局来看，中国在太阳能、水能、核能利用上有重要进展，而生物能源则在农村地区的沼气项目和新兴的生物燃料技术上取得突破。中国可以加强这些新能源的市场化开发，在这些领域中取得全球领先地位。

另外，中国目前的对外贸易依存度很高，这会导致中国的经济极易受到

"碳关税"的外部冲击。因此，中国需要开拓欧美市场以外的其他的贸易市场，如深化与东盟、东亚和非盟之间的区域合作，降低对欧美国家的贸易依赖。中国拥有世界 1/4 左右的人口，如果能够充分利用国内市场，扩大内需，将极大降低中国的对外贸易依存度，也会极大缓解国际中碳关税等方面的贸易壁垒。对于新兴工业化国家，中国出口的产品也同样具有潜在的市场，开拓新的市场对于应对碳关税，扩大中国的对外贸易也具有重要的作用。

第五节　碳标签对中国的影响及应对之策

目前，在低碳、环保名义掩盖下的各种贸易壁垒形式不断出现。其中，2006 年以来英、法、德、美、日等发达资本主义国家相继推出的碳标签体系尤为突出。这种新型非关税壁垒形式对中国经济将带来哪些影响，应采取哪些应对措施，值得我们认真研究。

碳标签的内涵与本质

早在 20 世纪 90 年代，英国提姆·郎教授（Dr. Tim Lang）就提出了旨在降低食品碳排放的"食品里程（Food Miles）"① 的概念。在这之后"食物里程"这个概念一度成为欧美国家广大消费者选择购买低碳产品、环境友好产品和有利于可持续发展产品的衡量标准。但是由于"食物里程"这个指标片面强调了食品在流通过程中的碳排放，严重误导了公众和消费者。2007 年 3 月，英国最早推出全球第一批标示碳标签的产品，尝试采用碳标签的方法来标注产品中隐含碳的含量。此后英国、法国、瑞士、美国、加拿大陆续为自己的产品加注碳标签。可以说，碳标签正从一个公益性的标志变成一个商品的国际通行证。

（一）碳标签的内涵

所谓碳标签（carbon labelling），就是指把产品在生命周期（即从原料、制造、储运、废弃到回收的全过程）中的温室气体（GHG, Greenhouse Gas）排放

---

① 食物里程是指消费者饮食消费与食物原产地之间的距离，它涵盖了农产品供应完整生命周期的实际距离。

用可量化的指数标示出来，以产品标签的形式告知消费者，以便其进行低碳产品的消费选择，从而达到减少温室气体排放和缓解气候变化的目的。碳标签是一种全过程评价，系统性强，涉及面广，工作量大，偏重对环境影响的评价。

产品或服务标示碳标签有两层意义：一方面，碳足迹①信息可以为消费者提供绿色消费向导，有利于购买者和消费者更快地了解产品的环保性能，选择更低碳排放的商品；另一方面，企业也可通过碳足迹分析实现碳排放来源的透明化，从而了解生产过程中碳排放集中的环节，提出改善措施，从而达到减少温室气体排放的目的，有利于全球低碳经济的发展。

国际贸易中碳标签的实施要达到既定目的取决于四个基本要素："一是公众具有较强的重视环境与气候变化的意识，并愿意支付因加贴碳标签而导致消费品的提价；二是生产者具有可持续发展的战略眼光，并能够承担因碳标签而导致的产品成本上涨；三是政府部门愿意并且有能力为保护全球气候变化采用一系列的政策和措施；四是核定国际贸易产品的标签体系能够兼顾数据的准确性和有用性，并且简单、透明，交易费用在国家、企业和消费者都能承担的范围之内。"②

（二）碳标签的本质

碳标签本质上是一种新型的贸易壁垒。一般来说，发达国家对环保意识水平更强，并占据了低碳技术的有利形势，因此在低碳技术差异显著的背景下，单方面设置广泛而严格的环保标准和标志要求。不可否认，碳标签的使用在推动降低能耗，减少温室气体排放方面的确具有较大的潜力，但是从发展中国家角度来看，这却是一种新型且名正言顺的贸易壁垒。发展中国家由于生产技术水平较低，因此在商品的加工与生产过程中可能导致较高的温室气体排放，具有较高的碳足迹，这在碳标签这种新型贸易壁垒出现的出口目标市场上极不具竞争优势，很容易被挡在制定碳标签的发达国家市场之外。而且低碳生产方法和技术需要较高前期的投入，见效周期较长，这对于发展中国家来说很难在短期内实现气候友好产品和技术的引进和采用。另外，发展中国家的商品要想获

---

① 碳足迹（carbon footprint），主要是指生产和消费活动中所排放的温室气体的总量，起源于"生态足迹"（ecological footprint, EF）这一概念。碳足迹有两方面的含义，一方面，指产品和服务在整个生命周期过程中释放的温室气体总量，又叫做产品碳足迹；另一方面，碳足迹也可以表示公司生产过程中导致的温室气体的排放量，叫做公司碳足迹。

② 尹忠明、胡剑波：《国际贸易中的新课题：碳标签与中国的对策》，载于《经济学家》，2011年第7期。

得碳标签的加注，需负担一定的时间成本和不菲的申请价格，这是依靠低廉的劳动力获得的微薄利润的发展中国家厂商难以承担的。因此，碳标签设定的本质仍在于国际贸易利益分配。

二　碳标签对中国的机遇与挑战

截至 2011 年，世界上已有 10 多个国家采用碳标签体系。就目前低碳经济发展的趋势而言，对国际贸易品的碳足迹进行测量，建立统一的碳标签体系已成必然。因而，碳标签不可避免地被一些国家作为贸易保护的手段。为此，我们不仅要从理论上探讨碳标签的经济效应，还应当就碳标签推广后将对中国能源消费、产业变革、贸易结构等方面带来的影响做出判断。

（一）碳标签带来的挑战

碳标签对中国的负面影响及挑战主要体现在能源消费结构、出口贸易、国际投资，以及引发碳税等方面。

第一，从能源消费结构来看。改革开放以来，中国经济始终保持着较高的增长速度，但仍未完全摆脱高投入、高污染、低效益的传统工业化模式。2010年国家发展改革委预计，中国人均一次能源消费水平约为 2.38 吨标煤，若按保守的 13 亿人口估算，全年的能源消费总量将达到 30.94 亿吨标煤，创历史新高。[①] 在能源消费结构方面，中国目前的能源结构仍以煤炭消费为主，2009年煤炭占到中国总能源消费量的 70% 左右，而石油、天然气、水电、核电和风电等加总所占比例不到 30%。由于能源消费总量的庞大与结构的不合理，目前中国碳排放量为全球第一，占全球总排放量的 1/4。而碳标签的实施必然要求中国的能源消费向低碳模式转变。但是对于煤炭能源的依赖主要是由中国产业落后造成的，而产业结构的调整并非一朝一夕能完成。同时对于能源的利用与开发的成本太大，而且就储备量而言，中国主要的能源也是煤炭，占到总能源资源的 96%。因此，碳标签一旦实施，中国的能源消费结构必将随之改变，但以煤炭为主的消耗模式不会逆转，太阳能、水、风电能的消费量为了符合碳标签的要求必然会上升，但要进行彻底的调整还需等待长期技术的进步，

---

① 尹忠明、胡剑波：《国际贸易中的新课题：碳标签与中国的对策》，载于《经济学家》，2011年第 7 期。

这也使得中国在短期减排方面面临更大的困难。

第二，碳标签对于中国国际贸易的影响。碳关税、碳标签的实施需要碳排放标准的制定，而这种标准制定权目前基本掌握在少数发达国家手中，发达国家在国内推行碳标签对其国内生产和出口将带来越来越大的影响。发达国家由于具备较高的技术水平，西方消费者对低碳产品有需求偏好，在碳排放方面有能力出台高于国际标准的国家标准。随着这些国家标准的国际化，未来有可能使得这种新型技术性贸易壁垒变得更加普遍，给中国国际贸易带来冲击和损害。此外，目前的碳标签认证主要以产品生命周期分析为基础，国际贸易意味着更多、更长距离的运输和相应碳足迹的增加。按照目前国际产业分工，中国加工贸易比重较大，如果整个加工生产过程的碳排放都计算在中国产品上，这会高估中国的碳排放量。一旦欧美消费者接受了碳标签的理念，他们便会倾向于购买地理位置更近的产品，这既有助于发达国家实现制造业回归，又削弱了中国产品的市场份额。[1] 因此，碳标签一旦在国际贸易中作为技术性壁垒使用，必将限制中国出口贸易，从而影响经济运行。

第三，碳标签也会影响中国与世界之间的资本要素流动，即影响跨国投资流向。碳标签壁垒能有效阻止外国高碳消耗行业生产转移至境外碳标准较低的国家，原来以规避国内严格环保立法限制为目的的在华投资，由于碳标签壁垒的限制，可能会将资金逆向回流至本国。同时，跨国公司可能会采取缩短供应链、减少内部贸易、根据他国减排方案调整海外投资分配等应对措施。此外，发达国家拥有先进的减排技术，通过推行碳标签，迫使中国一些出口企业为规避碳标签壁垒在发达国家生产制造，这会形成中国对发达国家的逆向投资，导致中国资金外流。

第四，发展中国家可能会受到来自发达国家强制加注体现产品在整个生命周期导致温室气体排放量的碳标签的要求，进而根据产品上的"碳标签"标示被迫缴纳碳关税。也就是说，碳关税的征收需要计算、核定和比较同类产品的碳排放量；发达国家可能以国内产品碳足迹标准为依据核定进口产品碳排放量，以此作为向进口产品征收碳关税的税基。一旦欧美等少数发达国家开始对进口产品广泛征收碳关税，而同时又控制了碳标签认定和碳税计算的国际标准，那么他们可能利用自己的国家标准来计算从他国进口产品的碳排放量，这

---

① 徐清军：《碳关税、碳标签、碳认证的新趋势：对贸易投资影响及应对建议》，载于《国际贸易》，2011 年第 7 期。

会使中国出口产品面临高碳足迹标准以及因此为基础征收的碳关税双重打击，在短期极大降低中国出口竞争力。

（二）碳标签带来的机遇

除了可能产生的负面影响外，碳标签还给中国贸易结构、法规完善、技术进步等方面带来了新的机遇。

第一，碳标签在抑制中国出口贸易的同时，也会对中国产业结构升级起到正面影响。碳标签的实施将会促使中国出口行业转变使用能源的种类，这为中国的风能、太阳能和锂电池等新能源行业提供了发展机遇。而在这些行业上，全球的发展水平差距不大，因此在碳标签全球普遍发展的前提下，中国可以抓住迅速向低碳经济转型的机会大力发展新能源产业，优化产能结构，实现从能源密集型生产到技术密集型生产的转型。此外，碳标签的实施能带来新产业发展的契机。随着碳标签的推广，相应咨询服务机构必然会兴起。这些机构可以为企业或组织按照国家标准进行服务，包括按标准进行产品或服务的碳足迹计算；帮助准备申请材料；联系沟通颁发和认证机构；帮助获得碳标签许可。同时，碳标签作为低碳经济的推手，从低碳经济又能衍生出不少商业模式，比较典型的有碳金融行业与合同能源管理行业。在发展碳金融方面，渣打银行、美国银行、汇丰银行等欧美金融机构已做出了有益的创新试验。合同能源管理是由节能服务公司（EMC）提供的一种以减少的能源费用来支付节能项目全部成本的节能投资方式。这种节能投资方式允许用户使用未来的节能收益为工厂和设备升级，降低目前的运行成本，提高能源利用效率。

第二，碳标签有利于完善国内的相关法规体系。目前，碳标签在一些国家已有初步实施，其全球性的推广与普遍应用将会是必然趋势。就中国而言，碳标签制度的建立需要完善的法规作保障，同时需要标准化的核算规则与实施方法。完整严密的碳标签体系与合理的法规制度，有利于中国出口商品在碳足迹方面的标准化，这对于长期的国际贸易来看是有利的。《世界贸易组织贸易技术壁垒协议》的宗旨是："国际标准和认证制度可以为提高生产效率及加速国际贸易的发展做出更大的贡献"。以 ISO9000 质量体系为例，"在中国华东六省地区，其认证数每增长 1％，将会引起出口贸易增长 0.46％。"[1] 因此，碳

---

[1] 熊明华：《ISO9000 质量体系对华东地区出口贸易影响的实证分析》，载于《国际贸易问题》，2004 年第 10 期。

标签的引入有助于中国相关法规体系的完善，特别是行业法规体系的完善。

第三，碳标签能够迫使中国出口企业加快低碳技术自主研发力度，主动降低出口产品的碳足迹。在碳标签壁垒的阻碍下，中国出口企业必然会出现成本上升等现象，最终导致企业大量损失。为了降低碳足迹，适应碳标签制度，中国出口与非出口企业需要突破技术上的障碍。而发达国家，特别是美国，对中国实行严格的技术出口限制，使中国企业很难引入先进的技术，短期内又无法实现技术的突破。因此，这种低碳技术的需求会迫使国内企业开展自主研发，进而促进国内技术进步，扩展技术溢出带来的社会正外部性效应。

第四，碳标签可以促进国内消费市场的低碳环保化。碳标签的产生与发展是建立在消费者对于低碳消费的认同和为低碳消费支付减排溢价的意愿上的。碳标签保护了消费者知情权，让消费者在知情的基础上做出自由选择。随着碳标签在中国出口商品中越来越广泛的应用，国内外贸企业的出口技术门槛逐渐提高，这不但迫使其加大自主低碳技术研发，降低出口商品的碳足迹，而且还能形成一种对国内消费品供给低碳化、环保化的推动力。大多数碳标签所披露的产品碳足迹将直接面向消费者，越来越多的消费者会选择碳足迹信息表现优秀的产品，而产品零售商也会更多地引进这样的商品以增加销量。随着碳标签引入中国，它会唤醒中国消费者的全面环保意识，促进中国低碳消费环境的建立，最终形成由消费者开始、由零售商倡导、由生产商实践的碳减排路线。因此，碳标签带来的长期中的技术改进，将满足消费者对于产品环保低碳的需求，同样对于消费者来说，有着正面积极的影响。

三 面对碳标签中国的应对之策

目前，国外试行碳标签制度的产品主要涉及机电、农产品、食品、化工等类别，这些均是中国的主要出口创汇产品。一旦发达国家在商品进口贸易中强制推行碳标签制度，必将给中国的企业、行业、国家带来极大的负面影响。为此，探讨应对措施已成为摆在我们面前亟待解决的重要问题之一。

（一）积极参与国际博弈

应对碳标签对中国的影响，首先需要自身积极参与国际碳博弈。低碳经济是集政治、经济力量于一身的未来国际利益争夺焦点，而碳标签作为促进人类社会向低碳经济转型的关键工具之一，在新兴市场国家和发达国家博弈中的作用也越来越举足轻重。哥本哈根大会宣言的达成一定程度上反映了中国在应对气候变化领域的全面参与和主动引导能力。中国能否在未来国际谈判中成为低碳法律规则和技术标准的制定者，无疑是下一个中长期国际地位和话语权争夺的关键。因此，在涉及碳关税、碳标签和碳认证等"三碳"问题的国际贸易规则谈判中，中国应尽可能地维护本国的国家权益，尽早在中国建立碳标签体系，参与全球碳交易市场，以保证在低碳经济这场国家博弈中立于不败之地。

其次，应积极开展应对气候变化对外援助工作。就目前的情况而言，发达国家在兑现援助资金和无偿技术转让方面缺乏诚意，非洲国家、小岛国和欠发达国家希望从中国获得应对气候变化的更多支持。因此，中国应适当考虑将气候变化援助列入中国援外中长期规划重点，加强对援外项目设计和施工环节的节能环保意识，即：通过援外带动中国清洁能源技术和产品"走出去"，这将有助于中国在碳谈判问题上的国际话语权及国际影响力的提升。[1]

最后，中国政府应积极开展环境外交，努力宣传在促进低碳经济方面的各项努力和成就，树立起中国负责任的环保大国形象，这有利于中国在低碳经济的国际博弈中占据道德制高点，掌握话语主动权，通过谈判争取减少低碳经济对中国国际贸易的压力。另外，中国还应坚持"共同但有区别的责任"原则，与众多发展中国家团结起来，形成合力，积极参与到国际气候谈判和低碳规则的制定中，维护发展中国家的权利，抵制发达国家提出的不切实际的减排措施，这样才可以在权利义务对等的基础上，客观公平地维护中国及广大发展中国家的相关利益。同时，中国政府还应积极响应《京都议定书》中的清洁发展机制，利用发达国家提供的资金和技术实现双赢。

（二）制定中国碳标签计算标准和行业标签标准

目前的碳排放量是通过模型、测量、估算等诸多方法确定，准确度和适用性还需要进一步完善发展。特别是中国作为世界上最大的发展中国家，建立自主的碳排放计算标准，完善低碳经济测量及报告的基础设施，本身就是对低碳经济发展有力的支持和推动。目前国际上关于碳排放计算标准的话语权一直被发达国家把持，这对于中国发展低碳经济有着极大的负面影响。为了实现中国资源节约型、环境友好型社会的建设和经济低碳化发展的目标，有必要建立起

---

① 徐清军：《碳关税、碳标签、碳认证的新趋势：对贸易投资影响及应对建议》，载于《国际贸易》，2011 年第 7 期。

中国自主的碳排放计算标准，进而量化中国的碳排放，为低碳政策的研究和制定打好基础。这对于深化中国主动利用碳排放标准维护国家利益，避免在其他国家制订的标准下亦步亦趋有着重要的战略意义。

首先，中国的碳排放计算标准应当充分考虑本国的具体国情，要符合适当适度的原则，不能超越中国的发展阶段，不能损害增长和发展的目的。操作层面可以考虑参考 WRI 和 WBCSD 共同制定的 GHG 协议①，以企业为主要的基层核算单位，仿照一些财务审计标准的做法，根据不同单位的排放和制造设置，并追踪产品的转移路径，核算具体的排放数量。碳核算部门可以大致将碳排放计算标准设定为直接排放和间接排放两个不同的范畴，直接排放的标准用于核算生产流通过程中造成的直观的碳排放，间接排放的标准则可以用于实体不可控的碳排放。碳排放计算标准的确立是制定碳标签制度的前提。

其次，中国的碳排放计算标准还需要在一定程度上符合国际标准，从而深化中国同发达国家在低碳经济发展过程中的合作。同时也需要发达国家充分考虑到中国发展中国家的现状，理解中国由于发展阶段的限制还无法做到与发达国家相同的标准，尽量减少因为碳排放标准的不接轨造成的贸易障碍。

最后，需加强行业碳标签标准建设。中国一些产品出口受阻，主要是由于单个企业信息系统不健全、对进口国碳标签制度不了解，缺少规范的碳标签认证而被拒在国际市场门外。行业协会应吸取这方面的教训，加强对中国主要贸易伙伴国家碳标签政策、结构和内容的研究，密切注视全球碳标签制度变化的新动向，使中国的出口产品避免落入碳标签壁垒的陷阱中。由于碳标签制度一般都是自愿性的，所以规范行业标签标准的任务便成了行业协会的责任。行业协会要结合中国基本国情及本行业具体情况，制定适应自己行业的统一规范的碳标签标准，确保认证机构的公正性和权威性，提高中国出口产品的竞争力。同时，行业协会应积极与国外知名认证机构建立合作关系，建立与国际权威碳标签认证机构的相互认可机制。相互认可认证，有利于打破碳标签带来的贸易壁垒，提高中国产品声誉，节约产品在重复认证中的巨额费用。中国行业协会还应积极参与各种国际标准化组织的活动，推进国际标准的制定、修订和协调等工作的进行。国际标准化组织制定的标准为大部分国家所承认，使产品在全球市场有一个统一规范的并能够被各国认可的标准，而且也能反映出各行业当前最新的技术动态。中国各行业协会应积极关注和研究这些标准，既可以有效

---

① 温室气体议定书网站，http://www.ghgprotocol.org，2011 年 12 月 24 日。

突破碳标签技术壁垒，又是一种廉价的碳标签标准的引进。同时行业协会还应积极参与国际标准的制定、修订和协调工作，不断加强与西方工业发达国家的双边或多边碳标签标准化项目合作，这样不仅可以将国际标准和国外先进标准吸收到中国碳标签标准中来，更重要的是还可以将中国在碳标签标准方面的想法和意图反映进去，最大限度地反映中国企业的利益。

（三）优化产业和能源结构

中国传统的对外贸易的发展主要是依靠数量的增长和规模的扩张，出口的产品以劳动密集型和资源密集型为主，具有"高投入、高能耗、低效益"的特点，出口产业的技术含量、环保标准都很低，不具有可持续性，因而碳标签制度会对中国的出口贸易产生很大的影响。

为此，中国必须大力调整产业结构，推动经济增长方式转变，促进传统产业格局的升级改造。政府应积极引导高碳产业发展，并帮助高碳产业进行转型，提高资源利用率，减少产品生产过程中的单位能耗，逐步淘汰落后产能。政府也可以通过限制高耗能产品出口，同时加大低碳产品出口退税率力度等方式，控制高耗能产业过快增长，使竞争优势向低碳产业集中，增加低碳产业在国民经济中的比重，促进产业结构的优化升级。

此外，目前中国还处于经济高速发展的时期，各个产业对能源的需求十分旺盛。而中国"富煤、少气、缺油"的自然资源条件，决定了能源结构中煤炭的主体地位。据理论估算同样发出一万千卡的热量，大约需要 $1.2m^3$ 的天然气，产生 2.26 千克 CO_2；需要原油 1.09 千克，产生 3.37 千克的 CO_2；需要煤炭 1.73 千克，排放出 5.14 千克 CO_2。同天然气和原油相比，煤炭在燃烧过程中产生的 CO_2 最多，还会有影响人类呼吸系统健康的少量 SO_2 等气体产生。同时煤炭在开发、生产及运输过程中，还会对大气、水体等造成污染破坏，因此中国要加快优化能源结构，发展新能源，以顺应低碳经济发展的大趋势。在保证能源供应，满足经济发展的同时，对煤炭等高 CO_2 排放的能源，一方面，要限制对它的开采、开发，不能追求过快发展，要充分考虑这些能源的长远利用问题；另一方面，要不断发展新技术、加快设备更新，提高煤炭等传统能源的利用效率，加大节能力度，减少开发、生产、运输和消费过程中对环境的不利影响，实现绿色经济。

同时中国还应促进能源供应的多样化，积极推进天然气、风能、太阳能、核能等新能源的开发利用，加大地热能、海洋能、生物质能等可再生能源在能源消费结构中的比重，降低对煤炭等高碳排放能源的依赖程度和消耗，逐步推进中国的能源结构向低碳化、洁净化、生态化转变和发展。

（四） 加强行业协调和集中优化

在行业层面上，中国应发挥协会作用、促进关联行业的集中优化，以此应对碳标签对整体行业的影响。

第一，行业协会更应树立为企业服务的理念，在国际行业信息收集、组织企业应诉等方面积极帮助业内企业应对碳标签等低碳壁垒。行业协会一方面代表行业内广大企业与政府就国内碳标签制度进行沟通、联络、交流，另一方面使企业在反映与表达本行业企业面对低碳经济国际贸易的困难与问题时，有了与政府各行政主管部门进行对话的合理对话权。

第二，行业协会还应积极协调出口企业与国外政府部门或相关组织的关系。各行业协会应该设立专门的部门负责各国碳标签的信息收集和分析工作，及时收集国外同行业的碳标签制度的动态，了解主要贸易伙伴国碳标签的法规、技术和标准，建立相关信息中心、数据库及咨询机构。同时还应加强对有关问题的公共技术的研究，建立咨询点，便于为企业服务。单个企业力量薄弱，很难对国外繁多的碳标签相关政策进行深入研究，也很难在国际上发出自己的声音，只能被动地去接受国外制定的规则。而行业协会可以很好地解决这个难题，代表企业及时深入地对各国相关壁垒进行关注，避免了重复研究，加强了专业化，同时在外国规则制定时也能表达出本国企业的观点，减少国际贸易摩擦，积极参与国际市场竞争。

第三，碳标签关注产品整个生命周期的碳排放，关系着上下游很多行业。为了减少产品的碳排放，除了关注本行业内部碳排放的控制，还要加强关联行业间的配合，更好地实现降低碳排放的目的。因此，行业协会应在关联行业集中化上发挥积极作用，努力促进相关行业的联合与交流。不同行业的协会加强联系，促进公司在空间上的优化组合，将有利于提高资源能源的利用效率，实现规模低碳经济。根据产品生产的流程，推动相关企业自发集聚，优化行业布局和调整行业组成结构，实现资源能源的综合利用和循环使用，最大限度地提高生产效率，降低产品整个生命周期的碳排放。产生关联行业集中化后，还可以通过集中供暖、供冷，集中水电供应，以及集中垃圾肥料管理等，进一步降低 CO_2 的排放。

（五）科技研发与多元化的企业战略

首先，企业作为应对碳标签的微观主体，需要改进现有的生产工艺，推进环保技术的研发。从企业层面看，目前出口利润很大程度上依靠传统的粗放式资源投入、廉价劳动力和产品数量的增长，这从长远来看不具有可持续性。为了应对气候变化，以及开发新一轮的全球经济利润增长点，全球具有影响力的国家都不约而同地将绿色能源和技术作为拉动经济增长的驱动力。因此，中国的出口企业必须把传统竞争优势转变到依靠高新技术层次上来。

其次，由于各国低碳经济发展水平不均衡，进口产品碳标签的标准也不一样，因此企业应制定多元化战略，积极开拓新市场，降低由于某一国家提高碳标签标准而导致企业陷入危机的风险。目前，中国大部分产品都出口到了欧盟、美国和日本，而这些国家正是碳标签的主要发起国，其标准远远高于其他国家的水平。因此，企业应注意调整产品出口的地理方向，扩大向广大发展中国家的出口，这样便可以避开相对严格的碳标签制度，降低产品的出口成本，降低出口过度集中隐含的潜在风险，实现出口市场的多元化。企业还应重视本国市场的开发，扩大国内市场的需求，这样会减少出口中碳标签造成的贸易摩擦，可以给企业更充裕的时间去应对低碳经济下的碳标签制度。中国是一个经济高速发展的大国，国内需求还具有无限的开发潜力，企业应时刻把握好国内这个大市场。同时国家政策也积极偏向于提升国内消费需求，企业应把握住政策倾向的好时机，大力拓展国内市场，增加自身经济效益的同时提高企业抵御外部风险的能力。

参考文献

［1］李平、李淑云、沈得芳：《关税问题研究：背景、征收标准及应对措施》，载于《国际金融研究》，2010 年第 9 期。

［2］李艳梅、付加锋：《中国出口贸易中隐含碳排放增长的结构分解分析》，载于《中国人口·资源与环境》，2010 年第 8 期。

［3］庄贵阳、陈迎：《国际气候制度与中国》，世界知识出版社 2005 年版。

［4］郑玉琳：《多边贸易体制下的贸易与环境》，中国社会科学出版社 2008 年版。

［5］林云华：《国际气候合作与排放权交易制度研究》，中国经济出版社 2007 年版。

［6］林伯强：《高级能源经济学》，中国财政经济出版社 2009 年版。

［7］林伯强：《现代能源经济学》，中国财政经济出版社 2007 年版。

［8］沈可挺、李钢：《碳关税对中国工业品出口的影响基于可计算一般均衡模型的评估》，载于《财贸经济》，2010 年第 1 期。

［9］樊明太、郑玉歆：《贸易自由化对中国经济影响的一般均衡分析》，载于《世界经济》，2000 年第 4 期。

［10］武亚军、宣晓伟：《环境税经济理论及对中国的应用分析》，经济科学出版社 2002 年版。

［11］贺菊煌、沈可挺、徐嵩龄：《碳税与二氧化碳减排的 CGE 模型》，载于《数量经济技术经济研究》，2002 年第 10 期。

［12］鲍勤、汤玲、杨列勋：《美国征收碳关税对中国的影响——基于可计算一般均衡模型的分析》，载于《管理评论》，2010 年第 6 期。

［13］朱启荣：《中国出口贸易中的 CO_2 排放问题研究》，载于《中国工业经济》，2010 年第 1 期。

［14］沈利生：《中国对外贸易结构变化不利于节能降耗》，载于《管理世

界》，2007 年第 10 期。

［15］齐晔、李惠民、徐明：《中国进出口贸易中的隐含碳估算》，载于《中国人口·资源与环境》，2008 年第 3 期。

［16］黄敏、蒋琴儿：《外贸中隐含碳的计算及其变化的因素分解》，载于《上海经济研究》，2010 年第 3 期。

［17］尹忠明、胡剑波：《国际贸易中的新课题：碳标签与中国的对策》，载于《经济学家》，2011 年第 7 期。

［18］胡莹菲、王润、余运俊：《中国建立碳标签体系的经验借鉴与展望》，载于《经济与管理研究》，2010 年第 3 期。

［19］郭日生、彭斯震：《碳市场》，科学出版社 2010 年版。

［20］张焕波：《中国、美国和欧盟气候政策分析》，社会科学文献出版社 2010 年版。

［21］张令玉：《生物低碳农业》，中国经济出版社 2010 年版。

［22］中国人民大学气候变化与低碳经济研究所：《低碳经济——中国用行动告诉哥本哈根》，石油工业出版社 2010 年版。

［23］中国人民大学气候变化与低碳经济研究所：《中国低碳经济发展年度报告（2011）》，石油工业出版社 2011 年版。

［24］中国人民大学气候变化与低碳经济研究所：《中国低碳经济发展年度报告（2012)》，石油工业出版社 2012 年版。

［25］熊焰：《低碳之路——重新定义世界和我们的生活》，中国经济出版社 2010 年版。

［26］崔奕、郝寿义、陈妍：《低碳经济背景下看低碳产业发展方向》，载于《生态经济》，2010 年第 6 期。

［27］付允、马永欢、刘怡君、牛文元：《低碳经济的发展模式研究》，载于《中国人口·资源与环境》，2008 年第 3 期。

［28］何继军：《英国低碳产业支持策略及对中国的启示》，载于《金融发展研究》，2009 年第 3 期。

［29］王文军：《低碳经济的概念及发展模式研究》，载于《科学·经济·社会》，2010 年第 2 期。

［30］王缉慈：《增长极概念、理论及战略探究》，载于《经济科学》，1989 年第 3 期。

［31］王伟光、郑国光：《应对气候变化报告》，社会科学文献出版社 2009

年版。

[32] 王岩：《要在新的时代背景下实现低碳发展》，载于《经济纵横》，2011 年第 1 期。

[33] 徐大丰：《低碳技术选择的国际经验对中国低碳技术路线的启示》，载于《科技与经济》，2010 年第 2 期。

[34] 曾坤生：《佩鲁增长极理论及其发展研究》，载于《广西社会科学》，1994 年第 2 期。

[35] 刘丹鹤、彭博、黄海思：《低碳技术是否能成为新一轮经济增长点——低碳技术与 IT 技术对经济增长影响的比较研究》，载于《经济理论与经济管理》，2010 年第 4 期。

[36] 杨志、刘丹萍：《低碳经济与经济社会发展》，中国人事出版社 2011 年版。

[37] 魏一鸣、刘兰翠等：《中国能源报告 2008：碳排放研究》，科学出版社 2008 年版。

[38] 胡初枝、黄贤金等：《中国碳排放特征及其动态演进分析》，载于《中国人口·资源与环境》，2008 年第 3 期。

[39] 李国志、李宗植：《中国二氧化碳排放的区域差异和影响因素研究》，载于《中国人口·资源与环境》，2010 年第 5 期。

[40] 郭义强、郑景云、葛全胜：《一次能源消费导致的二氧化碳排放量变化》，载于《地理研究》，2010 年第 6 期。

[41] 徐国泉、刘则渊、姜照华：《中国碳排放因素分解模型实证分析：1995 – 2004》，载于《中国人口·资源与环境》，2006 年第 6 期。

[42] 邵帅、杨莉莉、曹建华：《工业能源消费碳排放影响因素研究》，载于《财经研究》，2010 年第 11 期。

[43] 郭朝先：《中国二氧化碳排放增长因素分析》，载于《中国工业经济》，2010 年第 12 期。

[44] 谌伟、诸大建：《中国二氧化碳排放效率低么——基于福利视角的国际比较》，载于《经济与管理研究》，2011 年第 1 期。

[45] 李艳梅、杨涛：《中国 CO_2 排放强度下降的结构分解》，载于《资源科学》，2011 年第 4 期。

[46] 申笑颜：《中国碳排放影响因素的分析与预测》，载于《统计与决策》，2010 年第 19 期。

[47] 王云、张军营等：《二氧化碳排放因素分解实证研究》，载于《水电能源科学》，2010年第11期。

[48] 宋德勇、卢忠宝：《中国碳排放影响因素分解及周期性波动研究》，载于《中国人口·资源与环境》，2009年第3期。

[49] 陈迎、潘家华、谢来辉：《中国外贸进出口商品中的内涵能源及其政策含义》，载于《经济研究》，2008年第7期。

[50] 国家统计局能源统计司，国家能源局综合司：《中国能源统计年鉴（2007）》，中国统计出版社2008年版。

[51] 国家统计局国民经济核算司：《中国地区投入产出表（2007）》，中国统计出版社2008年版。

[52] 李丁、汪云林、牛文元：《出口贸易中的隐含碳计算——以水泥行业为例》，载于《生态经济》，2009年第2期。

[53] 马述忠、陈颖：《进出口贸易对中国隐含碳排放量的影响：2000～2009年——基于国内消费视角的单区域投入产出模型分析》，载于《财贸经济》，2010年第12期。

[54] 盛斌：《中国对外贸易政策的政治经济分析》，上海人民出版社2002年版。

[55] 沈可挺：《碳关税争端及其对中国制造业的影响》，载于《中国工业经济》，2010年第1期。

[56] 张晓平：《中国对外贸易产生的CO_2排放区位转移分析》，载于《地理学报》，2009年第2期。

[57] 索尼亚·拉巴特、罗德尼·R·怀特：《碳金融——碳减排良方还是金融陷阱》，石油工业出版社2010年版。

[58] 杨志、盛普：《低碳经济背景下中国商业银行面临的机遇与挑战》，载于《社会科学辑刊》，2010年第3期。

[59] 杨志、马玉荣、王梦友：《中国"低碳银行"发展探索》，载于《广东社会科学》，2011年第1期。

[60] 严琼芳：《国际碳基金发展的现状、问题与前景》，载于《经济纵横》，2010年第11期。

[61] 支玲：《中国绿色碳基金发展现状及对策》，载于《世界林业研究》，2009年第22期。

[62] 赵明：《中国保险业"低碳"发展分析》，载于《南方金融》，2010

年第 10 期。

[63] 杨志、郭兆晖：《碳市场的现状发展与中国的对策》，载于《中国经济报告》，2009 年第 4 期。

[64] 倪维斗、李政，薛元：《以煤气化为核心的多联产能源系统——资源/能源/环境整体优化与可持续发展》，载于《中国工程科学》，2000 年第 2 期。

[65] 曾刚、万志宏：《碳排放权交易：理论及应用研究综述》，载于《金融评论》，2010 年第 4 期。

[66] 陈波、刘铮：《全球碳市场构建与发展现状研究》，载于《内蒙古大学学报》，2010 年第 3 期。

[67] 杨志、陈波：《中国建立区域碳市场势在必行》，载于《学术月刊》，2010 年第 6 期。

[68] 蔡林海：《低碳经济大格局：绿色革命与全球创新竞争》，经济科学出版社 2009 年版。

[69] 陈柳欣：《日本建设低碳社会的历史进程》，载于《环境保护与循环经济》，2010 年第 5 期。

[70] 陈岩、王亚杰：《发展低碳经济的国际经验及启示》，载于《经济纵横》，2010 年第 4 期。

[71] 2050 中国能源和碳排放报告课题组：《2050 中国能源和碳排放报告》，科学出版社 2010 年版。

[72] 光明网：《多哈气候大会：极为艰难的谈判》，2012 年 11 月 17 日，http：//int. gmw. cn/2012 – 11/27/content_ 5810928. htm。

[73] 国家能源网：《奥巴马的能源政策立场：发展油气新能源》，2012 年 10 月 29 日，http：//www. ocpe. com. cn/2012/foreign_ 1029/21556. html。

[74] 韩芳：《中国可再生能源发展现状和前景展望》，载于《可再生能源》，2010 年第 4 期。

[75] 姜冬梅、张孟衡、陆根法：《应对气候变化》，中国环境科学出版社 2007 年版。

[76] 刘国斌、张令兰：《日本低碳社会建设对吉林省的启示》，载于《现代日本经济》，2012 年第 4 期。

[77] 骆华、费方域：《英国和美国发展低碳经济的策略及其启示》，载于《软科学》，2011 年第 11 期。

［78］孙超骥、郭兴方：《日本低碳经济战略对中国经济发展的启示》，载于《价格月刊》，2011 年第 9 期。

［79］孙钰等：《欧盟低碳经济的典型经验与借鉴》，载于《经济问题探索》，2012 年第 8 期。

［80］王爱兰：《发达国家发展低碳经济的策略与经验》，载于《国家行政学院学报》，2010 年第 2 期。

［81］相震：《德国节能减排低碳的措施和经验》，载于《石油与化工节能》，2011 年第 4 期。

［82］张绍鸿等：《从战略到行动：德国低碳发展的法律举措》，载于《中国律师》，2012 年第 8 期。

［83］郑小鸣、谢晶莹：《美、欧、日、印低碳经济发展策略探析》，载于《当代世界》，2010 年第 5 期。

［84］中国新闻网：《日本大地震周年：核阴影下的两难选择》，2012 年 3 月 11 日，http：//www. chinanews. com/gj/2012/03 – 11/3733816. shtml。

［85］G. Edwards – Jones. , Vulnerability of exporting countries development of carban label in UK［J］. Environmental science & policy , Number12, 2009 .

［86］K. Plassmann. , Methodological complexities of product carbon footprinting：a sensitivity analysis of key variables in a developing country context, Environmental science & policy , Number 13, 2010 .

［87］Paul Brenton, Gareth Edwards – Jones. , Carbon Labelling and Low – income Country Exports：A Review of the Development Issues, Development Policy Review, Number 27, 2009.

［88］Paul Hawken, Amory Lovins, L·Hunter Lovins：《自然资本论——关于下一次工业革命》，上海科学普及出版社，2000 年。

［89］中华人民共和国气候变化初始国家信息通报［OL］，http：//nc. ccchina. gov. cn/web/NewsInfo. asp？NewsId = 336. 2004。

［90］Ang B. W. , Pandiyan G. Decomposition of Energy – related CO_2 Emissions in Manufacturing, Energy economics, 1997（3）, 363 – 374.

［91］Kaya Yoichi, Impact of Carbon Dioxide Emission on GNP Growth：Interpretation of Proposed Scenarios［R］. Presentation to the Energy and Industry Subgroup, Response Strategies Working Group, IPCC, Paris, 1989.

［92］Ma, C & D I Stern. , China's Carbon Emissions 1971 – 2003, Rensselaer Working Papers in Economics, Number 0706, 2007.

［93］Fan Ying, Liu Lancui. Changes in Carbon Intensity in China：Empirical findings from 1980 ~2003, Ecological Economics, 2007（62）, 683 – 691.

［94］余慧超，王礼茂，Carbon emission transfer by international trade：taking the case of Sino – U. S. merchandise trade as an example, Journal of Resources and Ecology, 2010, 1（1）。

［95］Jesper Munksgaard, Klaus A Pedersen, CO_2 accounts for open economies：producer or consumer responsibility, Energy Policy, 29（4）：327 – 335, 2001.

［96］Ahmad N, Wyckoff A, Carbon dioxide emissions embodies in international trade of goods, OECD STI Working Papers, 2003.

［97］Bin Shui, Robert C Harriss, The role of embodiment in US – China trade, Energy Policy, 34（18）：4063 – 4068, 2006.

［98］Christopher L Weber, Glen P Peters, Da B Guan, The contribution of Chinese exports to climate change, Energy Policy, 36（9）：3572 – 3577, 2008.

［99］Hae C Rhee, Hyun S Chung, Change in CO_2 emission and its transmissions between Korea and Japan us – ing international input—output analysis, Ecological Economics, 58（4）：788 – 800, 2006.

［100］Pan Jiahua, Phillips Jonathan, Chen Ying, China's balance of emissions embodied in trade：approaches to measurement and allocating international responsibility, Oxford Review of Economic Policy, 24（2）：354 – 376, 2008.

［101］Sánchez – Chóliz J, Duarte R. CO_2 emissions embodied in international trade：evidence for spain, Energy Policy, 32（18）：1999 – 2005, 2004.

［102］Simone Bastianoni, Federico M Pulselli, Enzo Tiezzi, The problem of assigning responsibility for greenhouse gas emissions, Ecological Economics, 49：253 – 257, 2004.

［103］Иветта Герасимчук, Илья Соколов Евгений Шварц. Кто заплатит за природу. 谁为自然环境买单［EB/OL］,［Электрон. ресурс］, Режим доступ. http：//www. vedomosti. ru/opinion/news/1358856/stoimost_ prirody.

［104］Aldy, J. , Krupnick A. , Newell R. , Parry I. , and Pizer W. . Designing Climate Mitigation Policy. Rescourece for the Future, Discussion Paper, 08 – 16, 2009.

[105] Baumol, W. and Oates W.. The Use of Standard and Pricing for the Protection of the Environment. Swedish Journal of Economics, 73, 1971, pp. 42 - 54.

[106] Cornwell, A. and Gunasekera D.. Essentici al Elements of Tradable Permits Schemes, Trading Greenhouse Emission: Some Australian Perspectives, Canberra: Bureau of Transport Economics, 1998.

[107] Tietenberg, T.. Emissions trading: principles and practice. Washington: Resources for the Future, 2006.

后　记

　　本书内容的研究开始于 2011 年，经过两年时间的努力，对于低碳经济的认识更加深入，参考了国外大量的资料与数据，结合中国现实完成此研究成果，并经过大家的共同努力，完成了本书的写作。该书被经济科学出版社选编入《马克思主义与中国现实问题丛书》。该丛书获得"社会主义核心价值体系建设'双百'出版工程首批重点出版物选题"并获得了国家出版基金资助。感谢经济科学出版社给予本书出版工作的大力支持。

　　本书作者有中国人民大学经济学院杨志教授、内蒙古大学经济管理学院王岩教授、上海财经大学马克思主义研究院马艳教授、中国人民大学经济学院门淑莲副教授、中央党校经济学部郭兆晖博士、华东师范大学商学院李真老师、内蒙古大学经济管理学院李武硕士、中国人民大学经济学院博士研究生陈波、上海财经大学经济学院博士生邱国景。

　　本书具体写作分工为：由杨志、王岩、马艳负责总体设计和编纂；第一、第二、第三章由杨志编写；第四章由王岩和李武编写；第五章由王岩编写；第六章由郭兆晖和陈波编写；第七章由马艳和邱国景编写；第八章由马艳、门淑莲、李真编写。

　　在写作中参考了许多文献，启示颇多，对文献作者深表谢意！书中观点如有不当之处，完全由作者负责。

作者

2013 年 1 月 15 日